पुरुषोत्तम की पदयात्रा

पुरुषोत्तम की पदयात्रा

प्रकाश के पथ पर जीवन के परम सत्य की खोज

डॉ. मयंक मुरारी

प्रकाशक
प्रभात पेपरबैक्स
प्रभात प्रकाशन प्रा. लि. का उपक्रम
4/19 आसफ अली रोड, नई दिल्ली–110002
फोन : 23289777 • हेल्पलाइन नं. : 7827007777
इ–मेल : prabhatbooks@gmail.com ❖ वेब ठिकाना : www.prabhatbooks.com

संस्करण
प्रथम, 2022

मूल्य
तीन सौ रुपए

मुद्रक
आर–टेक ऑफसेट प्रिंटर्स, दिल्ली

———— ★ ————

PURUSHOTTAM KI PADYATRA
by Dr. Mayank Murari

Published by **PRABHAT PAPERBACKS**
An imprint of Prabhat Prakashan Pvt. Ltd.
4/19 Asaf Ali Road, New Delhi-110002

ISBN 978-93-5521-328-0

₹ 300.00

सास **सुषमा सिन्हा**

और

श्वसुर **विजय रंजन सिन्हा**

को

आत्मार्पण

"इस आत्मा को सत्य और पूर्ण ज्ञान द्वारा ही प्राप्त करना होगा।"

—मुंडकोपनिषद् 3.1.5

"अविद्या के द्वारा वे मृत्यु के परे चले जाते हैं और विद्या द्वारा अमरता को प्राप्त करते हैं···अजन्म के द्वारा वे मृत्यु को पार करते हैं और जन्म के द्वारा अमरता का रस लेते हैं।"

—ईशोपनिषद् 11.14

"परम देव की महिमा ही इस जगत् में ब्रह्म के चक्र को घुमाती है। हमें उन ईश्वर के महेश्वर, सकल देवों के परम देव को अवश्य ही जानना चाहिए। उनकी शक्ति भी परम है और उस शक्ति के ज्ञान और बल की स्वाभाविक क्रिया बहुविध है। एक परम देव, सभी सत्ताओं में गुह्य, सभी सत्ताओं की आत्मा, सर्वव्यापक, निरपेक्ष, निर्गुण केवल सभी कर्मों का अध्यक्ष, साक्षी, ज्ञाता है।"

—श्वेताश्वेतरोपनिषद् 6.1, 7, 8, 11

भूमिका

महानता का घर कहाँ है ? सामान्यत: जब हम विचार करते हैं कि कोई व्यक्ति महान् है तो हमारे दिमाग में उसका पद, उसकी पहचान, उसका यश या धन आता है। हरेक वे कारण ही हमारे दिमाग में आते हैं, जो बाहरी हैं। चीनी दार्शनिक लाओत्से का विचार है कि जो श्रेष्ठता छीनी जा सके, उसे हम श्रेष्ठ या महान् नहीं कह सकते। श्रेष्ठता किसी भी बाह्य वस्तु या कारण पर निर्भर नहीं है। हम श्रेष्ठ हैं, क्योंकि हमारे पास शक्ति है। हम महान् हैं, क्योंकि हमारे पास पद है। लेकिन ये सब श्रेष्ठता के पैमाने नहीं हैं। अपने आंतरिक गुणों एवं शक्तियों के कारण हम श्रेष्ठ बनते हैं। प्रकृति खुद पदयात्रा करती है और साथ में सारे सजीव एवं निर्जीव कार्यशील हो जाते हैं। फिर एक पड़ाव पर प्रकृति सबको छोड़ देती है। अब उस पड़ाव से उठना हमारे प्रयास पर निर्भर करता है कि हम ऊपर उठना चाहते हैं या जैसे पैदा हुए वैसे ही मर जाना चाहते हैं। उस पड़ाव पर मनुष्य का विकास हमारे आंतरिक गुणों, संभावना एवं अवसर के प्रति सचेत एवं सजगता पर निर्भर करता है। मनुष्य की देह भर पाने से कोई मनुष्य नहीं होता जाता है, उसे श्रेष्ठ बनना होता है। इसके लिए यात्रा करनी पड़ती है; और यह पदयात्रा जीवन भर चलती रहती है।

श्रेष्ठता के लिए ज्ञान जरूरी है। ज्ञान मुक्ति का मार्ग है, लेकिन वह ज्ञान नहीं, जो दूसरों से हम लेते हैं। जो ज्ञान हमारे अंदर से आता है, हमारी चेतना से प्रकट होता है, वह निस्संदेह मुक्ति की ओर ले जाता है। वह ज्ञान कैसे मिलेगा ? पारसी मत के प्रवर्तक जरथुस्ट्र का अंतिम समय था। उन्होंने शिष्यों को बुलाया और कहा कि अंतिम उपदेश देना बाकी रह गया है। उन्होंने अंतिम वाक्य कहा—जरथुस्ट्र से सावधान रहो! शिष्यों ने पूछा कि इसका क्या अर्थ है ? तब उन्होंने कहा कि मुझे मत पकड़ लेना, अन्यथा सच्चे ज्ञान से वंचित रह जाओगे, जो तुम्हारे अंदर से पैदा हो

सकता है। हमारे वाङ्मय में इसी बात को दूसरे तरीके से कहा गया—'एकं सत्य विप्राः बहुध वदंति।' सत्य एक है, लेकिन उसके अनेक नाम हैं और उसको खोजने के लिए जागना पड़ता है। सजग रहकर जीवन भर चलना होता है। बाहर का कोई ज्ञान हमें तृप्त नहीं कर सकता।

अभी तक की जीवन-यात्रा में मैंने सीखा है कि रूपांतरण के लिए हरेक पल के साथ जिज्ञासा, बदलाव और प्रेरणा के तत्त्व हमारे पास आते हैं। हरेक पल के साथ जुड़ी घटना हमारे जीवन के रूपांतरण में महत्त्वपूर्ण भूमिका अदा कर सकती है। यह रूपांतरण एक पल में हो सकता है या लंबे समय तक चलनेवाले अभ्यास का परिणाम हो सकता है। इसमें एक जन्म या कई जन्म भी लग सकते हैं, लेकिन अंत में खुद ही व्यक्ति को आत्मबोध के लिए प्रयास करना होता है। आचार्य आलार कलाम के सान्निध्य में महात्मा बुद्ध ने प्रज्ञा के कई क्षितिज का आत्मसाक्षात्कार किया। तब गुरु ने उनको भिक्षु समुदाय का नेतृत्व करने को कहा। महात्मा बुद्ध ने कहा कि आपने मुझे अपने पास रखकर जो शिक्षा दी, कृपया उसके लिए मेरा धन्यवाद स्वीकार कीजिए, किंतु सिद्धार्थ का लक्ष्य किसी संप्रदाय का नेता बनना नहीं, बल्कि सच्ची मुक्ति का मार्ग खोजना है।

जीवन में पुरुषोत्तम बनना आसान नहीं होता है। मानव जीवन में शिखर पर पहुँचने के लिए पदयात्रा करनी होती है। बाह्य यात्रा, जिसमें अनगिनत सत्य मिलते हैं और अंतर्यात्रा, जिसमें उन सत्य के आधार पर जीवन को दिशा देना होता है। श्रीराम का जीवन हमारे लिए पुरुषोत्तम की यात्रा का सबसे उत्कृष्ट उदाहरण है। श्रीराम खुद विष्णु के अवतार हैं। भारतवर्ष के सर्वश्रेष्ठ राज्य अयोध्या के राजकुमार हैं। उनके लिए हरेक चीज सहज ही वरेण्य है। बावजूद इसके उन्होंने 15वें वर्ष में दशरथ से अनुमति लेकर तीर्थाटन के माध्यम से देश की यात्रा की। पूरे देश को देखा, जाना और समझा। भारत की सांस्कृतिक आत्मा की तलाश की। इन यात्राओं के बाद वे लौटकर आते हैं तो अंतर्विवेक को उपलब्ध हो जाते हैं, उनमें वैराग्य उत्पन्न होता है। फिर राम एक तार्किक वैज्ञानिक की तरह चिंतन करते हैं, जहाँ वे विज्ञान से अध्यात्म के शिखर पर पहुँच जाते हैं। श्रीमद्भगवद्गीता से पूर्व 'योगवासिष्ठ' ऐसे ही विचार-मंथन की महान् पुस्तक है। इसके बाद उनके जीवन के विभिन्न चरणों में भारत के महान् ऋषियों यथा—वसिष्ठ, विश्वामित्र, गौतम, भरद्वाज, कण्व, परशुराम, अगस्त्य, अत्रि जैसे गुरुओं का मार्गदर्शन मिला। तब राम के साथ एक पूरा समाज सांस्कृतिक रूपांतरण की विराट् प्रक्रिया का साझेदार होकर जीवंत हो उठता है।

पुरुषोत्तम की पदयात्रा को जिस प्रकार श्रीराम ने अपने विचार और विवेक के धरातल पर सहज बनाया, श्रीकृष्ण को गीता में उस समाधान के लिए विश्वरूप को प्रकट करना पड़ता है। वर्णन है कि विश्वामित्र के साथ भेजने के निर्णय के पश्चात् दशरथजी ने श्रीराम को बुलाकर पूछा कि वे आजकल सब कामों से उदासीन क्यों हैं? राम कहते हैं कि जीवन में आदमी जो कुछ भी करता है, वह अंततः क्षणिक परिणामोंवाला तथा मृत्यु की ओर जानेवाला होता है। जीवन में कहीं किसी बात की कोई स्थायी उपलब्धि नहीं है। इस क्षणिक जीवन के सभी कर्म विरोध, विसंगति और अंतर्विरोध से भरे हैं। जीवन में धन, यश, बल और पद सभी के अपने अंतर्विरोध हैं। भला कोई विवेकशील प्राणी क्यों इन क्षणिक सुख से जुड़ना चाहेगा? ऐसे ही कुछ सवाल नचिकेता उठाते हैं। महाभारत के युद्धक्षेत्र में अर्जुन शंका उठाते हैं और इस युग में तथागत को भी कटु सत्य से जूझना पड़ता है। लेकिन कोई पुरुषोत्तम कैसे बनता है, इसके लिए श्रीराम के जीवन की अंतर्यात्रा करने की जरूरत है। कैसे? 'योगवासिष्ठ' में ब्रह्मर्षि कहते हैं कि न दुनिया के कामों में लगाकर मन को शांति मिलती है और न ही इससे अलग हटकर। परंतु जो कोई इन दोनों स्थितियों से अलग होकर विचार तथा विवेक से जीवन को देखता है, वह ब्रह्म सत्य के दर्शन का अधिकारी हो जाता है।

शिखर की यात्रा की दो भावभूमि हैं—एक, वैज्ञानिक चेतना के आधार पर मौलिक विचारों के साथ खुद का प्रकटीकरण तथा दूसरा, विचार और विवेक के साथ अध्यात्म में प्रवेश करना। राम के जीवन को ध्यान से देखिए। उन्होंने कभी खुद को अवतार कौन कहे, पुरुषोत्तम के रूप में भी प्रस्तुत नहीं किया। सदैव जीवन की जटिलताओं के बीच खड़े एक आम मानव की तरह चलते हैं, सामान्य लोगों के साथ बराबरी का संबंध बनाते हैं। वे हर बात और कर्म को समाज के साथ संगति और न्याय के औचित्य के धरातल पर प्रतिस्थापित करते हैं। वे अवतारी हैं, लेकिन हर कदम सावधानी से रखते हैं। कोई जल्दी नहीं है। पुरुषोत्तम की पदयात्रा का पूरा मौलिक चिंतन देते हैं, पुरुषोत्तम के पड़ाव पर भी उसको छोड़ने का सदैव विकल्प समाज के समक्ष रखते हैं। वे बताते हैं कि पुरुषोत्तम की यात्रा हमारे जीवन सत्य को आत्मसात् करने में छिपी है।

जीवन एक चेतन व्यवस्था है, जिसमें केवल जड़ता ही नहीं, चेतनता भी है। वह गतिमान है। जिंदगी का अपना दर्शन है। इस दर्शन के कुछ सनातन सूत्र हमारे जीवन के सत्य को बताते हैं, जो पुरुषोत्तम की हमारी यात्रा में सहायक बनते हैं। पुरुषोत्तम का पथ वह है, जो विराट् मानव समाज के लिए सुखद और मंगलकारी

हो। जीवन की गुत्थियों को सुलझाते हुए दिव्यता का आरोहण करें। सत्य की खोज हर युग में नई तरह से की जाती है। राम ने मर्यादा में, कृष्ण ने कर्म में, बुद्ध ने करुणा में, महावीर ने अहिंसा में, शंकराचार्य ने अद्वैत में, रामकृष्ण ने भक्ति में और गांधी ने सत्य में किया। पुरानी सभी खोजें एक रास्ता दिखाती हैं, हमारी पदयात्रा के लिए अपने युग सत्य तक पहुँचने के लिए।

हम अपने विचारों, कल्पनाओं एवं सपनों को बुनते, पीछा करते और उसको खुद में उतारकर ही जीवन का यथार्थ रचते हैं। अगर सच में देखें तो हम अपने सपने, अपनी दृष्टि और अपने विचारों के अलावा कुछ भी नहीं हैं। अपनी हरेक पदयात्रा को पूर्णता से जोड़ना ही शिखर की यात्रा है। अखिल सृष्टि हमारे लिए एक पुस्तक है और उसके विविध आयाम उस पुस्तक के विभिन्न पन्ने हैं। शिखर की यात्रा किसी एक पथ से या एक शिक्षा से संभव नहीं है। हम जितना इस प्रकृति को पढ़ेंगे, इस सृष्टि के अवयव को समझेंगे, हमारी यात्रा सहज रूप से पुरुषोत्तम तक पहुँच जाएगी।

—डॉ. मयंक मुरारी

मो. : 9934320630

अनुक्रम

"वह एक है। ओंकार स्वरूप है, सत नाम है, कर्ता पुरुष है, भय से रहित है। वैर से रहित है, कालातीत है, अयोनि है, स्वयंभू है। वह यानी अस्तित्व का नाम ही ईश्वर है और वह सत है।"

—गुरुनानक देवजी

अंदर स्थित प्रकाश की खोज से मिटेगा जीवन का अंधकार

महात्मा बुद्ध से जुड़ी कथा है। उनका एक परम शिष्य था—आनंद। लगातार चालीस साल तक बुद्ध के साथ रहा, भिक्षा माँगी, साथ सोया, खाया और प्रवचन का लाभ लिया। वह मूलतः बुद्ध की छाया बनकर रहता था। आनंद के जीवन में बुद्धत्व की रोशनी थी। पूरे चालीस साल। जब महात्मा बुद्ध मृत्यु की यात्रा पर चलने लगे तो आनंद रोने लगा। उन्होंने बुद्ध से कहा, "अब हमारे जीवन में अँधेरा छा जाएगा।" तब महात्मा बुद्ध ने अंतिम देशना दिया था, "आनंद! कितनी बार मैंने तुझसे कहा है। अप्प दीपो भव। अपना दीया खुद बन। तू सुनता नहीं। इसलिए रोना पड़ रहा है।"

हमारी समस्या यही है कि हम खुद की सुनते नहीं हैं और न ही ऋषियों की बात मानते हैं। इसलिए हमारे जीवन में अँधेरा है। यह अँधेरा दीपों की माला से खत्म नहीं होगा। बिजली का बल्ब हो या दीये की रोशनी, वह प्रकाश नहीं, वह वस्तु को देखने का माध्यम है। दीपावली बाहरी प्रकाश को उजागर करने का उत्सव नहीं, बल्कि आंतरिक प्रकाश में गमन का अवसर है। प्रकाश का अनुभव बाहर के जगत् से नहीं है। महर्षि अरविंद इस स्थिति की व्याख्या करते हुए कहते हैं कि जब भीतर

देखा तो पता चला कि जो बाहर दिखता है, वह प्रकाश नहीं, अंधकार है। बाहर जीवन भी नहीं है। उपनिषद् के ऋषि कहते हैं कि एक सूर्य को हम जानते हैं, लेकिन ऐसे अनंत सूर्य इस सृष्टि में आलोकित हैं। उनको हम आकाश का तारा कह देते हैं, जो हमारे सूर्य से बहुत बड़ा सूर्य है। अतएव वे प्रार्थना करते हैं कि हमें अंधकार के बाद, प्रकाश के पार तू ले चल, ताकि उस शाश्वत सत्य का दर्शन हो सके।

हमारे भीतर तम का साम्राज्य है। अंधकार का बसेरा है। वह बाहर की रोशनी से नहीं मिटती है। सच्चाई यह है कि बाहर जितनी रोशनी होगी, हमारा अंधकार और स्पष्ट होता जाएगा। आइंस्टीन ने एक बात कही थी, "जब मैंने विज्ञान की खोज शुरू की थी तो मैं सोचता था कि आज नहीं तो कल, सब जान लिया जाएगा। लेकिन सब जानने के बाद यह पता चलता है कि जो जानने को शेष रह गया है, वह इतना ज्यादा है कि उसकी तुलना भी असंभव है।" मरने से पहले आइंस्टीन ने कहा कि मैं एक रहस्यवादी की तरह मर रहा हूँ। जबकि वे खुद महान् वैज्ञानिक थे। पश्चिम के एक और वैज्ञानिक एडिंग्टन ने अपने संस्मरण में लिखा है कि जब मैंने सोचना शुरू किया था तो मैं समझता था कि जगत् एक वस्तु है, लेकिन अब मैं कह सकता हूँ कि यह दुनिया ज्यादा-से-ज्यादा एक वस्तु से बढ़कर विचार प्रतीत होता है। इसलिए जगत् को रोशनी से प्रकाशित करने से अच्छा है कि हम अपने विचार को, अपनी दृष्टि को प्रकाश से आलोकित करें।

ऋषियों की वाणी है कि हे प्रभु! मुझे अंधकार से प्रकाश की ओर ले चलो। इसका तात्पर्य है कि हमारे जीवन में प्रकाश का अभाव है और इसलिए अंधकार का अस्तित्व है। अंधकार तो केवल अभाव है। कोई स्थिति नहीं और न ही कोई इसकी सत्ता है। व्यक्ति इस बात को समझता नहीं है और प्रकाश की बात करता है। हम अंधकार को हटा नहीं सकते, अगर ऐसा होता तो कचरे की तरह इसे हम सड़क पर बिखेर देते। बात सहज है कि हमें प्रकाश का ज्ञान नहीं है। हमारी यात्रा अभी अंधकार, अभाव और उसकी अभिव्यक्ति तक ही सिमटी है। हमें याद है कि बचपन में हम प्रार्थना करते थे—'आलोकित पथ करो, हमारा हे जग के अंतर्यामी!' हम बोध की बात करते हैं। हम प्रार्थना में उस ज्ञान की बात करते हैं, जिसकी प्राप्ति के पश्चात् जीवन में सदैव प्रकाश का वास होता है।

जीवन का हरेक क्षण दीपावली हो, प्रकाश से आलोकित हो। इसके लिए दीप जलाने या मनुष्य को अच्छा बनाने की जरूरत नहीं है, बल्कि उसको आंतरिक स्वभाव के साथ जीवन जीने की जरूरत है। कोई चेष्टा नहीं, बल्कि सहज बहाव को सरल करने की जरूरत है। सहज रहने का अर्थ है कि निर्दोष भाव से रहना।

इस जगत् में सबंकुछ सहज है। वृक्ष सहज हैं, पशु-पक्षी सहज हैं। सिर्फ मानव ही असहज है। असहजता कहाँ से आती है? यह आती है कि जो हम नहीं हैं, वह दिखाने की कोशिश करें। आजकल दीवाली इस असहज प्रकाश की खोज का उत्सव बन गया है। जीवन में आलोक कम है, लेकिन घर एवं परिवेश को ऐसे दीप से जगमगाने का प्रयास करते हैं कि बस सबकुछ सुंदर हो जाए। ज्ञान कम है, लेकिन विद्वान् बनने का प्रयास होता है। व्यक्ति सहज तभी होगा, जब वह अहंकार की यात्रा छोड़ देगा।

हमने कभी प्रकाश नहीं देखा, लेकिन सदैव प्रकाश की बात करते हैं। हमने केवल प्रकाशित चीजें देखी हैं। जब अँधेरा होता है तो कुछ नहीं दिखता। उसी प्रकार जब दुनिया में सूर्य का प्रकाश आता है तो हम पेड़, खेत, जंगल, आग, नदी, व्यक्ति और खाना आदि देखते हैं। यह प्रकाश नहीं, प्रकाशित वस्तु हैं। यही कारण है कि उपनिषद् में प्रकाश के बाद सत्य और सत्य के बाद अमरता की यात्रा की बात है। इसी की ओर महात्मा बुद्ध इशारा करते हैं कि जाओ भीतर और देखो, आलोक-ही-आलोक है। वही सत्य है। पूरी सृष्टि आलोक, सत्य और अमरता पर आश्रित है। यह हमारी दृष्टि का दोष है कि हम अंधकार, असत्य और मृत्यु को देखते हैं। लेकिन इसकी अनुभूति दीप, ट्यूबलाइट या सूर्य के प्रकाश से संभव नहीं है। इसके लिए अंतर्यात्रा करनी होगी। आत्मसाक्षात्कार करना होगा। तभी शाश्वत आलोक से हमारा जीवन प्रकाशित हो सकेगा।

□

"अग्निमीले पुरोहितं यज्ञस्य देवं ऋत्विजम्। होतारं रत्नधात्मम। यानी अग्निमीले (प्रकाश रूप ईश्वर की उपासना करो) पुरोहितं यज्ञस्य देवं (वह अभिमुख है, साधना का लक्ष्य है) ऋत्विजम् होतारं (सतत साधना से प्रकट होता है प्रेरक) रत्नधात्मम (सकल ऐश्वर्यों का स्वामी है)। अर्थात् आओ, हम प्रकाशरूपी ईश्वर की उपासना करें। वही अभिमुख है, साधना का लक्ष्य है। वह सकल ऐश्वर्य का स्वामी है, जो सतत साधना से प्रकट होता है।"

—ऋग्वेद, प्रथम सूक्त

अच्छाई की अनंत यात्रा की शुरुआत अंतर्यात्रा से जरूरी

जीवन को शुभ और सुंदर बनाना हो तो स्वयं को अच्छाई का प्रतिरूप बनाना होता है। अच्छाई के कई रूप हैं। हर गति और क्रिया, जिसका अर्थ निकलता है, वहाँ अच्छाई छिपी है। फिर भी हम खुद को अपूर्ण मानते हैं। पूर्णता के लिए अच्छाई खोजते हैं। लेकिन हम अच्छाई का पूर्ण प्रतिमान नहीं बन पाते। अच्छाई का ज्ञान कहाँ से मिलेगा? कहाँ है सत्य? यह जीवन भर हमें झकझोरता है। कमी का अहसास दिलाता है।

अच्छाई किसी किताब में, किसी व्यक्ति में या किसी उपदेश और सीख में ही हो, यह जरूरी नहीं। यह हर कण और हर क्षण में है। यह एक छोटे कण में भी समावेशित है, जो शुरुआत में पहाड़ के साथ जुटा था। बाद में पहाड़ टूटा तो वह खुरदरे और नुकीले पत्थर के रूप में अलग हुआ। वह पहले पहाड़ की तलहटी में

पड़ा रहा, फिर जल की धारा उसे बहाकर नाली, नाली से छोटी नदी और फिर बड़ी नदी में ले गई। वह जल के नीचे गति करते हुए लुढ़कता रहा, घिसता रहा और तब चमकीला शालिग्राम बनकर मंदिर में प्रतिष्ठित हो गया। कभी वही पत्थर से बना बालू का जर्रा घर का आधार बना। भारत के पहले प्रधानमंत्री पं. जवाहरलाल नेहरूजी ने पत्रों की एक श्रृंखला में इस बात का उल्लेख कर कहा कि यह पृथ्वी एक किताब है। हमें एक छोटा सा रोड़ा बहुत सारी बातें बता सकता है और दूसरी चीजें, जो हमारे चारों ओर हैं, हमें और कितनी बातें कह सकती हैं!

संसार एक खुली किताब है। उसमें दृश्यमान रूप, तत्त्व या शब्द उस किताब के विभिन्न पृष्ठ। हम उसे पढ़ते नहीं। अगर हमें नदी, पहाड़, मंदिर, जंगल, प्रकृति और शब्द को पढ़ना आ गया तो उससे अच्छाई की एक धारा फूट पड़ेगी। हमारी आँखों के सामने प्रकृति खुली पड़ी है, हम इसे पढ़ना और समझना सीख लें तो कई सुंदर कहानियाँ बन जाएँगी। अच्छाई खोजनी है तो चलना होगा। उपनिषद् कहते हैं—'चरैवेति, चरैवेति', अर्थात् चलते रहो। चलते रहने का नाम ही जीवन है।

जीवन का तात्पर्य ही गतिशील रहना है। गति है तो सबकुछ ठीक। अन्यथा कहीं रुक गए तो हमारे लिए कुछ नहीं रुकेगा। इस सृष्टि में सबकुछ गतिशील है। सब अपने इच्छित लक्ष्य के लिए क्रियाशील हैं। गतिशीलता सद्विचार पर आधारित होती है। इन सद्विचार को कहाँ खोजा जाए? ये अच्छाइयाँ कहाँ मिलें? यह हमारी दृष्टि, सोच एवं कौतुकता से जुड़ी बात है। अच्छाई के लिए अन्वेषण करना होगा, स्वयं से सवाल करना होगा और सत्य के साथ खड़ा होना होगा।

अच्छाई हर पल, हर जगह है। हम कौतुक होकर खोजेंगे तो मिलेगा। अनुभव करेंगे तो हरेक वस्तु या तत्त्व स्वयं को प्रकट करेगा। हम पर्याप्त करुणा से परिपूर्ण हैं तो सृष्टि के हरेक तत्त्व अपने रहस्य को उद्घाटित कर देंगे। हम खुद बहुत कम ही खोज करते हैं या अनुसंधान करते हैं, इसलिए कम पता चलता है। दूसरी ओर ईश्वर हमारे माध्यम से कार्यरत है, इसलिए उसने अच्छाई और सुंदरता के कई प्रतिमान बनाए। उसने सृष्टि को सुंदर और सजीव बनाने के लिए फूल, पेड़, नदी, पहाड़, सूर्य और तारे जैसी वस्तुएँ या पदार्थ बनाए। यात्रा, प्रार्थना, अभिवादन, संघर्ष, समय और स्थान जैसे शब्द की रचना की। हरेक दृश्यमान या अस्तित्ववाले पदार्थ, शब्द, भाव, वस्तु या स्थिति में अच्छाइयाँ अंतर्निहित हैं। हम शांत हैं, करुणा से भरे हैं तो बहते झरनों में किताबें, पत्थर में उपदेश, वृक्ष में मस्तिष्क और मिट्टी या पौधों में रोगमुक्ति के ज्ञान को प्राप्त कर सकते हैं।

अच्छाई अगर हमारा लक्ष्य है तो वह मिलेगा। भगवान् राम ने इसे मर्यादा से, श्रीकृष्ण ने योग से, महात्मा बुद्ध ने करुणा से, महावीर ने अहिंसा से, सुकरात ने सत्यता से, विवेकानंद ने सेवा से अच्छाई का मार्गदर्शन पाया। डॉ. जॉर्ज वाशिंगटन कार्वर अमेरिका के एक कृषि वैज्ञानिक थे, जिन्होंने मूँगफली, शकरकंद और सोयाबीन से नए उत्पाद विकसित किए। उनकी कृषिगत खोज से दक्षिण अमेरिका की कृषि अर्थव्यवस्था में क्रांति आई। उनका कहना है कि यह सृष्टि कार्यशाला है। जीवन में ऐसा कुछ भी नहीं, जिसे मैंने चाहा हो और उसके लिए ईश्वर ने सरल मार्ग नहीं सुझाया हो। उन्होंने मूँगफली और शंकरकंद से वार्त्तालाप की और उनके क्रमशः 300 एवं 150 नए प्रयोग किए। वे कहते हैं कि जब मैं नन्हे फूल व मूँगफली से बात करता हूँ तो वे अपना रहस्य मेरे सामने रख देते हैं।

हम सोचते हैं कि कहाँ है अच्छाई? क्या प्रेरणा दे सकता है? एक व्यक्ति ईश्वर से पूछा कि प्रभु! हमें यह बताइए कि इस सृष्टि की रचना क्यों की गई थी? ईश्वर ने जवाब दिया कि तुम अपनी मानसिक क्षमता से ज्यादा बड़ा सवाल कर रहे हो। फिर उस व्यक्ति ने कहा कि अच्छा यह बताए कि मानव की रचना किसलिए की गई? ईश्वर ने कहा कि अभी भी सवाल बड़ा है। इसे सीमित करो। तब व्यक्ति ने पूछा कि यह मूँगफली क्यों बनाई गई थी? ईश्वर बोले, "यह ठीक है, लेकिन इसका जवाब भी अनंत है। मूँगफली के विषय में क्या जानना चाहते हो?" तब व्यक्ति ने कहा कि मैं मूँगफली से दूध बना सकता हूँ? ईश्वर बोले, "कैसा दूध! जर्सी दूध, सादा, गाढ़ा या कुछ और?" तब ईश्वर ने उस व्यक्ति को मूँगफली से विभिन्न प्रकार के दूध एवं अन्य उत्पाद बनाने की कला सिखाई।

चीनी दार्शनिक लाओत्से ने कहा कि जो नहीं दिखता, उसे देखो; उसे सुनो, जो सुनने के लिए कान नहीं लगाए गए; और जहाँ नहीं पहुँचा जा सकता, वहाँ जाने का प्रयास करो। जीवन में अच्छाई को पाना है या सत्य की ओर यात्रा करनी है तो समर्पण करना होगा, झुकना होगा, खाली होना होगा। तभी स्वीकार सकेंगे, संवाद कायम हो सकेगा और समझ सकेंगे जीवन के विविध स्रोतों एवं तत्त्वों से निकलती अच्छाइयों को, जो हर जगह है, हर कण और क्षण में समाहित है।

याद है, बचपन में मेरी बड़ी बेटी जिया ने सवाल किया था? पढ़ाई क्यों जरूरी है? मैंने कहा कि ज्ञान के लिए। तब उसका सवाल था कि इसके लिए स्कूल जाना ही जरूरी क्यों? इसी प्रकार अच्छाई के लिए अंतर्यात्रा करनी होगी। स्वयं के अंदर, स्वयं से बाहर। इस समय और समाज के साथ। अच्छाई की खोज के दौरान मैंने माँ को खोया। तब मुझे आँसू की अच्छाई का बोध हुआ। आँसू की महिमा निराली

है। बड़ी-से-बड़ी परेशानी को पल में धोकर बहा ले जाती है। इससे व्यक्ति अनुभव को प्रगाढ़ करता है। नदी क्या है? नदी यानी बूँद-बूँद पानी का असीम स्वरूप। एक यात्रा। सभ्यता का, परंपरा का, उत्सव का, रचनात्मकता का। जीवन भी बूँद-बूँद भरता है। चूँकि अच्छाई की यात्रा अनंत है, अतएव खोज भी जारी रहेगी। अच्छाई की यात्रा खुद से शुरू होती है। इसके बाद परिवार में इसका ज्ञान बोध होता है। हमारे बच्चे, हमारे माता और पिता, हमारे दोस्त व साथी, हमारे सहकर्मी और इनके साथ घुला-मिला हमारी दिनचर्या के साथ अच्छाइयाँ लगातार सन्निहित रहती हैं। हमारे पास समय नहीं है कि हम खोजें।

□

"अनंत होने के नाते ईश्वर को किसी भी रूप, मानव या पत्थर में सीमित नहीं किया जा सकता। फिर भी वे सभी रूपों में प्रकट होते हैं। कोई ऐसा कहे तो ठीक ही है कि ईश्वर प्रत्येक मनुष्य और साथ-ही-साथ महान् संतों में भी प्रकट होते हैं, क्योंकि वे सभी में विद्यमान हैं।"

—परमहंस योगानंद

पुरुषोत्तम की यात्रा में मर्यादा की कसौटी

राम के दर्शन से अहिल्या भाव-विभोर है। वह देख रही है। ब्रह्मस्वरूप राम भूमि से उठाकर माता अहिल्या का चरणस्पर्श कर रहे हैं। अपने उदार गैरिक वसन से अहिल्या के भस्माच्छादित शरीर से धूल पोंछ रहे हैं। अहिल्या सोचती है कि ऐ स्पर्श! तेरे कितने रूप हैं, कितने आकर्षण हैं! उनके समक्ष इंद्र की वासना और गौतम की रसना के चित्र स्मृतिपटल पर नाच जाते हैं। अहिल्या अपने शरीर की धूल श्रीराम के शरीर से पोंछने के लिए हाथ बढ़ाती है तो श्रीराम उनको रोक देते हैं। कहते हैं कि देवि, छोड़ दीजिए। यह धूल मेरे कठोर अनुशासित यात्रा पथ का पाथेय है। आर्यावर्त के एक छोर से दूसरे छोर तक इस तपोनिष्ठ धूलि से ही पृथ्वी को पवित्र करूँगा। जीवन में मर्यादा के उच्चतम आदर्श की स्थापना श्रीराम के जीवन का लक्ष्य रहा। राम का जीवन सदैव सत्ता और व्यवस्था की मजबूती तथा उसके विस्तार के विरोध में व्यक्ति की गरिमा और उसके संघर्ष के साथ जोड़ता है, जो समाज के वास्तविक विकास का वाहक है। आज से सात हजार साल पूर्व इस महापुरुष ने एक साथ चुनौती दी इंद्र और

रावण को। भोग को और शक्ति को। जन-गण का सपना सजाया, साथ लिया, सहयात्राएँ कीं और विजयी हुए।

राम का संपूर्ण जीवन दैहिक संस्कृति से मुकाबला करते बीत गया। जब समाज में देह और उसके भोग एवं शक्ति की ही केंद्रीय भूमिका थी, तब उन्होंने इस परिभाषा को बदलने के लिए सफल एवं सार्थक प्रयास किया। यज्ञ एवं अग्नि के माध्यम से मानसिक शक्ति तथा वैज्ञानिक भौतिकवादी चेतना का विस्तार के माध्यम से विचार एवं विवेक की मर्यादा को प्रतिस्थापित किया। इसका प्रकटीकरण कृषि सभ्यता के विकास एवं विस्तार से हुआ, जो पतनशील दैहिक सभ्यता के अंत का कारण बना। विचार एवं विवेक का आचरण, जिसमें मर्यादा का संतुलन था, उसकी शुरुआत उनके बचपन से ही हो गई। राम जब पंद्रह वर्ष के थे तो उनके मन में तीर्थाटन के लिए बड़ी गहरी रुचि पैदा हुई। वे पिता से अनुमति लेकर भारत भ्रमण को निकल गए। अपनी यात्रा के दौरान श्रीराम ने नदी, वन, आश्रम, जंगल एवं सीमांत समुद्र तथा पहाड़ों की यात्राएँ कीं। नदियों में गंगा से लेकर झेलम और चेनाब तथा केदारनाथ से लेकर श्री शैल, पुष्कर आदि तीर्थों की यात्रा की। उन्होंने विष्णु एवं शिव के चौंसठ स्थलों एवं चारों सागरों के तटों को देखा। ऐसी यात्राओं के बाद श्रीराम के जीवन में कोमलता का जन्म होता और पूर्वग्रह खत्म होते हैं। इस यात्रा के बाद श्रीराम अंतर्विवेक को उपलब्ध हो जाते हैं। उनमें वैराग्य का जन्म होता है, तब दशरथ उनको वसिष्ठ के पास भेजते हैं। श्रीराम और वसिष्ठ का संवाद 'योगवासिष्ठ' में दर्ज है। इस संवाद से पता चलता है कि राम सदा ही एक विचारशील तत्त्वदर्शी की तरह बड़ा नपा-तुला व्यवहार करते हैं। आचरण में विवेक यानी मर्यादा के माध्यम से श्रीराम भारत की आत्मा को प्रकट करते हैं, जो उन्होंने तीर्थाटन एवं यात्रा के परिणामस्वरूप सीखा।

तीर्थाटन के माध्यम से वैराग्य भाव की अभिव्यक्ति एवं पूर्णता 'योगवासिष्ठ' में होती है। यहाँ वसिष्ठ समझाते हैं कि न मन को दुनिया के काम में लगाकर शांति मिलती है और न ही परे हटाकर। जो कोई मन की इन दो स्थितियों को अपने विचार-विवेक से एक साथ देख लेता है, ऊपर उठकर ब्रह्म सत्य के दर्शन का अधिकारी हो जाता है। राम के व्यक्तित्व में विचार, विवेक और आचरणगत मर्यादा की बात जिस तरह केंद्रीय भूमिका में है, उसके चलते उनका दूसरों से संबंध भक्त और भगवान् का नहीं होता है। भक्ति में भाव की केंद्रीय भूमिका होती है। राम का समस्त व्यवहार विचार एवं विवेकपूरित है। विनयशील एवं आदर-भाव से भरे श्रीराम अपने से छोटे को भी अपने जैसा व्यवहार करने की पूरी स्वतंत्रता देते हैं।

राम जिस अंतर रूपांतरण को सहज एवं सबके लिए सुलभ बना रहे थे, उसकी परंपरा विश्वामित्र ने शुरू की थी। इस समाज एवं देश निर्माण की यात्रा को सार्थक एवं सहभागी बनाने के लिए उन्होंने वसिष्ठ का साथ लिया, जो उनके वैचारिक विरोधी थे। एक राज्याश्रित ऋषि तो दूसरा विश्वामित्र सामाजिक ऋषि। श्रीराम की विचार चेतना को कर्मभूमि पर सार्थक उपयोग के लिए वसिष्ठ ने पृष्ठभूमि तैयार की तो उस विचार चेतना को कर्मपथ पर सफलतापूर्वक चलने में विश्वामित्र ने सहयोग दिया। इस यात्रा के परिणामस्वरूप विश्वामित्र एक सफल सामाजिक व्यवस्था को रूपांतरित करने में सहभागी हो सके। वह श्रीराम की वैराग्य एवं विचार की भावभूमि करते हैं कि जनक जैसे विदेह एवं दार्शनिक वनवास काल में श्रीराम के निर्णय पर मौन सहमति प्रदान करता है। जिस गौतम के श्राप ने अहिल्या को पत्थर बनाया, उस न्यायशास्त्र के अध्येता को श्रीराम ने उलटा खड़ा कर दिया। यही नहीं, इंद्र जो भोगवाद का प्रतीक था, उसको भी राजा जनक के विवाह मंडप में समुचित जवाब दिया। इंद्र, रावण एवं ऐसे ही भौतिकवादी व्यवस्था के वाहकों ने श्रीराम-सीता विवाह के समय दिए गए मर्यादा भोज के अवसर का दुरुपयोग करते हुए गालियों, झिड़कियों एवं लांछनों के माध्यम से श्रीराम के धैर्य की पुरजोर परीक्षा ली। इस मर्यादा भोज ने श्रीराम को एक बार फिर मर्यादा के संग पुरुषोत्तम की यात्रा के लिए पड़ाव का काम किया। विष्णु के धनुष को धारण करने की पात्रता की परीक्षा देकर राम परशुराम तथा सभी संहारक शक्तियों के समक्ष विवेकपूर्ण संहारक शक्ति के प्रतीक बन जाते हैं। इसी कारण वे भारत की अस्मिता, सांस्कृतिक अखंडता और राष्ट्रीय चेतना के प्रतीक बन गए।

सांस्कृतिक रूपांतरण की विराट् प्रक्रिया में इस मर्यादा के साथ गौतम का न्याय दर्शन, भारद्वाज की वैज्ञानिक खोज, अत्रि की आश्रम व्यवस्था और अगस्त्य का सांस्कृतिक संश्लेषण सहायक साधन बना। विश्व इतिहास में किसी एक महापुरुष के निर्माण के माध्यम से राष्ट्र जागरण के कार्य में इतने महान् ऋषियों जैसा योगदान देखने को नहीं मिलता है। सामाजिक सृजनात्मकता और अंतर रूपांतरण को अपने व्यवहार एवं विचार, विवेक की आधारशिला से मर्यादित कर श्रीराम एक मानवीय एवं गतिशील राजनैतिक चेतना का निर्माण करते हैं, जो एक साथ ब्रह्मा, शिव एवं विष्णु की क्रियात्मकता को दरशाता है। राम विचार की तीव्रता और सूक्ष्मता के माध्यम से अध्यात्म में प्रवेश करते हैं। वे जीवन के साथ हरदम कदमताल मिलाकर चलते हैं। इस कारण वे सामान्य लोगों के साथ सहज संबंध बना लेते हैं। वे हर बात को, हर कर्म एवं व्यवहार को सामाजिक संगति और न्याय तथा औचित्य की कसौटी पर परखते हैं।

□

"आपका भीतरी विकास इस बोध पर निर्भर करता है कि शांति व संतुष्टि पाने का एकमात्र तरीका अपने विषय में सोचना बंद करना है। जब आपको यह समझ में आता है कि हर समय बोलते रहनेवाला मैं कभी संतुष्ट नहीं होता तो आपका विकास आरंभ हो जाता है।"

—माइकल ए. सिंगर

रात्रि में ईश्वरीय ऊर्जा की खोज करें तो जीवन आलोक से भरेगा

रात का अर्थ अँधेरा है। इससे डर लगता है, लेकिन अंधकार हमें रोशनी के अलावा कई बातें सिखाता है। लेकिन जीवन में अँधेरे का साथी कौन बने? चंद्रमा को देखने से मानसिक शक्ति प्राप्त होती है और जीवन में मिठास का संचार होता है। जीवन में आए अँधेरे को अर्थ मिलता है। हम मानते हैं कि शुभ की शुरुआत ब्रह्मवेला से होती है। सूरज का क्षितिज पर आगमन हुआ तो जीवन में ऊर्जा का संचार हुआ। यह संदेश सर्वव्यापक है। इस चिंतन ने जीवन के आधे भाग यानी रात की महत्ता को गौण मान लिया। हम रात को सोकर बिता देते हैं। अच्छा करना हो तो सुबह का इंतजार। लेकिन ऐसी बात नहीं है। अंधकार केवल शून्य नहीं। यह प्रकाश की तुलना में ज्यादा सबक देता है। इसे स्वीकार करें तो शब्दों के स्वर सुनाई पड़ेंगे। यह परेशानी दूर करने का कारगर हथियार बनेगा।

जीवन द्वंद्व है। अच्छा और बुरा। प्रकाश और अंधकार। इस कारण प्रकाश की तरह ही अंधकार जरूरी है। कई बातें जीवन की रोशनी में नहीं सीखी जा सकतीं। वह

रात के अँधेरे में संभव है। हमें अँधेरे को स्वीकार करना होगा। अमेरिकी आध्यात्मिक गुरु बारबारा ब्राउन टेलर की एक किताब 'लर्निंग टू वॉक इन द डार्क' है, जिसमें वह इस मान्यता को चुनौती देती हैं कि अंधकार डराता है, वह खराब है। यह मान्यता प्राय: व्यापक है कि आप अँधेरे में हैं, यानी ईश्वर का आप पर विश्वास नहीं है। जबकि ऐसी बात नहीं है। भगवान् श्रीकृष्ण का जन्म भादो कृष्ण पक्ष की अष्टमी तिथि को हुआ। इस तिथि को सबसे ज्यादा अँधेरा रहता है। मानव की ईश्वर के साथ नजदीकी के लिए अँधेरा जरूरी है। यह ईश्वर को जानने का आधार देता है, आमंत्रण देता है। अँधेरे एवं एकाकी में साधना कर गौतम बुद्ध ने दुनिया को प्रकाशमान किया।

टेलर अपनी किताब में यह बात लिखती हैं कि मानसिक और शारीरिक शक्ति, लक्ष्य की प्राप्ति और सच्ची आस्था अँधेरे में ही हासिल की जा सकती है। अँधेरा हमें रोशनी के अलावा कई और बातें सिखाता है। अँधेरे में धीरे-धीरे चलें। इससे बुद्धि और विवेक पैदा होता है। भय से मुक्ति मिलती है और तब हम ईश्वर के समीप होते हैं। वह कहती हैं कि ऐसा करने के लिए चंद्रमा को आधार बनाना चाहिए। उसके उदय और अस्त का समय निश्चित है। उदय के साथ योजना बनाइए और जब सारी रोशनी खत्म हो जाए, तब परीक्षण करें। अँधेरे में भी एक रोशनी होती है, उसे पहचानें।

जीवन में प्रकाश के एक दूसरे क्षितिज को उद्भाषित करना है तो रात को रहबर बनाना होगा। अँधेरे के साथ बैठें। यह जीवन में प्रकाश देगा। पहले अँधेरा होता है, तब प्रकाश का आगमन होता है। जीवन पहले माँ के गर्भ में रहता है। बीज पहले जमीन के अंदर सोया रहता है। वहाँ अँधेरा वास करता है, लेकिन वही ऊर्जा है, जो जीवन को प्रकाशित करता है। बीज को वृक्ष बनाता है। ऊर्जा और प्रकाश एक ही सिक्के के दो हिस्से हैं। माँ के पेट में जीव का निर्माण नौ माह तक अँधेरे में होता रहता है। कोई भी महान् सृजन अँधेरे में ही होता है। हरेक प्राणी, वनस्पति या जीव-जंतु का निर्माण या सृजन अँधेरे में धरती या जननी के गर्भ में चलता है। अँधेरा सृजन काल होता है। खिलने के लिए सूर्य की जरूरत है। प्रगति के लिए रोशनी चाहिए, लेकिन सृजन एवं शक्ति संचयन दिन में संभव नहीं। दिन में शक्ति का क्षय होता है।

एक बार झारखंड के संताल की परिस्थिति देखने के लिए काका कालेलकर घूम रहे थे। साँझ के समय एक गाँव में पहुँचे। वहाँ लोगों के साथ वार्त्तालाप शुरू हुआ। धीरे-धीरे प्रकाश कम होने लगा। वहाँ के एक गृहस्थ से काका ने कहा कि अंधकार हो चला है, दीया ले आएँ तो अच्छा होगा! गाँव का वह व्यक्ति आश्चर्य से काका को देखने लगा और बोला, "दीया? हम लोग दीया कभी इस्तेमाल नहीं

करते हैं। सूरज छिप गया कि हमारा कारोबार समाप्त हो जाता है। फिर सुबह की पौ फटी कि हम लोग अपने-अपने काम में लग जाते हैं।" काका कालेलकर ने संस्मरण में लिखा कि मनुष्य की बस्ती में अंधेर का यह साम्राज्य? मैं बड़ी चिंता में डूब गया, पर इन लोगों को इसका कोई बुरा नहीं लगता। अँधेरा तो रात को आएगा ही। उसका दुःख मनाना चाहिए, यह बात भी इन लोगों के दिमाग में नहीं आती। काका लिखते हैं कि भारतीय संस्कृति, जीवन और भारतभूमि पर बराबर बोलते रहनेवाले, मुझे इस दीपविहीन जीवन की तब कल्पना ही नहीं थी। थोड़ी देर सोचने पर मुझे लगा कि वस्तुतः इन लोगों पर तरस खाने के बदले मुझे खुद अपने आप पर ही तरस खाना चाहिए।

कवि नरेश मेहता कहते हैं कि जैविकता में संस्कार भरने के लिए ही यह उद्‌घोष किया गया है। जीवन का प्रयोजन ही काव्य है। असुरत्व से सुरत्व की ओर जाना ही काव्यात्मकता है और उपनिषद् उसे ही 'तमसो मा ज्योतिर्गमय' कहता है। यह एक आह्वान जगाने का काम है, ताकि हमारे शब्द, रूप, सत्य और प्रकाश को अमरत्व ऋतु रूप में प्रस्थापित किया जा सके। प्राकृतिक प्रकाश में मनुष्यता होती है तो प्राकृतिक अंधकार में आत्मीयता का वास होता है। यह अंधकार चिंतन का अवसर प्रदान करता है। अंधकार आत्मनिरीक्षण का स्थान है। जब हम ज्योति की ओर गमन की बात कहते हैं तो उसका अर्थ होता है कि भीतर के तम और कलुष को मिटाकर आत्म-प्रकाश से स्वयं को आलोकित करें। अंधकार इस आत्म-प्रकाश से आलोकित करने में पोषण का काम करता है। सारी रात घर में प्रकाश के तले रहनेवाले व्यक्ति को भी सोने के लिए, ध्यान-साधना के लिए अंधकार को ओढ़ना ही पड़ता है। दिन में भी सोने और साधना के लिए प्रकाश को मद्धम कर दिया जाता है, ताकि भीतर के आलोक को उद्‌भासित किया जा सके। व्यक्ति की थकान को दूर करने में जितना नींद का योगदान होता है, उतना ही उस अंधकार का भी होता है, जिसके आगोश में व्यक्ति निश्चिंत होकर सोता है।

इसलिए कहा गया है कि अँधेरे में ऊर्जा की खोज करें। शक्ति संचय करें तो आलोक से जीवन भर जाएगा। अंधकार में ईश्वरीय रहस्य छिपा है। कदाचित् इसी कारण ध्यान का उपयुक्त समय संधिवेला को बताया गया। जब न अँधेरा रहे और न प्रकाश। ध्यान में व्यक्ति सदैव ही ऊर्जा के संरक्षण में रहता है। इसलिए रात्रि पहर में, जब प्रकृति शांत होती है, हम ईश्वर के नजदीक होते हैं। मानव को ईश्वर का सान्निध्य अँधेरे में प्राप्त हुआ। मुहम्मद साहब हों या संत फ्रांसिस या कोई हिंदू संत। सभी विभूतियों ने पहाड़ों की कंदराओं में साधना की और प्रकाश पाया। कहते हैं कि

ईश्वर ने अब्राहम से रात में मुलाकात की थी। सिनाई के पहाड़ पर अँधेरे में मोजेज को टेन कमांडमेंट्स सौंपे थे। ईसा मसीह का पुनर्जीवन अँधेरे में हुआ, श्रीकृष्ण अँधेरे में इस धरती पर आए। सभी धर्मों ने अँधेरे में ही ईश्वर की खोज की। प्रार्थना हो या साधना, इसके लिए अँधेरे को उपयुक्त माना। अँधेरे के शून्य में ईश्वर हमारे ज्यादा समीप होते हैं। उनकी ऊर्जा का प्रवाह हम पर बेरोक-टोक होता है।

रात हमारी दोस्त है। वह दिनभर की थकान को मिटाती है। दुःख के आँसू को नींद की मिठास देती है। दर्द को रात में ही मरहम मिलता है। रात के अफसाने हजार हैं। वे हमारे गम को अँधेरे में छिपा लेते हैं। दिन तो हमसे भागता है, लेकिन रात ही है, जो हमारे साथ ठहर जाती है। खूबसूरत चाँद के साथ, रात की रानी की महक के साथ, हरसिंगार से पटी धरती के साथ। झींगुर की गुनगुनाहट और जुगनू की चमक के साथ एक स्वर देती है—रात सहेली है, जल गए दीये। रात ही है, जिसमें आत्मा रूपी दीये आलोकित हो पाते हैं। दिन में समय कहाँ? समय है तो चैन कहाँ? रात है तो शांति है। और शांति है तो सुकून। एक रास्ता है। जब हम समस्त जीवन का विचार करते हैं तो यह प्रतीत होता है कि जगत् का अंधकार और हृदय का अज्ञान दो भिन्न बातें नहीं हैं—एक ही हैं। अंधकार की भी उतनी ही व्यापक और सार्वभौम सत्ता है, जितनी प्रकाश की होती है।

बचपन में इन रातों का इंतजार रहता था। तब भरा-पूरा परिवार साथ होता था। माँ साथ रहती थीं। दादी की कहानियाँ रास्ता दिखाती थीं। शक्ति का एक पुंज, जिसके माध्यम से सितारों में ध्रुवतारा खोजते थे। मंगल और शुक्र को तलाशते थे। उसके माध्यम से बालक ध्रुव और गुरु बृहस्पति की कहानियाँ सुनते थे, पढ़ते थे। तब रात में एक प्रकाश होता था, जिसमें हम अपना संबंध बनाते थे। आज भी यह संबंध कायम है। थोड़ा परिवर्तित रूप में। तब ध्रुवतारे के बहाने रास्ता एवं दिशा का ज्ञान करते थे। आज उन्हीं तारों में हम अपने नाते-रिश्तेदारों को खोजते हैं। चंदा को मामा बनाते हैं, तारे को अपने पूर्वज यानी दादा, नाना, भाई-बंधु। यही तो बचपन में सिखाया और बताया गया। जो इस दुनिया से चले जाते हैं, वे ही तारे बन जाते हैं। अँधेरे में तारों के बीच माँ की खोज करते हुए कब नींद आ जाती है, यह रात की ही करामात है। जीवन में हवा और पानी की तरह रात का महत्त्व है। ये जीवन को आयाम देते हैं। जीने का। एक विश्वास का। ठीक उसी तरह जब अँधेरी एवं बरसाती रात में बादलों से चाँद झाँका करता है।

□

"अपने आप को जानने के बाद ही व्यक्ति अपने पूरे ज्ञान और सोच के साथ सही काम कर पाता है। वह अपने चारों ओर ऐक्य का अनुभव करता है। इसके बाद वह जो कुछ भी करता है, श्रेष्ठतम होता है और उसके परिणाम भी असीमित होते हैं। उसकी इच्छा और लक्ष्य दोनों ही ईश्वरीय प्रयोजन में सम्मिलित होते हैं।"

—महर्षि अरविंद

धन-पद ही सबकुछ होता तो महात्मा बुद्ध राजपद छोड़ते!

वैश्वीकरण के वर्तमान दौर में सामाजिक एवं सांस्कृतिक पक्ष का गौण होना हमारे संकट का परिचायक है। बाजारवादी युग में एकमेव लक्ष्य हो गया है—धन की अधिकाधिक प्राप्ति और बहुतायत सुख का अर्जन। समाज की आधार संस्था परिवार से सरोकार एवं संस्कार का ककहरा गायब है। समाज के पतनोन्मुखी होने का मुख्य कारण भी यही है। अब कोई सवाल नहीं होता, क्योंकि समाज खुद सवाल बन गया है।

ऐसे में याद आता है उपनिषद् काल की ऋषि पत्नी मैत्रेयी का सवाल। मैत्रेयी ने अपने पति याज्ञवल्क्य से पूछा था कि कथं तेन अमृता स्याम ? अर्थात् धन-संपदा से परिपूर्ण यह सारी पृथ्वी मेरी हो जाए तो क्या उससे मैं अमर हो जाऊँगी ? यह उद्धरण वृहदारण्यक उपनिषद् का है। ऋषि याज्ञवल्क्य को जब सांसारिक जीवन से ऊब हो गई तो उन्होंने अपनी दोनों पत्नी मैत्रेयी और कात्यायनी के बीच संपत्ति बँटवारे का प्रस्ताव रखा। मैत्रेयी ने तब यह प्रश्न किया था ? वर्तमान के बाजारवादी

युग में सबकुछ यानी व्यक्ति, संबंध और समय आदि का आकलन मूल्याधारित हो गया है। लिहाजा अर्थगामी युवा पीढ़ी और उसको सहेजनेवाला परिवार अपनी विरासत से विमुख है। समाज के उस सरोकार से अलग है, जो व्यक्ति को प्रेम, शांति और करुणा के आधार पर समाज, राज्य और उनकी संस्थाओं से उसे जोड़ता था, आगे बढ़ाता था।

वैश्वीकरण ने व्यक्ति के जीवन को अर्थहीन बना दिया है। सभी लोग भौतिक सुख-सुविधा एवं संपन्नता के लिए भागे जा रहे हैं। भीतरी तल पर आत्मा से आवाज आती है—हम गलत कर रहे हैं। फिर भी धन के पीछे भागना। छल, प्रपंच। कुछ नहीं छूटता। यह भाव तब छूटता है, जब मृत्यु नजदीक होती है। तब ज्ञान होता है। धन की दौड़ व्यर्थ है। कुछ काम नहीं आता। नेता-नौकरशाह जेल में बंद हैं। कई असाध्य रोग से ग्रसित भी। कहाँ धन काम आ रहा है? जो कमाया, उसे इसी जीवन में गँवा दिया। उस धन के साथ अपना यश और प्रतिष्ठा भी खो दी।

अगर धन ही सबकुछ होता, पद ही जीवन का लक्ष्य होता तो महात्मा बुद्ध राजपद छोड़ते? धम्मपद में वे खुद कहते हैं कि यदि रुपयों की वर्षा भी हो तो मनुष्य की कामों से तृप्ति नहीं होती। सभी काम (इच्छाएँ या वासनाएँ) अल्पस्वाद और दुःखदायी हैं। जिस चक्रवर्ती राजपद के लिए चंद्रगुप्त पूरे जीवन संघर्ष करते रहे, अंतिम काल में सबकुछ छोड़ दिया। राजपद, मान-प्रतिष्ठा। यहाँ तक कि अपने तन का कपड़ा भी। वर्षों नग्न साधनारत रहे। धन जरूरी है। दरअसल धन अपने आप में कोई बुरी चीज नहीं है। असल विषय है उसके प्रति आपके नजरिए का। वह जीवन के प्रति जरूरी है, लेकिन क्या जीवन की हर गति सिर्फ धन के इर्द-गिर्द ही सिमटी होनी चाहिए! क्या हमें प्रेम, रिश्तों, भावनाओं, सकारात्मक ऊर्जा और रचनात्मक सपनों की कोई जरूरत नहीं! इन चीजों का धन से मोल कैसे आँकेंगे? लेकिन विडंबना देखिए कि आँका जा रहा है। सबकुछ जाँचने-परखने का एक ही पैमाना बन गया है—धन। विज्ञान, तकनीक जैसी चीजें, जो मानवता के लिए बड़ा सृजन कर सकती हैं, का इस्तेमाल भी सिर्फ भौतिक विकास के लिए किया जा रहा है।

इससे मुक्ति चाहिए तो मैत्रेयी की तरह सवाल पूछने का साहस करना होगा। नचिकेता की तरह संकल्प दिखाना होगा। समाज के पथ-प्रदर्शक से जानना होगा—'येनाहं नामृता स्याम कि महं तेन कुर्याम?' जीवन का शुभ लक्ष्य क्या है? क्या है अमरता का राज? यह सवाल भारत से नहीं हो रहा। मद्धम स्वर में ही सही, यह सवाल पश्चिम कर रहा है। बिल गेट्स और वॉरेन बफे के माध्यम से। इसके लिए सफलता के मायने समझने होंगे। सफलता का क्या सूचकांक है? सभी सफल

होना चाहते हैं, लेकिन सफलता का परिणाम होता है—चिंताएँ, तनाव, शर्करा रोग, ब्लड प्रेशर, अल्सर, अनिद्रा या डर और परेशानी? सफलता की एक ही पहचान है—चेहरे पर मुसकान। एक मुसकान, जो अंदर से आए और मन तथा तन को उल्लसित कर दे। कदाचित् धन के कारण अलेक्जेंडर पूरी दुनिया को जीतने की धुन में एशिया आया तो उसे पता चला कि पूरी दुनिया तो दूर, भारत ही असीम है। भारत से घायल लौटने के क्रम में उसने अपने दरबारियों से कहा कि जब मैं मरूँ तो कफन से हाथ बाहर निकालकर रखना, ताकि लोग देखें कि मरने के बाद केवल ज्ञान और अच्छाइयाँ ही जाती हैं।

□

"मनुष्य ईश्वरीय तत्त्व का सबसे बड़ा प्रतीक है, ईश्वर को हर पल अपने इस तत्त्व की तलाश रहती है। वह आने के लिए हमारे द्वार पर दस्तक भी देता रहता है, किंतु हम स्वयं ही अपने आनंद के केंद्रों के वशीभूत रहते हैं।"

—रामकृष्ण परमहंस

ईश्वर का है समस्त परिवर्तनशील जगत् और इसकी हरेक वस्तु

विश्व की समस्त समस्या का समाधान और व्यक्ति के संतुलित एवं सच्चे विकास की बात किसी एक श्लोक में समाई है तो वह ईशोपनिषद् का पहला ही मंत्र है। इस ऋचा से एक साथ सतत विकास, पर्यावरण सुरक्षा, प्रदूषण मुक्ति, बेरोजगारी, महँगाई तथा आधुनिक जीवन-शैली से जुड़ी समस्त वैयक्तिक और सामाजिक चिंताओं का समाधान संभव है। उपनिषद् का यह मंत्र व्यक्ति को एक आध्यात्मिक मार्ग के आरोहण का रास्ता दिखाता है। हमें सत्य और ऐसे जीवन की ओर ले जाता है, जहाँ सुख भोग की तकनीक के साथ संपूर्ण सृष्टि के विकास एवं पोषण का लक्ष्य सध जाता है। शुरुआत होती है इस मंत्र के ईशावास्य से, अर्थात् ईश्वर का सबकुछ है। पूरा मंत्र है—

ओम ईशावास्यमिदं सर्वं यत्किंच जगत्यां जगत्।
तेन त्यक्तेन भुञ्जीथा मा गृधः कस्यस्विद्धनम॥

यह ऋचा बताती है कि समस्त परिवर्तनशील जगत् में जो कुछ है, वह सब ईश्वर से आच्छादित या व्याप्त है। हमें त्याग के साथ अपना पोषण करना चाहिए

और किसी के भी धन का लोभ न करें। हम पूरा जीवन इसी माया और भ्रम में जीते हैं कि यह घर मेरा है, यह धन और यह यश, यह वंश, यह पद और प्रतिष्ठा मेरी है। पूरा जीवन हम इस भ्रांति के मायाजाल में चक्कर काटते हैं। सवाल है कि क्या यह जन्म मेरी इच्छा से होता है। मेरी इच्छा से मृत्यु होगी? क्या हम अपनी इच्छा या मन से क्रोध, प्रेम, यश, पद या संतान की प्राप्ति करते हैं! कदाचित् नहीं। सब माध्यम से होता है, किसी में हमारी इच्छा नहीं होती है। हमारा कुछ नहीं है। यह पागलपन है इस जीवन और मृत्यु के बीच का, अपना मानने का, अपना समझने का। यह घर मेरा है। नाम देते हैं। घर का, व्यक्ति का और पद का। जब भूख, नींद और मन पर हमारा नियंत्रण नहीं तो कुछ भी हमारा कैसे हो गया? जीवन में सारी भावनाएँ, वस्तुएँ और स्थितियाँ किसी क्षितिज से हमारे समक्ष उपस्थित होती हैं और कुछ अंतराल पश्चात् चली जाती हैं। वह क्षितिज, वह छोर और वह उत्स स्थल ही ईश्वर है और जो जीवन तथा सृष्टि में आच्छादित हो जाता है, विज्ञान उसी को प्रकृति कहता है। लेकिन विज्ञान प्रकृति कहता है तो हम शक्तिमान बन जाते हैं। एक अहंकारी व्यक्ति खड़ा हो जाता है। लेकिन जब उपनिषद् कहता है कि वह ईश्वर है तो हमारा अहंकार खत्म हो जाता है। हम दीनता स्वीकार कर लेते हैं। यह चिंतन का अंतर जीवन के कर्म एवं धर्म में भी दिखने लगता है।

आदिगुरु शंकराचार्य अपने प्रसिद्ध स्तोत्र 'भज गोविन्दम्' में बार-बार कहते हैं कि अरे मूर्ख! धन की अतिकामना छोड़। गोविंद नाम को छोड़, भाव को पकड़। भारतीय दर्शन इस जगत् में समाए ईश्वर से जुड़ने और महसूस करने की बात करता है। त्यागपूर्ण भोग का अर्थ ही है, जो छोड़ता है, वह भोगता है। जो पकड़े रहता है, नाम को, धन को, यश और पद को, उसके जिम्मे भोगने का सुख भी नहीं आता। जब सब ईश्वर का है तो कुछ भी पकड़कर रखने का नहीं। यश हो या अपयश, सुख हो या दुःख। और तब दूसरे के धन से लोभ क्या करना? लेकिन आदमी माया के अधीन कहाँ यह समझ पाता है।

अमेरिका के एक विख्यात अज्ञेयवादी इंगरसोल ने वार्त्ता में भोग पर चर्चा के दौरान स्वामी विवेकानंद को बताया कि मैं संसार से अधिकतम निकाल लेने में विश्वास करता हूँ। इसे नारंगी की तरह निचोड़कर सुखा देना चाहता हूँ, क्योंकि यह दृश्यमान जगत् ही एक निश्चित वस्तु है। इस जवाब के पश्चात् स्वामी विवेकानंद ने इंगरसोल को बताया कि भारतीय भी इस पृथ्वी को एक पश्चिमी व्यक्ति से ज्यादा निचोड़ते हैं। एक भारतीय जानता है कि वह मरता नहीं, इसलिए उसको निचोड़ने की जल्दी नहीं होती है। इस कारण वह निचोड़ने में, भोग में आनंद लेता है और

ईश्वरानुभूति करता है। जीवन को जब हम स्वार्थी शोषण भाव से मुक्त होकर देख और समझ सकें, तभी हम जीवन को सचमुच भोग सकेंगे।

यह संसार आनंदमय ब्रह्म के सिवाय क्या है? और उसी के उपभोग के लिए हम इस धरती पर हैं। हम सरल होने की स्थिति में ही त्याग की दृष्टि रखते हैं और तब ही ब्रह्म का आनंद, जो इस धरती की हरेक वस्तु में समाया है, दिखता है। अगर ऐसा नहीं होता तो गांधीजी स्नान के लिए संगम पर गंगा से मात्र एक बाल्टी पानी का ही उपयोग नहीं करते। कहते हैं कि जब जवाहरलाल नेहरू ने उनसे कहा कि बापू, यह संगम का घाट है और यहाँ जल का कोई संकट नहीं है, तब गांधीजी ने कहा था कि इस जल पर करोड़ों भारतवासी का अधिकार है। मेरा जितना अधिकार था, उतना ही उपयोग किया। ज्यादा का भोग गलत है। यही है जीवन का सच्चा आनंद और एक समग्र दृष्टि।

जीवन में जब हम छोड़ते हैं, त्यागते हैं तो खाली नहीं होते हैं। लेकिन त्यागना केवल पाने के लिए नहीं होता है। वह अगर ऐसा हुआ तो वह दोषपूर्ण हो जाएगा। फिर हम 'तेन त्यक्तेन भुञ्जीथा' नहीं कह सकते हैं। जो व्यक्ति छोड़ता है, वह सदैव ताजगी, नवीनता, नूतनता, नई खुशी, नवीन विचार तथा चैतन्य ज्ञान से भरा रहता है। और जो सदैव भरा रहे, खाली होने को या छोड़ने को राजी न हो तो वह वंचित रह जाता है। उसके हिस्से जीर्ण-शीर्ण ही मिलते हैं। आज बेरोजगारी की समस्या हो या भुखमरी की या जलवायु संकट की, सबके पीछे एक ही कारण है—हम पकड़े हुए हैं अपने हठ, अपने विचार और अपनी दृष्टि। दूसरे के धन पर अपना कब्जा। गलत तरीके से स्वार्थ की पूर्ति। सदैव शोषण का भाव। जबकि हमें यह करने का कोई अधिकार नहीं है।

□

"यह समाज साधारण व्यक्तियों के लिए बना है। यहाँ असाधारण व्यक्ति सदा बेचैन और बेमेल ही रहेगा। लेकिन यह ही वह व्यक्ति है, जिसने समाज को कुछ दिया है, विकास को गतिमान किया है। मनुष्य के जीवन को समृद्ध बनाया है।"

—कॉलिन विल्सन

ईश्वर की इस दुनिया में दुःख की समस्या क्यों है?

सबकुछ विधाता के हाथ में है तो वह इस सृष्टि में, दुनिया में दुःख क्योंकर रचता है। एक जवाब होगा कि यह हमारी अज्ञानता के कारण प्रतीत होता है। दुःख या सुख हो या प्रकाश और अंधकार। ये द्वैत हैं। सृष्टि द्वैत है। प्रकृति और पुरुष। शक्ति और शिव। इस पर सबसे प्रबल सवाल उठाया था सावित्री की माँ ने। महर्षि अरविंद द्वारा रचित महाकाव्य 'सावित्री' में इसको विस्तृत रूप दिया गया है। सावित्री की माँ ऋषि नारद से सवाल करती हैं—हम यहाँ किसलिए आए? यदि परमानंद और अपौरुषेय शांति ही हमारा लक्ष्य हो तो यह सब किसलिए? यदि हमें जीवन जीना है तो अज्ञान की और अश्रुओं की क्या जरूरत है? दुःख और शोक कहाँ से आए? या ऐसे ही आ गए? हमारा जीवन पीड़ा की पुकार के साथ जनमा है। इसके बाद लगातार काल का कर और देव का दावा चुकाना पड़ता है। अनेक प्रकार के रोग-शोक हमारी देहों का दमन करते रहते हैं, यातनाओं के बुरे अनुभव कराते हैं और अंत में इसे मृत्यु के हवाले कर देते हैं। अमर आत्मा को जन्म लेने के लिए किसने विवश किया

है? अपने अमृतत्व के अधिकार को छोड़ देने की मति किसने इसको दी? क्या किसी महामाया ने तो तारकमंडल नहीं रचा? तो फिर आत्मा की सुरक्षा कहाँ रही? अंतिम प्रहार करते हुए वह कहती हैं कि कदाचित् आत्मा कहकर जिसका हम संवेदन करते हैं, वह केवल स्वप्न मात्र है और सनातन ब्रह्म समाधिगम्य कपोल-कल्पित कथा है।

नारदमुनि जवाब देते हैं कि तो क्या रात्रि है, इसलिए सूर्य केवल एक स्वप्न है? लेकिन बात इतनी भर भी तो नहीं है। अरविंद इसकी एक तार्किक व्याख्या करते हैं—जहाँ अज्ञान है, वहाँ दुःख तो आएगा ही। सुख और दुःख जोड़ियों में जनमे हैं, परंतु प्रथम हुआ है दुःख का जन्म और उसके बाद ही सुख का जन्म संभव हुआ है। दुःख है देवों का घन। व्यक्ति की जड़ता को तोड़ने का काम दुःख करता है, आत्मचेतन को जगाता है और जगा हुआ चेतन उसके बाद ज्योति के सूर्य के प्रति आरोहण करना सीखता है।

एक तर्क और है। हमारी धरती माता अभी भी प्रसव पीड़ा में है। सहस्राब्दियाँ बीत गईं, परंतु अभी तक एकाध देवात्मा को छोड़कर ऐसी स्थिति नहीं आई, जहाँ समष्टि देवत्व का आरोहण करे। यह पृथ्वी यातना सह रही है, ताकि प्रसव पीड़ा के बाद दिव्य जीवन के लिए इनसान को तैयार कर सके। लेकिन यह इनसान है, ऐसा हठी एवं अहंकारी, जिसे इसकी फिक्र नहीं। वह केवल अपनी अज्ञानता एवं भौतिक सुख में ही खोया रहना चाहता है। देवत्व के लिए, इस सृष्टि को प्रभुता प्रदान करने के लिए और एक आलोकित जीवन के लिए व्यक्ति जन्म लेने, दुःख सहने और मरने को विवश है। उसको इसे अपनाना होगा। अभी तक विभिन्न कालखंडों में एक दिव्य आलोक का आगमन होता है, जिसको वह सीखता है, बचाता है, वही उसका दुश्मन बन जाता है। उसे नदी में महाप्रयाण करना पड़ता है, क्रूस पर चढ़ाता है, पैर में बाण मार देता है, निर्वासित करता है और विषैला भोजन देता है। हालाँकि समष्टि इससे लाभान्वित होती है और हाथ-पाँव मारकर देवत्व की ओर आरोहण करती है। लेकिन मानवता इसमें सफल नहीं हो पाती।

कदाचित् इसलिए ही कहा गया है कि हे मानव! दुःख के नियम को जीवन में अपना लो। परमात्मा की अनंत शक्ति का सहारा ले, उनको अपना आश्रय बना और परम लक्ष्य की ओर बढ़ चल। पांडवों की माँ कुंती को श्रीकृष्ण कुछ माँगने का अवसर देते हैं तो वह कहती हैं—

विपदः संतु ताः शश्वत तत्र तत्र जगद्गुरो।
भवतो दर्शनं यत् स्यादपुनर्भवदर्शनम्॥ (श्रीमद्भागवत 1/8/25)

अर्थात् हे श्रीकृष्ण! मैं चाहती हूँ कि ये सारी विपत्तियाँ फिर आएँ, दुःखों का आवरण बना रहे, जिससे हम आपकी स्तुति कर सकें, आपका पुनः-पुनः दर्शन संभव हो सके, क्योंकि आपके दर्शन का अर्थ है—इस भवसागर, जन्म और मृत्यु के कालचक्र से पार चले जाना। माता जानती है कि भौतिक जगत् संकटों से परिपूर्ण है—पदं पदं यद् विपद्गाम।

कथाएँ बताती हैं कि पृथ्वीलोक की प्रार्थना ने सावित्री को इस मृत्युलोक में जन्म लेने को विवश कर दिया था। सावित्री का जन्म हुआ था कि वह अज्ञानता और नश्वरता के खिलाफ विद्रोह करे। देवताओं का जो अमरता पर प्रभुत्व था, उसे सफल चुनौती दे। अज्ञात जगत् की अधीनता स्वीकार करने के बदले, मुक्ति का खुद मार्ग प्रशस्त करे। इसलिए जानते हुए भी उन्होंने दुःख को स्वीकार किया।

इस दुःख को भोगने और समष्टि का संदेश देने के लिए ही श्रीकृष्ण इस धरा पर आए। महाकाव्यों में श्रीकृष्ण और रुक्मिणी संवाद है। रुक्मिणी कहती हैं—मुझे राधा से नहीं, लेकिन माता देवकी से ईर्ष्या होती है। ईर्ष्या होती है उनके समग्र स्त्रीत्व से। कृष्ण कहते हैं कि एक सत्य, जो दुनिया ने नहीं जाना, उसे प्रकट करता हूँ देवी। कृष्ण कहते हैं—माता देवकी और उनका पुत्र श्रीकृष्ण दुनिया के सबसे दुर्भाग्यशाली माता और पुत्र हैं। जिसकी कल्पना कोई लोक या इनसान नहीं कर सकता! स्त्री के जीवन का सर्वश्रेष्ठ पल होता है, उसका मातृत्व का सुख। माता देवकी को आठ-आठ पुत्र हुए, लेकिन किसी भी संतान को वह हृदय से लगाकर अपना दूध नहीं पिला सकी। हर नवजात संतान का जन्म उसे दुःख और भय से भर देता। यही नहीं, हर नवजात शिशु के लिए अपनी माता के स्तन से लगकर दुग्धपान सबसे बड़ा सुख व अधिकार है। लेकिन इस प्राकृतिक अधिकार से भी मैं वंचित रहा।

श्रीकृष्ण को जीवन के उत्तरार्ध में इसका बोध होता है। सवाल भी उठता है, पहले क्यों बोध नहीं हुआ ? इसके लिए जन्म के साथ कृष्ण को समय कहाँ मिला ? बचपन में जीवन संकट तो बाद में धर्म स्थापना के दायित्व ने इस ज्ञानबोध से उनको दूर रखा। श्रीकृष्ण कहते हैं—स्मृति-विस्मृति कभी-कभी ऐसे अगम्य रहस्यों का सृजन करती है। इस अगम्य को जो भी अधिक-से-अधिक बूझ सकता है, उसके लिए जीवन हमेशा एक विकट समस्या ही बना रहता है। श्रीकृष्ण के जीवन के अंतिम पल। पैर के तलवे में बाण लगा, बहेलिया विलाप करने लगा। श्रीकृष्ण सांत्वना देते हैं—तुम तो शाप को फलीभूत होने के निमित्त बने हो। मन पर कोई बोझ न रखना। शेष जीवन कर्म संपन्न करने के पश्चात् तुम्हारी भी ऊर्ध्व गति हो। उनको याद आता है—माता गांधारी का शाप, महर्षि कश्यप का शाप और अपने वंश एवं

अपने लोक का मद एवं अहंकार। इसमें उनका कहाँ दोष था? कृष्ण चिंतन करते हैं—उनका जीवन ही मृत्यु की परछाईं में आगे बढ़ा। जन्म के बाद अभी घुटनों पर चलना शुरू किया कि पूतना मौसी पहुँच गई। इसके बाद शकटासुर, बकासुर, धेनुकासुर, कलिया नाग आदि से खुद को बचाया। गोकुलवासियों को निर्भयता का संदेश दिया। लेकिन जब गोकुल छोड़ने का समय आया, जीवन पर कंस रूपी विपत्ति आई तो कोई साथ नहीं था। न गोकुलवासी और न ही मथुरावासी।

जब भगवान् श्रीकृष्ण ने अपने गोकुल से प्रस्थान किया तो कोई साथ नहीं गया। भगवान् की यात्रा पर माता यशोदा शोकाकुल हैं। वह गोकुलवासियों को देखती हैं, अपने परिवार की ओर निहारती हैं। उनका रोम-रोम पुकार उठता है—

जसुदा बार-बार यों भाखे।
हैं कोई ब्रज हितू हमारो चलत गोपालहिं राखे॥

गोपाल ब्रज छोड़कर जा रहे हैं। सहज जीवन के प्रतिमान हमसे छूट रहे हैं, बिछुड़ रहे हैं। किसी को चिंता नहीं। कोई प्रयत्नशील नहीं। अरे, गोकुल में कितने सहचर हैं, वीर हैं। कोई तो उस कान्हा को रोक लो। कोई भी हमारा हितू नहीं रह गया क्या? पूरे जीवन के साथ तादात्म्यता, पूरे परिवेश के साथ जुड़ाव और समाज के साथ एकात्मकता के लिए कृष्ण प्रयास करते रहे। लेकिन समाज कहाँ सुना? ऐसा हो जाता तो महाभारत नहीं होता। लेकिन हुआ। खुद यदुवंश का नाश हो गया। कदाचित् इसलिए श्रीकृष्ण कहते हैं कि यद्यपि कोई कार्य मुझसे असंभव नहीं और ऐसा भी नहीं कि कोई कार्य करना जरूरी है, लेकिन इसके बाद भी कर्म करता हूँ ताकि लोक में सही उदाहरण रखा जा सके। यही कारण है कि समय आने पर स्वयं को कृष्ण ने उठाया। 'उद्धरेत् आत्मनात्मानं', यानी स्वयं के द्वारा उठाओ। यह शक्ति मुझमें है, सभी में है। ऐसा इसलिए भी है कि जो आत्मा है, वही खुद को उठाने पर मित्र बनती है और जब हम खुद को गिराते हैं तो शत्रु बन बैठती है।

श्रीकृष्ण का महाप्रयाण हो जाता है तो कुरुवंश अपने को निस्तेज पाते हैं। पांडवों को जीने का कोई तात्पर्य समझ में नहीं आता। खुद अर्जुन की शक्तियाँ क्षीण होने लगती हैं। एक बार श्रीकृष्ण और नारद संवाद में मुनिवर सवाल उठाते हैं कि यादवश्रेष्ठ भगवतता को प्राप्त नहीं कर पाए। इसका कारण क्या है? तो जवाब मिलता है कि सामान्य को असामान्य का वितरण, यानी अपने जनों यथा—सत्यभाभा, बलराम, उग्रसेन, अक्रूर या कृतवर्मा को भगवान् श्रीकृष्ण ने अपने कृष्णत्व का अंश प्रदान किया। जिस संयम और ऐश्वर्यरूपी संस्कार का संवर्धन करना होता है, वह सब उन्हें सहज ही प्राप्त हो गया। इस कारण ये सारे भगवतता

को प्राप्त नहीं कर सके। श्रीकृष्ण तो कोई एक ही बनता है, जो अर्जुन जैसे विषाद को योग में बदल देता है तो अपने मन के दुःख को खुद ही दिशा देता है। विषाद को योग में बदलना हो या सामान्य को ऐश्वर्यता एवं कृष्णतत्त्व का अंश प्रदान करना सहज नहीं होता। इस दुःख को युधिष्ठिर से बेहतर किसी और ने नहीं समझा? वनवास के दौरान नकुल 12 सालों की पीड़ा को व्यक्त करता है—

> हमारे परिवार ने कभी धर्म का साथ नहीं छोड़ा। धर्म का अस्त नहीं होता। न ही आलस्य के कारण कोई लक्ष्य अभेदित ही रहा है। फिर क्यों हे महाराज! सभी प्राणियों में इतने श्रेष्ठ होकर भी हम इतनी पीड़ा सहते हैं?

पांडवों का अतीत कभी पीछा नहीं छोड़ता। सबका अपना-अपना दुःख है। लेकिन उस दुःख के साथ जीवन भर जीने को सभी मजबूर हैं। महाभारत युद्ध के बाद भारतवर्ष का शासक बनते हैं युधिष्ठिर। लेकिन तब भी चैन नहीं। महाभारत के रचनाकार अंत में कह उठते हैं—

> हाथ उठाकर मैं चीखता हूँ, पर कोई ध्यान नहीं देता। धर्म से धन व आनंद की प्राप्ति होती है, फिर धर्म का पालन क्यों नहीं होता?

धर्म का पालन करना ही तो दुष्कर है। धर्म के रास्ते पर दुःख है, लेकिन गति है। मानवीय बेबसी ही हमें नैतिक जीवन से नीचे ले जाती है। युधिष्ठिर धर्मपुत्र हैं, इसलिए धर्म का साथ पकड़े रहते हैं, लेकिन अर्जुन को कृष्ण का साथ मिलता रहता है तो विषाद योग में बदल जाता है, हार जीत में। दुःख को समझने के लिए सुख को समझें? युधिष्ठिर से यक्ष यह सवाल करता है तो वे अपने व्यतीत जीवन को समक्ष रखते हैं। जवाब देते हैं, "जो अपने घर में भोजन पकाता है, जिस पर कोई ऋण नहीं और निर्वासित नहीं है, वही सुखी है।" यानी दुःख और सुख में अंतर नहीं, यह मनोदशा है। मात्रा का अंतर है। यक्ष पूछता है, "नया क्या है?" "समय जीव को खाता है, यही नया है।" एक मजेदार और जीवन की अर्थवत्ता से जुड़ा सवाल उठता है कि संसार में उच्चतम धर्म क्या है? इसके लिए एक शब्द अनृशंस्य का प्रयोग किया जाता है अर्थात् करुणा। दूसरे के दुःख में दुःखी होना और पीड़ा को महसूस करना। यह धर्म है। यही जीवन है और यही दुःख से निवारण का उपाय है। क्योंकि दुःख तो है ही जीवन के विकास के लिए।

युधिष्ठिर ने जीवन के प्रत्येक कर्म को जिया। केवल देह के धरातल पर नहीं। देह को तो भोगना है तो भोगेगा—सुख आए या दुःख। उन्होंने जीवन को मन और उससे आगे आत्मा के तल पर जिया। देह तो यंत्र है और इसकी क्रियाएँ यांत्रिक। मन के तल पर व्यक्ति की क्रियाएँ मानसिक हो जाती हैं, जहाँ व्यक्ति क्रियाओं के

साथ एकाकार हुआ। लेकिन एक तल और है, जिस पर श्रीकृष्ण, बुद्ध, सावित्री, सुकरात और युधिष्ठिर जैसे व्यक्ति जीवन को जीते हैं। यह तल है आत्मा का। इस तल पर दैहिक इंद्रियाँ एवं मानसिक क्रियाएँ गौण हो जाती हैं। इनसान क्रिया के पार चला जाता है। तंत्र की तरह। प्रतिपल उसके जीवन में परमात्मा का वास है तो प्रकृति खुद ही क्रियाएँ कर रही है। प्रकृति का कर्म एवं परमात्मा का धर्म संलिप्त है। परम आनंद के साथ।

इसकी सरल व्याख्या यूँ की जा सकती है—हमारी प्रत्येक क्रियाएँ तीन तल पर होती हैं। कोई सुबह की सैर पर निकला। सैर पर निकला, लेकिन अनगिनत विचारों की शृंखला में बँधा रह गया। वह दैहिक स्तर पर है। भोजन सामने है, लेकिन स्वाद का पता नहीं। यह है यांत्रिक स्तर पर जीना। अगर सैर करने के दौरान इनसान उसके साथ एकाकार हो जाए। हवाओं को महसूस करे, प्रकृति के नजारों का स्वागत करे। पक्षियों का चहचहाना, सूरज की किरणें, दूर मंदिर से गूँजते स्वर से मन में मिठास आती है तो व्यक्ति मानसिक स्तर पर क्रियाशील है। मनोभाव से खाने का या सैर का स्वाद लेना, उसके साथ भाव बनाने की क्रिया, जीवन जीने का दूसरा स्तर है। इससे अलग एक स्तर है—तांत्रिक अर्थात् आध्यात्मिक। क्या है यह? जैसे खाना। उपनिषद् कहते हैं—अन्न ब्रह्म। अन्न ईश्वर है। कैसे? अन्न हम लेते हैं, लेकिन अन्न एक पदार्थ है तो उससे बुद्धि, तेज, शक्ति, रक्त एवं ज्ञान का निर्माण कहाँ से और कैसे होता है? कौन जीवन को रस से भरता है। सैर में अगर पक्षियों की चहचहाहट एवं हवा के झोंके में उस परमात्मा का रस मिल गया तो जीवन में दुःख कहाँ? यह जीवन इसलिए है कि यात्रा को दैहिक से तांत्रिक स्तर पर ले जाए। देवत्व को प्रतिस्थापित करे। जीवन को रूपांतरित करे।

□

"इंद्रियाँ मनुष्य की आत्मा को बाहर खींच लाती हैं। मनुष्य ऐसे स्थानों में सुख और आनंद की खोज कर रहा है, जहाँ वह उन्हें कभी नहीं पा सकता। युगों से हम यह शिक्षा पाते आ रहे हैं कि यह निरर्थक और व्यर्थ है। यहाँ हमें सुख नहीं मिल सकता, परंतु हम सीख नहीं सकते।"

—स्वामी विवेकानंद

ईश्वर का गुरुत्वाकर्षण है चेतना को ऊर्ध्वगामी बनाना

एक सूफी कहावत है कि खुद को बेहतर बनाना ही बेहतर परिवार, बेहतर समाज और बेहतर देश तथा दुनिया बनाने की ओर पहला कदम है। बेहतर बनाने के लिए संकल्प जीवन का मंत्र है। उसका प्रयोग कर मनुष्य जीवन के गुण विकास को उत्कृष्टता की ओर ले जा सकता है। इस उत्कृष्टता की यात्रा ही इस सृष्टि की मूल प्रकृति है। सब अपनी शक्ति से उस उत्कृष्ट को प्राप्त करने के लिए प्रयासरत हैं। जिस प्रकार हमारी संकल्पशक्ति है, उसी प्रकार पृथ्वी की गुरुत्व शक्ति है। उसी प्रकार एक और शक्ति है ईश्वरीय गुरुत्व ऊर्जा, जो हमेशा सृष्टि के चर-अचर जीव और अजीव को उत्कृष्टता के लिए अपनी ओर आकर्षित कर रही है।

धरती की अपनी एक छिपी ऊर्जा है, जो हरेक चीज को अपनी ओर खींचती है। इस गुप्त शक्ति को 'गुरुत्व बल' कहा जाता है। वृक्ष से फल गिरे या बहुमंजिल से कोई वस्तु, वह नीचे आएगी। किसी भी वस्तु को चुंबक नीचे खींच लाता है, वह

दिखाई नहीं देता है, लेकिन परिणाम दिखता है। ठीक इसी प्रकार परमात्मा भी चीजों को अपनी ओर खींचते हैं। उनके खींचने की शक्ति का नाम 'ग्रेस' है। ग्रेस, जिसे हम प्रसाद कहें या अनुग्रह या आकर्षण का नाम दे सकते हैं। जब पौधों में फूल खिलता है तो ऊपर यानी आकाश की ओर उठता है। मनुष्य में जब चेतना का विस्तार होता है, वह आनंद से भरता है तो हलका हो जाता है। जीव-जंतु और पक्षियों में चेतना विस्तार होता है और मानवों में भी। जब ऐसा होता है तो जीवन ऊपर उठता है।

जब भी किसी चेतन सत्ता में आनंद की वर्षा होने लगती है, हृदय में उमंग होने लगती है तो शरीर नर्तन करता है तो वह फूल की तरह खिलने और आकाश की ओर उन्मुख हो जाता है। परमात्मा से मिलने की यह आतुरता है। जब हम जाग्रत् होते हैं, चैतन्य की अवस्था को प्राप्त करते हैं तो ईश्वर का प्रसाद मिलता है। फूलों की पंखुड़ियों में रस, गंध, रंग और फल के रूप में मिठास एवं तृप्ति मिलती है तो मनुष्य उसके अनुग्रह से ओतप्रोत हो जाता है। दूसरी ओर जब जीर्ण होते हैं, मरते हैं या दुःखी होते हैं तो नीचे गिरते हैं, जमीन खींचकर हमें मिट्टी में सुला देती है। यहाँ ईश्वर के प्रेम का प्रसाद विभिन्न रूपों में देखने को मिलता है। वह कभी मुसकराते फूल, गंभीर पर्वत, ठाठें मारते सागर, प्रफुल्लित पवन, चंचल पक्षी एवं चेतना से परिपूर्ण मानव के माध्यम से प्रकट होता है।

फ्रांस की महान् दार्शनिक सिमिन वेल ने एक किताब लिखी है, 'ग्रेस एंड ग्रेविटी' यानी 'प्रसाद और गुरुत्वाकर्षण'। आध्यात्मिक पुस्तकों में इसे दुनिया की महान् किताबों में स्थान प्राप्त है। उनका कहना है कि जैसे जमीन चीजों को अपनी ओर खींचती है, वैसे ही परमात्मा भी चीजों को अपनी तरफ खींचते हैं। ईश्वर सदैव हमें अपनी ओर आकर्षित कर रहे हैं। ईश्वर की स्वप्नशील चेतना पहले पत्थरों या निष्क्रिय खनिज में प्रकट होती है। फिर वह पेड़ और पौधों में संवेदनशीलता के रूप में हरकत करने लगती है। यहाँ उसकी आत्मचेतना नहीं प्रकट होती है। इसके बाद पशु और पक्षियों के संवेदनशील जीवन के रूप में सामने आता है। मानव में उसी ईश्वर का प्रसाद जीवनशक्ति एवं चेतना, तर्क तथा विवेक की श्रेष्ठतर बौद्धिक शक्ति में व्यक्त होता है।

ईश्वर अपने अनुग्रह से अनुगृहीत करने के लिए नदी बनते हैं, ताकि उसके समीप आनेवालों को जलरूपी अमृत का पान करा सकें। कभी वे पर्वत बन जाते हैं, ताकि प्रेम के उत्तुंग शिखर का दर्शन करा सकें, प्रेम की विशालता के लिए सागर बन जाते हैं। फिर उस ईश्वर का दैवीय प्रेम अनंत आत्माओं के हृदय में क्रियाशील होकर धड़कता रहता है। ईश्वर का प्रसाद फूलों में सुगंधि, पक्षियों में कलरव, दूसरे हृदय

को आलिंगन को बढ़ता है तो उसका अनुग्रह प्रकट होता है। सुबह से सोने तक ईश्वर का प्रसाद मिलता है, लेकिन वह सूक्ष्म और रहस्यमय होता है। वह प्रतिदिन भोजन से मांस, रक्त, मज्जा, हड्डी और मस्तिष्क का निर्माण करता है, हमारा निर्माण एवं विकास करता है। लेकिन हम समझते हैं कि इस भोजन के कारण ही हम जीवित हैं।

सृष्टि में आकर्षण का नियम अंतर्निहित है। जब दो वस्तुएँ हिलने के लिए स्वतंत्र हों और वे एक-दूसरे की ओर खिंचें तो गुरुत्वाकर्षण का प्रभाव दिखाई देता है। भौतिक विज्ञान की परिभाषा बताती है कि गुरुत्वाकर्षण वह शक्ति है, जो दो भौतिक पिंडों के बीच होती है और जिसके कारण प्रत्येक पिंड दूसरे पिंड को एक-दूसरे की ओर खींचते हैं। यह नियम सार्वभौमिक है। पृथ्वी, सूर्य तथा आकाश के सभी तारों एवं वस्तुओं में समान रूप से यह बल होता है। इस कारण आकाश के सूर्य, चंद्र, तारे और अन्य खगोलीय पिंड एक-दूसरे के इर्द-गिर्द चक्रीय रूप से घूमते रहते हैं और अपनी ओर दूसरे पिंड को खिंचते हैं।

गुरुत्वाकर्षण एक ओर का खिंचाव नहीं है, बल्कि दो वस्तुओं के बीच का खिंचाव है। गुरुत्वाकर्षण के नियम को ठीक से समझ लेते हैं, तभी ईश्वरीय खिंचाव के प्रसाद या आकर्षण को सही तरीके से समझ सकते हैं। चाँद और पृथ्वी के संदर्भ में पृथ्वी की शक्ति ज्यादा है तो वह वस्तुओं को अपनी ओर ज्यादा तेजी से खींच पाती है। हरेक दो वस्तुओं में आकर्षण और उसमें एक-दूसरे को अपनी ओर खींचने या आकर्षित करने की इच्छा सन्निहित होती है। जीवन में हरेक चीज द्वंद्व के बिना घटती नहीं है, जैसे कि पेड़ से फल नीचे गिरता है। उसी प्रकार पेड़ पर फल और फूल आते भी हैं। न्यूटन के समकालीन चिंतक रस्किन ने यह सवाल उठाया कि आखिर वे किस कारण आते हैं? यह ऊपर कैसे पहुँच जाता है? इतना ही नहीं, बाँस, ताड़ एवं देवदार जैसे लंबे पेड़ पर पाँच सौ फीट ऊपर पत्तियों में जल कैसे पहुँचता है?

बाद में वैज्ञानिकों ने खोजकर निकाला कि नीचे खींचने की शक्ति ग्रेविटेशनल फोर्स है, जबकि ऊपर खींचने की शक्ति लैविटेशनल फोर्स है। अध्यात्म में संतों ने इस शक्ति को 'प्रसाद' कहा। ठीक इसी प्रकार ईश्वर अपनी अनंत चेतना के प्रसाद के माध्यम से अपनी ओर खींचते हैं, दूसरी ओर माया यानी हमारी अज्ञानता दूसरी ओर खींचती है। मूढ़ता के कारण हम ईश्वरीय आकर्षण के विभिन्न केंद्रों की उपेक्षा करते हैं और अपने को नीचा गिराते हैं। हम अपनी इच्छाओं एवं ऐंद्रिक सुख के करण जन्म-मरण के अनंत चक्र में फँस जाते हैं। ईश्वर से दूर होते जाते हैं, जबकि वह लगातार अपने प्रसाद से अनुगृहीत करता रहता है।

□

"जब भी किसी प्रश्न का उत्तर या समाधान चाहिए तो एक क्षण के लिए सोचना बंद कर अपने अंत:शक्ति क्षेत्र पर केंद्रित हो जाओ। जब तुम पुन: सोचना शुरू करोगे तो वह नया और रचनात्मक विचार होगा।"

—एक्हार्ट टॉल्ल

जिंदगी की गुत्थियाँ सुलझाते हुए दिव्य मानव की ओर आरोहण

महात्मा बुद्ध के जीवन की एक कथा है। गंधकुटी के चारों ओर जूही के फूल खिले थे। शास्ता ने भिक्षुओं से उन फूलों को दिखाकर कहा—इन फूलों को देखते हो। इन सुंदर, खिले और सुवासित फूलों को ध्यान से देखो। इनमें कई राज छिपे हैं। ऐसे फूल तुम हो सकते हो। फूल सुबह खिलते हैं, साँझ को मुरझा जाते हैं। ऐसा ही मनुष्य का जीवन है। यह आया है और चला जाएगा। इसी प्रकार हमारे जीवन का दु:ख क्या है? हमारे जीवन का मौलिक दु:ख यही है कि जो रुकेगा नहीं, उसे हम रोकना चाहते हैं। जो अस्थायी धन है, उसको हम स्थायी मान बैठे हैं। यह मौलिक दु:ख है कि जो हो नहीं सकता, उसको सदा-सर्वदा के लिए अपनाना चाहते हैं।

दरअसल जीवन एक व्यवस्था है। ऐसी व्यवस्था जो चेतन और गतिमान है। इसमें लगातार बदलाव होता रहता है। यही जिंदगी का दर्शन भी है। सनातन सत्य के आर्यसूत्र हमें यही बताते और दिखाते हैं कि जीवन का अर्थ किन बातों में सिमटा है। यह क्षणभंगुर को पकड़ने में नहीं, बल्कि सत्य को जानने में है। सार यह है कि

जब सब चला जाना है तो इतनी योजनाएँ बनाने का अर्थ क्या है? अतीत चला गया, भविष्य भी चला आएगा। वर्तमान सामने है। बस उसका उत्सव मनाया जाए। इस सत्य के लिए ही राजकुमार गौतम ने संसार के समस्त ऐश्वर्य और सुख-सुविधा को छोड़ दिया। राजपाट, पत्नी और पुत्र तथा यहाँ तक कि इस शरीर का मोह भी। समस्त को छोड़कर सालों सत्य की खोज में यायावर की तरह भटकता रहा। एक गुरु से दूसरे गुरु और अंततः खुद में समाहित होकर। एक दिन पीपल के पेड़ के नीचे उसे ज्ञान प्राप्त हुआ और वह गौतम से महात्मा बुद्ध बन गया। बुद्ध के अंतिम दिनों में आनंद ने जिज्ञासा प्रकट की कि भंते! अब सत्य के बारे में हम लोगों को कुछ बताएँ। बुद्ध ने सामने पतझड़ में बिखरी पत्तियों की ओर इशारा करते हुए बताया कि आनंद, मैंने मुट्ठी भर सत्य तुम्हें दिए हैं। पर इन पत्तियों की तरह असंख्य सत्य बिखरे पड़े हैं। क्या यह सही नहीं है कि इसी सत्य की रक्षा के लिए सुकरात विषपान कर गए, लेकिन सत्य पर अडिग रहे। लेकिन आज यह कहा जाता है कि हमारा सत्य तुम्हारे सत्य से बड़ा है।

सत्य की यह मृग-मरीचिका ही है कि इस दौर में एक बार फिर से लोगों में संन्यास और अध्यात्म की बातें होने लगी हैं। यह कितना स्वतःस्फूर्त है और कितना दिखावा, कहना कठिन है। लेकिन बुद्ध के जीवन की एक कहानी है। श्रावस्ती का एक निर्धन पुरुष हल चलाकर किसी भाँति जीवनयापन करता था। वह अत्यंत दुःखी था, जैसे सभी प्राणी दुःखी हैं। बुद्ध की दृष्टि पड़ी, वह संन्यासी बन गया, लेकिन अतीत से उसका संबंध टूटता नहीं है। संन्यास लेने के बाद भी वह उदास रहता था। इस घटना के बाद अपनी देशना में महात्मा बुद्ध ने कहा कि मनुष्य अपना स्वामी आप है। आप ही अपनी गति है। यह सच है कि गरीब दुःखी है अपनी गरीबी को लेकर और अमीर दुःखी है अपनी अमीरी में। जिंदगी अमीरी में ही बीत गई, पता नहीं चला। जब माँ का देहांत हुआ तो पता चला कि जीवन दो साँसों के बीच है, बस। मॉनिटर पर माँ के दिल की धड़कन, उसकी नब्ज, उसकी साँसें सब सपाट थीं। सीधी। यानी जीवन तभी है, जब उसमें उन्नति हो, अवनति हो। अंतिम समय यही संदेश दे रही थी—बेटा, जीवन आड़ा-तिरछा हो, वह अच्छा। घबराना क्या? सेकंड के भावों ने मुझे फ्लैशबैक में कर दिया, जहाँ जीवन कभी भी सीधा और सपाट नहीं रहा। कदाचित् इस कारण ही जीवन के कई झंझावात को झेल गया।

बुद्ध के जीवन का सत्य था करुणा। हमारे जीवन का सत्य क्या है? कभी हमने यह सोचने का प्रयास किया है? तथागत जीवन भर यह कहते रहे कि जो मेरे पास है, ठीक उतना ही तुम भी लेकर पैदा हुए हो। हमारी बुद्धि, हमारी वाणी और

चिंतन में कोई फासला नहीं है। अंतर है कि बुद्ध ने अपने जीवन के तारों को कसा, ताकि संगीत पैदा हो सके। इस संगीत को जीवन में उतारने के लिए हमें अपना सत्य खुद खोजना होगा, जैसे—राम, कृष्ण, बुद्ध, महावीर, ईसा और नानक ने खोजा था। जीवन में सत्य बहुत मिलेंगे, लेकिन वह अपना सत्य नहीं होगा। अपना सत्य खुद खोजना होगा। वह स्वयं के अनुभव से निकलेंगे। एक सत्य की खोज हो। एक ज्ञान की बात हो। वे हमारे हजारों अनुभवों का निचोड़ होंगे। आधुनिक भारत में अभी तक यह समझ नहीं पाए कि उधार के ज्ञान से सत्य की खोज नहीं की जा सकेगी।

जीवन के अस्तित्व से जुड़ना है तो तनिक रुककर महात्मा बुद्ध की तरह सोचना होगा। प्यास तो हम सभी के भीतर है। भले यह बात किसी को पता है और किसी को नहीं। क्योंकि कोई होश में है ही नहीं। मिलान कुंदेरा ने एक उपन्यास लिखा 'स्लोनेस'। उसमें वे पूछते हैं कि धीमी गति का आनंद क्यों खो गया है? पहले हम आराम से आकाश को निहारते थे। प्रेम भी धीरे-धीरे ही परवान चढ़ता है, लेकिन लोग ध्यान और सुख को तत्काल और इंस्टेंट चाहते हैं। ऐसे ही महात्मा बुद्ध हमसे सवाल करते हैं कि वह सत्य क्या है? जीवन की गुत्थियों को सुलझाते हुए दिव्यता का आरोहण करना ही सत्य है। लोग सोचते हैं कि संन्यस्त हो गए तो सब हो गया, दीक्षा मिल गई तो आध्यात्मिक हो गए। यह तो शुरुआत है। यात्रा तो अंदर की करनी होगी। बुद्ध कहते हैं—'अत्ता हित अत्तनो नाथो अत्ता हि अत्तनो गति। तस्मा संज्जमयत्तानं अस्सं भद्र व वाणिजो॥' अर्थात् मनुष्य अपना स्वामी आप है। आप ही अपनी गति है। आप ही अपना दीप बनें।

□

“परिवर्तन प्रकृति की नियति है। प्रत्येक दिन बीते हुए दिन से अलग होता है। यह बदलाव निरर्थक नहीं, बल्कि हर दिन अपने भीतर जादू समेटे होता है। बस उस पर थोड़ा ध्यान देने की आवश्यकता है। दिनों की भाँति व्यक्ति में भी परिवर्तन होता है। तुम आज वह नहीं हो, जो कल थे, तुम्हारे साथ चुनौतियों ने भी अपना रूप बदल लिया है।”

—पाओलो कोएलो

व्यक्ति को ईश्वर से जोड़ती है हमारी प्रार्थना

ईशावास्य उपनिषद् के 14वें श्लोक में एक प्रार्थना है—

आदित्य मंडलस्थ ब्रह्म का मुख ज्योतिर्मय पात्र से ढका हुआ है। हे पूषन्, मुझ सत्यधर्मा को आत्मा की उपलब्धि कराने के लिए तू उसे उघाड़ दे। इस संसार का परम सत्य जो है, वह ज्योति से यानी प्रकाश से ढका है। प्रकाश के उस पार जाने पर ही सत्य का साक्षात्कार होगा।

जीवन भर हम जो प्रार्थना करते हैं, उसका लक्ष्य यही है। चहुँओर या तो प्रकाश है या अँधेरा और हम उसके पार नहीं जा पाते। जीवन भर इस द्वैत के भ्रम का चक्कर काटते रहते हैं। व्यक्ति के संकल्प की पूर्ति का अंतिम सोपान है प्रार्थना। जब हम थक जाते हैं, हार जाते हैं तो हाथ जोड़ लेते हैं। प्रार्थना के स्वर के साथ हम अपने को समर्पित कर देते हैं। हम प्रार्थना करते हैं, प्रार्थना होते नहीं हैं। हमारी क्रिया सही नहीं है, क्योंकि प्रार्थना कोई कृत्य नहीं है। ये भाव हैं, हमारी मनोदशा

है और ऐसी स्थिति में हम प्रार्थनापूर्ण हो जाते हैं। प्रार्थना का अर्थ है—शरीर का कण-कण पुकराने लगे, रोआँ-रोआँ कंपित हो जाए और कोई वासना न रहे। यह एकमात्र घटना है, जिसमें व्यक्ति संपूर्ण डूब जाता है। ऐसा न हो तो प्रार्थना पूरी नहीं होती। यह एक जीवंत क्रिया है, जिसमें तल्लीन होते ही अहंकार विलीन हो जाता है। विनम्रता का जीवन में संचार होने लगता है। जीवन में अगर विनम्रता नहीं आए, हम अपने स्वयं को मिटा नहीं पाए तो प्रार्थना का कोई अर्थ नहीं है। ऐसे स्थिति में व्यक्ति हाथ जोड़कर कहता है—प्रभु! अब तू ही कर। अब तुम ही यात्रा कराओ। बस तेरी मर्जी।

प्रार्थना के साथ व्यक्ति खुद को ईश्वर से जोड़ लेता है। रामकृष्ण के जीवन का उल्लेख है। एक भक्त रामकृष्ण के मंदिर में मेहमान था। उसके पास बालकृष्ण की मूरत थी। उसे वह गंगा में डुबकी लगवाकर नहलाता, बीच में बोलता जाता कि कहो जी, कैसे हाल हैं? आनंद आ रहा है? उसके साथ तैरता और तैराता। खेलता, टहलता और साथ में खाना भी खाता। विवेकानंद को हैरानी हुई। यह कैसी पूजा है? जब उन्होंने रामकृष्ण से कहा तो उनका जवाब था कि यही पूजा है। उसे मत छेड़ना। यह प्रार्थना का सच्चा स्वरूप है। दुःखद तब होता है, जब व्यक्ति मंदिर में झुकता है, लेकिन आकाश में चंद्रमा, धरती पर खिलते फूल, बहती नदियों को देखकर नहीं झुकता। उसके अंदर कुछ नहीं होता है। प्रार्थना तो तब ही सार्थक होगी, प्रार्थना तभी फलीभूत होगी, जब हम इस परमात्मा के विविध रूपों के समक्ष झुकना सीख जाएँ। प्रार्थना में प्रेम आ जाए, तभी हम झुकना सीख पाएँगे। पहले परमात्मा आता है, फिर प्रार्थना परिणामस्वरूप आती है। परमात्मा का अनुभव ही हमारे अंदर पोर-पोर में प्रार्थना बनकर उठता है। प्रार्थना सुवास है। मग्न होकर नृत्य प्रार्थना है। लीन होकर रचना प्रार्थना है। भक्ति में कीर्तन प्रार्थना है।

अपने पर भरोसे का जिस दिन अंत होता है, उसी दिन प्रार्थना की शुरुआत होती है। जब तक खुद पर भरोसे का अहं है, प्रार्थना फलीभूत नहीं होती। जब स्वयं बड़ा होगा तो दिव्यता छोटी होगी। स्वयं के छोटा होते ही दिव्यता का आकार बड़ा होने लगता है। प्रार्थना का अर्थ यज्ञ, हवन, जप, तप, भजन, कीर्तन या देवालय में मूर्ति के समक्ष सिर नवाना नहीं है। अग्नि जलाना, पाठ करना या मंत्र के उच्चारण को प्रार्थना नहीं कहते। इन क्रियाओं के माध्यम से व्यक्ति अपने को जोड़े हुए है। जिस दिन अपने को छोड़ा और प्रभु संग मन को जोड़ा, वह प्रार्थना हो गया। भारतीय उपनिषद् की ऋचाओं में कहा गया है—'अब अपने से परे चल। जो वह करे, वह

सही। जो मैं करूँ, वह नहीं। कर्म नहीं, योग्यता सिद्ध करना नहीं, हक की बात नहीं। सरल हो गए तो सजल हो जाएँगे।'

कभी-कभी हमें प्रतीत होता है कि हमारी प्रार्थनाओं का कोई प्रत्युत्तर नहीं मिल रहा है। जबकि ईश्वर हमारी प्रार्थनाओं को अपने बनाए नियमों के तहत उत्तर अवश्य देते हैं। ये वृक्ष खड़े हैं चुपचाप। यह उनकी प्रार्थना का तरीका है। पक्षी गाते हैं, यह उनकी प्रार्थना है। आकाश में बादल घिरते हैं, पृथ्वी पर बादल का बारिश रूप में आना। यह पृथ्वी का उत्सव है। पहाड़ से उतरती नदियाँ और सागर की ओर भागती नदियाँ प्रार्थनारत हैं। प्रार्थना के माध्यम से पूर्ण होने की यात्रा है। यह सारा अस्तित्व प्रार्थनारत है। प्रार्थना चल रही है इन वृक्षों की पत्तियों की सरसराहट में, चिड़ियों के कलरव में, बूँदों की टप-टप में। सारा अस्तित्व प्रार्थना में लीन है। पल-पल प्रार्थना चल रही है।

हमें लगता है कि वे हमारी भाषाओं में हमारे स्तर पर जवाब दें। परमहंस योगानंदजी कहते हैं कि वे बात नहीं करते कि कहीं ऐसा करते हुए वे उन्हें चुनने या अस्वीकार करने की भक्त की स्वतंत्र इच्छाशक्ति को प्रभावित न कर दें। सवाल उठता है कि ईश्वर कैसे जवाब देते हैं? वे इच्छाओं की पूर्ति के रूप में जवाब देते हैं। यह तब होता है, जब प्रार्थनाओं के माध्यम से रोआँ-रोआँ काँप जाता है, जिसका कंपन ईश्वर तक पहुँचता है। तब ईश्वर यह इच्छा करते हैं कि हमारी इच्छा पूर्ण हो। कभी वही ईश्वर शांति और आनंद में हमारी प्रार्थनाओं को उत्तर देता है। कभी अंतर्ज्ञान के रूप में सवाल का जवाब सूक्ष्म रूप में हमारे पास आता है।

प्रार्थना हमें भाव देती है। शब्दों का भाव नहीं, हृदय का भाव। यह मंदिर में या किसी देवालय में झुकने से नहीं प्राप्त होनेवाला है। अगर भाव में माँगने की इच्छा निहित है तो वह प्रार्थना नहीं है। वह स्तुति है माँग की। ऐसी प्रार्थना रात के अँधेरे में, यात्रा से पूर्व, परीक्षा से पहले की जाती है, ताकि प्रार्थना फलीभूत हो सके। यह हमारी कामना है। जिस दिन हमने ईश्वर को अनंत जीवन के लिए शुभकामना दी, धन्यवाद दिया और अहो भाव का प्रगटीकरण किया, प्रार्थना उसी दिन पूर्ण होती है। जिस दिन परमात्मा के अनुग्रह के सिवाय कुछ दिखाई न पड़े, उसी दिन प्रार्थना करने का तरीका हम सीख पाएँगे।

आँखों में जिस दिन प्रेम होगा, उस दिन पत्तों में, नदियों के पानी में तथा पशु-पक्षियों की आवाजों में प्रार्थना महसूस होने लगेगी। तब कोयल की कूक और मोर के नृत्य पर भी हम झुकेंगे और बादल की बारिश तथा सूर्य की धूप में

भी प्रार्थना की यात्रा को दिल में जान पाएँगे। कहते हैं कि उसके चरण कमल प्रत्येक पल और प्रत्येक स्थल पर हैं। एक-एक रेत के दानों पर उसके हस्ताक्षर हैं। मूल बात है—हमारी वासना इतनी मजबूत है कि इस दुनिया में परमात्मा के अनुग्रह और उसके हस्ताक्षर को छोड़ सबकुछ दिखाई पड़ता है। जिस दिन हम कह पाएँगे कि मेरी कोई क्षमता नहीं, उस दिन रूपांतरण हो जाएगा। हमारे शब्द भाव बन जाएँगे।

□

"अज्ञान सभी विपत्तियों की जड़ है। अशुद्ध चीजों को शुद्ध मानना, दुःख देनेवाली चीजों को सुख लानेवाली समझना और नश्वर चीजों को अनश्वर मानना ही अज्ञान है। अज्ञान की समाप्ति पर ही उद्धार संभव है।"

—महर्षि दयानंद सरस्वती

नचिकेता के सवालों में जीवन की जिज्ञासा की अनंत यात्रा

यह जीवन की अजीब पहेली है। जब बच्चा बोलता है, कुछ समझाने की कोशिश करता है तो हमारी समझ में नहीं आता है। और जब हम बोलते हैं तो बच्चे की समझ के ऊपर से गुजर जाता है। कठोपनिषद् में एक सुंदर कथा है। नचिकेता और उसके पिता वाजश्रवस तथा यमराज के बीच संवाद की। जिस बालक को उसके पिता नहीं समझ पाए, उसको यमराज ने परीक्षा लेकर गुरु की तरह ज्ञान दिया। जीवन में अहंकार हमको बड़ा, सरल और प्रज्ञावान नहीं होने देता है। चाहे हम बड़े पद पर रहें या छोटे पद पर, महल में रहें या कुटिया में, अहंकार हमारे साथ सदैव रहता है, जैसे वाजश्रवस के साथ था।

कथा है कि पिता वैसी गायों को दान कर रहे हैं, जो दूध नहीं देतीं। इस पर नचिकेता सवाल उठाता है कि इनका दान क्यों? दान में तो प्रिय और समाज के लिए उपयोगी वस्तु को देना चाहिए। लेकिन यह अहंकारी मन गरीब को रोटी, भिखमंगे को चंद रुपए और ईश्वर को मिष्टान्न का भोग लगाकर संतुष्ट हो जाता है। क्या हम जीवन में ऐसे ही कर्म के आधार पर यश, कीर्ति एवं लाभ की आकांक्षा नहीं रखते

हैं? नचिकेता मन में विचारता है कि बहुतों में मैं प्रथम श्रेणी के आचरण पर चलता आया हूँ और बहुतों में मध्यम श्रेणी के आचरण का पालन करता हूँ। कभी भी निचले स्तर पर आचरण नहीं किया। फिर भी पिताजी ऐसा क्यों करते हैं? वर्तमान समय में आचरण की सरलता और अहंकार के बदले उच्च स्तर के दृढ़ मनोभाव का संकट समाज के हरेक क्षेत्र में है।

नचिकेता सवाल उठाता है कि धान की तरह यह मानव जीवन पककर गिर जाता है और उसी की तरह फिर पैदा होता है। ऋतुएँ आती हैं और चली जाती हैं। फसल उगती है, बीज गिरते हैं, फिर अंकुर होते हैं तथा फसल पकती है और बीज गिरते हैं। यह एक वर्तुल है। जब सबकुछ क्षणभंगुर और परिवर्तनशील है तो जीवन को सत्य के अनुकूल बनाना चाहिए। सत्य के प्रति प्रेम के कारण नचिकेता का मन और हृदय निर्भय हो गया था। यह इंद्रिय स्वभाव है, जो मनुष्य को सत्य और धर्म से दूर करता है। जब मनुष्य अपने को देह और इंद्रियों का एक संचय मान लेता है तो वह काम, भय और लोभ के वृत्त में ही घूमता रहता है। आज तो सवाल करने पर रोका जाता है।

सत्य के प्रति निर्भय प्रेम को हेय दृष्टि से देखा जाता है, तब कठोपनिषद् के माध्यम से नचिकेता समय का सूर्य बनकर हमारे सामने आता है। पिता द्वारा मृत्यु को दान देने की बात को वह स्वीकार करता है और यमराज से मिलने चल देता है। तीन दिन की प्रतीक्षा के बाद यमराज उससे मिलता है तो नचिकेता की दृढ़ता और सत्य पर अडिग रहने के एवज में तीन वरदान देता है। नचिकेता के सवाल और यमराज के जवाब यानी वरदान आज के गुरु और शिष्य के लिए शिक्षा के उत्कृष्ट मानदंड बन सकते हैं। यमराज हर सवाल के साथ नचिकेता की परीक्षा लेता है और परीक्षा में सफल होने पर सवाल का समुचित जवाब देता है।

यमराज अगर दाता हो तो कोई संसार का संपूर्ण ऐश्वर्य माँग बैठे! स्वर्ग और संपूर्ण समृद्धि की कामना करने लगे। लेकिन आदर्श बालक कैसा हो? इसको भारतीय जीवन में नचिकेता ने प्रतिस्थापित किया। उन्होंने पहला वरदान माँगा कि मेरे पिता शांत हो जाएँ और जब मैं लौटूँ तो मुझे पुत्रभाव से प्रेमपूर्वक स्वीकार करें। दूसरे वर के रूप में उस ज्ञान की जानकारी चाहता है, जिससे स्वर्ग का सौंदर्य मनुष्य की हथेली पर होता है। इसके बाद यमराज ने नचिकेता को उस यज्ञ विद्या का ज्ञान दिया, जिसे पा लेने के बाद मनुष्य के पास ऐश्वर्य की कोई कमी नहीं होती है।

भारतीय जीवन में नचिकेता, अष्टावक्र, महात्मा बुद्ध, शंकराचार्य, कबीर के बाद अभिनव एवं महान् व्यक्तित्व की कमी क्यों हो गई? स्वामी विवेकानंद इसका

जवाब हमको बताते हैं कि हम जीवन की धारा में अपने को बहती लकड़ी के समान बहने देते हैं? पूरी दुनिया में परिवर्तन होता था, होता है, लेकिन हम उससे अनजान एवं अनभिज्ञ हैं। नचिकेता के समक्ष भी ऐसी स्थिति थी, लेकिन वे सोचते हैं कि लंबी उम्र भी अल्प है, सुख का क्षय होना है, जीवन रोज बीत रहा है तो मात्र वरदान से क्या लाभ होगा? वह तीसरे वरदान के रूप में आत्मतत्त्व पर सवाल करता है। इस सवाल का जवाब क्या मिलता है—'उत्तिष्ठत, जाग्रत्, प्राप्य वरान्निबोधत, क्षुरस्य धारा निशिता दुरत्यया, दुर्गं पथस्पद् कवयो वदन्ति (1.3.14)।' स्वामी विवेकानंद का भी यह प्रिय मंत्र था। उपनिषद् के ऋचाकार आह्वान कर रहे हैं कि ज्ञान प्राप्त करना ही मनुष्य के जीवन का सर्वश्रेष्ठ लक्ष्य होना चाहिए। लेकिन इसका मार्ग दुर्गम है तो विद्वानों के पास जाकर ज्ञान प्राप्त करें।

नचिकेता का तीसरा सवाल मनुष्य के जिज्ञासु मन की दो परतों को खोलता है। एक, जो उसकी सीमा है और प्रकृति में उलझा हुआ है। और दूसरा, जो आधुनिक वैज्ञानिक चिंतन का हिस्सा है। इन सवालों के माध्यम से जीवन को सार्थक और जीने योग्य बनाया जा सकता है। हम जीवन की हलचल और संघर्ष में इन सवालों को भूल जाते हैं, क्योंकि वासना के जगत् में हम जीते हैं और उसी के फैलाव में हम हरेक चीज को देखते हैं। हम अगर इंद्रियों की जगह विचारों की दुनिया में रहें तो ऐसी प्रयोगशालाएँ बन पाएँगी, जिसमें से रोज समाज के लिए नए चिंतन, नई खोज एवं नूतन दर्शन का बीजांकुर एक वटवृक्ष का रूप ले सकेगा!

□

"मनुष्य स्वयं को धोखा दे सकता है। सोच सकता है कि उसका ज्ञान बढ़ता है, विकसित होता है और वह पहले जितना जानता-समझता था, अब उससे अधिक जानने-समझने लगा है। लेकिन कभी वह ईमानदारी से देखे कि अस्तित्व की बुनियादी पहेलियों के आगे वह इतना विवश है, जितना कि जंगली आदमी या छोटा बच्चा होता है।"

—पी.डी. ऑस्पेन्सकी

एक सुंदर संबंध से जुड़ी हैं अस्तित्व की सारी रचनाएँ

संपूर्ण सृष्टि में उनके रिश्ते एक अदृश्य तार से जुड़े होते हैं। यह संबंध की बुनावट ही व्यक्ति को प्रकृति से जोड़ती है। संबंधों के समरस बहाव से व्यक्ति का मन और प्रकृति के अवयवों के रस एक ही भावावेग से जुड़ जाते हैं। कोई अलग नहीं है। पिछले दिनों पढ़ा था कि शैवाल और फंगस के आपसी संबंध से काई की हरी परत बनती है। रुके हुए पानी, चट्टानों एवं दिवारों पर दिखती हरी एवं मखमली काई एक किस्म की मित्रता एवं सह-संबंध का उदाहरण है। सोचता हूँ कि क्या संबंध है धूप की किरणों का पेड़ के पत्तों की हरियाली से, एक बूँद पानी का उसके पोषण से और एक आंतरिक विश्वास का उसके अस्तित्व से यानी जुड़ाव से? कदाचित् हम भी तो ऐसे ही किसी अदृश्य संबंध के माध्यम से अस्तित्व में हैं, जिसे आज तक किसी माइक्रोस्कोप से नहीं देखा जा सका। अन्न, हवा और पानी तथा प्रकृति का संग हमारे जीवन के बाह्य कारक हैं। लेकिन

इससे बढ़कर इनमें अंतर्निहित वह अदृश्य आंतरिक शक्ति ही हमें जीवित रखती है। प्रकृति के सभी अवयवों से जोड़ती है।

माता भगवती पर विशेष भेंटस्वरूप गुड़हल के फूल अर्पण किए जाते हैं। इसके लिए माँ ने गुड़हल का एक पौधा घर के पीछे लगाया था। ठंड के मौसम में उसकी टहनी की काट-छाँट करतीं। गरमी के दिनों में एक ही पौधे पर बहुत सारे फूल खिल जाते थे। हर रोज पूजा के लिए तोड़ने के बाद भी पेड़ पर कुछ फूल बच ही जाते। अब जब माँ नहीं हैं तो पेड़ पर फूल बहुत कम रहते हैं। इसका कारण बहुत दिनों तक समझ में नहीं आया। बाद में इसका राज समझ में आया, जब एक किताब पढ़ी—'कोड नेम गॉड'। इसमें लिखा है कि आधुनिक विज्ञान और पुरातन प्रज्ञा में सह-संबंध है। भौतिक के क्वांटम क्षेत्र के सिद्धांत के अनुसार ब्रह्मांड के किसी भी हिस्से की घटना का संबंध दूसरे हिस्से की घटनाओं से होता है कि गहनतम क्वांटम स्तर पर हर पदार्थ हर जगह पर है, अर्थात् सब एक हैं, यानी चेतना के स्तर पर इस सृष्टि के सभी अवयव एक हैं—चाहे फूल का पेड़ हो या मेरी माई। कदाचित् इसी कारण उनके भावों एवं प्रार्थनाओं का असर पेड़ पर भी होता था।

सारे अस्तित्व का परस्पर संबंध होता है, जो उनको जोड़े रखता है और अलग नहीं होने देता है। जगत् एक वर्तुल है। अखंड मंडलाकार गतिमान है। यह इसलिए भी है कि सारे अस्तित्व आपस में जुड़े हैं। एक-दूसरे से जुड़ने के कारण उनमें जुझारूपन आता है। हमारे जीवन का जोड़ रसपूर्ण है। हर ओर रस बह रहा है, जो आदमी, वृक्ष, पत्थर, जंतु और प्राणवान तथा निर्जीव सत्ता को एकात्म किए हुए है। जो श्वास अभी हमारे भीतर है, वही श्वास कुछ पलों में दूसरे के भीतर जाती है। दिखता कहाँ है ? कुछ पहले दूसरे की श्वास वर्तमान में मेरे जीवन का कारण होता है। अलग नहीं है कुछ। इसी प्रकार पशु, पक्षी, जानवर और वृक्ष सभी श्वास ले रहे हैं और छोड़ रहे हैं। इस प्राण के सागर में सब एक हैं। सब जुड़े हैं। ऑक्सीजन एवं कार्बन डाईऑक्साइड का नाम देकर भी हम अलग नहीं हो सकते। हमारे जीवन का कारण हैं पेड़-पौधे। तो उनके जीवन के कारण हैं हम और जीव-जंतु।

इतना ही नहीं, इसके आगे भी सत्य है। रोजाना हम अन्न एवं फल के रूप पेड़ और पौधे की रसधारा को अपने उदर में पहुँचाते हैं। वही भोजन मांस-मज्जा, रुधिर और मस्तिष्क बनाता है। फिर एक दिन मर गए तो शरीर मिट्टी बन जाता है। इस प्रकार वह शरीररूपी मिट्टी विज्ञान की भाषा में नाइट्रोजन एवं अन्य लवण

पेड़-पौधों के लिए जीवन बन जाता है। वृक्ष आदमी में और आदमी पौधे में आता और जाता है। यह वर्तुल घूम रहा है। जगत् अखंड मंडलाकार गतिमान है। जो हमारे शरीर में है, वह सृष्टि के विभिन्न अवयवों में जाता है और जो सूर्य, चंद्र, तारे एवं पेड़-पौधों में है, वह हममें चला आता है। यह जगत् परिवार है। यहाँ सब जुड़ा है। पत्थर में आदमी समावेशित है। चाँद-तारों से आदमी की धड़कन जुड़ी है। हमारे विचार सागर की लहरों से जुड़े हैं, सूर्य का ताप हमारे शरीर को शक्ति देता है तो चंद्रमा जीवन में मिठास का कारण बनता है। यहाँ टूटा हुआ कुछ नहीं है, सबकुछ संयुक्त है।

समय की सूक्ष्मतम इकाई परमाणु से लेकर दिन, रात, ऋतुएँ, आकाशीय तारामंडल, ग्रह, नक्षत्र यहाँ तक कि ब्रह्मांड भी चक्रीय गति का अनुसरण करते हैं। इसी प्रकार जीवन भी चक्रीय गति से चलता है। जन्म, विकास, बचपन, युवा, प्रौढ़, बुढ़ापा, मृत्यु और पुनः जन्म। चक्रीय गति। लेकिन व्यक्ति क्या देखता है ? मानव को, उसकी गति को। उसको गतिमान करनेवाले काल को नहीं। इसके कारण ही उसे सबकुछ रैखीय विकासमान प्रतीत होता है। जबकि यह समय की गति नहीं, मानव की गतिशीलता है। मानव की गतिशीलता में व्यक्ति का मृत्यु को प्राप्त होना एक खंडन बिंदु या पड़ाव स्थल हो सकता है। एक नए विकास के लिए। लेकिन काल के लिए यह सतत यात्रा है। इसे समझने के लिए एक उदाहरण और। हम धरती पर चलते हैं तो लगता है कि रैखीय या एक दिशा में या सीधे और थोड़ा इधर-उधर चलते हैं। लेकिन तब भी हम चक्रीय चल रहे होते हैं, क्योंकि यह पृथ्वी तो गोल है।

सामाजिक-सांस्कृतिक जीवन से जुड़ा संकल्प मंत्र बताता है कि गति महज चक्रीय नहीं, बल्कि शंख वलयकार है। विराट् का आह्वान करते हैं लघु होकर तथा लघु होकर विराट् से खुद को जोड़ते हैं। धरती माता है, चंदा मामा है, आकाश पिता है, पीपल और बरगद बाबा हैं, गंगा मइया है। इतना ही नहीं, अनंत दूर टिमटिमाते तारे हमारे नाते-रिश्तेदार हैं। सात ऋषि हैं। एक ध्रुवतारा व्यक्ति की विशालता है। वहीं विशाल ब्रह्मांड स्वामी छछिया भर छाछ पर नाचते हैं, जिनकी टोह लेना व्यक्ति के वश में नहीं, वहीं श्रीराम एक मानव यानी भरत को जपते हैं। भारतीय जीवन ने विराट् को लघुता और लघुता को विराटता में बाँधा है। प्रेम और रिश्तों से देव के साथ विराट् एवं अनंत ग्रह-नक्षत्रों को भी दैनिक जीवन में जोड़ दिया गया। इतने से मन नहीं भरा तो शरद पूर्णिमा की रात खीर बनाकर खुली चाँदनी में रख दी। चंद्रमा अब चूँकि मामा है तो अपनी अमरता के, शीतलता की वर्षा खीर पर कर ही देंगे।

वह अमर तो मानव भी अमर। यह सनातनता का सूत्र है। समय की वर्तुलाकार दृष्टि है। इस कारण जीवन की सारी गति वर्तुलाकार यानी शंखीय रूप में चक्रीय है, जिसे जीवन-चक्र कहा गया। वर्तुल या चक्रीय का तात्पर्य कि जहाँ से हम शुरू करते हैं, वहीं पुनः एक समय के बाद पहुँच जाते हैं। दिन है श्रम और रात है विश्राम। उसी प्रकार जन्म है गति, यानी कर्म और मृत्यु है पड़ाव, यानी विश्राम। इसी प्रकार सृष्टि है श्रम और प्रलय है।

□

"जो आदमी महत्त्वाकांक्षा से भरा हो—आध्यात्मिक या सांसारिक—वह कभी भी समस्या के बगैर नहीं रह सकता, क्योंकि समस्या तभी खत्म होती है, जब तुम अहं को भूल जाते हो।"

—जे. कृष्णामूर्ति

जानने से ज्यादा जरूरी है जीवन को मानना

जिंदगी के पहलुओं को जान लेना एक लंबे और मुश्किल सिलसिले का अंजाम होता है, क्योंकि सामान्यत: यह जान लेने के बदले मान लेना होता है और उससे बहुत पहले यह समझ लेना होता है। यह ऐसा ही है कि जब तक हम दु:ख से न गुजरें, तब तक सुख क्या होता है, पता ही नहीं चलता।

कई बार ऐसी स्थिति आती है, जहाँ व्यक्ति को अपने निर्णय, अपने विवेक पर भी सवाल खड़ा करने का मन करता है। जब ऐसी स्थिति आए कि सारे रास्ते बंद मालूम पड़ें, कोई उम्मीद की किरण दिखाई न दे, तब भी स्वयं पर विश्वास कीजिए। व्यक्ति गलती तो करता ही है। अपने पर विश्वास के लिए मैंने महसूस किया है कि सबसे सशक्त हथियार है—प्रार्थना, मौन प्रार्थना। उस परमात्मा के समक्ष, जिसकी माया के कारण सबकुछ होता है। अपने सर्वोत्तम की उम्मीद कभी नहीं खोनी चाहिए। ऐसा होने पर ही जीत होगी। ऐसा होता है।

परंतु सवाल यह है कि क्या यही जीवन है? इस जीवन के अस्थायित्व को समझिए। अब इस अस्थायित्व को अर्थवान बनाना ही तो जीवन का मूल लक्ष्य है। जीवन का इतना समय बीत गया पद की खोज में लड़ते, द्वंद्व करते। पद भी मिलता

गया—उच्च और उच्चतर। सुख भी बढ़ता गया और प्रसन्नता भी। इसमें कभी कुछ पल कष्ट के आए तो हम बेचैन हो जाते। रोते। चिल्लाते। जब सुख के पल बीत गए तो दु:ख के क्षण भी बीत जाएँगे। सब गुजर जाएँगे।

सुहावना समय जब था तो ठीक। लेकिन क्या उसका हमने भोग किया? ईश्वर हमारे साथ वैसा ही करता है—हर समय, चाहे पहले या अब या बाद में। वह हमें तकलीफ देता है और हम कराह उठते हैं। लेकिन पीछे मुड़कर देखने पर पता चलता है कि उसने ही तो हमें हर बार इस तकलीफ से निकाला था। हमें जीवन में डरना नहीं है। हमेशा एक सहारा तो रहता ही है। हर कष्ट जो जीवन में आता है, अच्छाई के लिए है। यह हमें और अधिक जीवंत और आनंददायक पल की ओर ले जाता है।

आज की सुबह इस मायने में नई है कि यह नया साल है। नएपन के लिए जीवन में सदैव इंतजार रहता था। बचपन में नया क्या होता था? खाने को अच्छा मिल जाए या उसके बदले कुछ पैसे पॉकेट में आ जाएँ। कभी यही एक आना, एक चवन्नी मिल जाती थी, खुशी का पारावार नहीं होता था। इस एक चवन्नी के लिए माँ से जिद किया करता था। पापा से हिसाब करता था, ताकि गुल्लक भर जाए। उसका भरना जीवन में रस का भरना होता था। आज बेटी को देखता हूँ कि पिग्गी बॉक्स में एक रुपया रखती है और वह भरता नहीं। यह जीवन कैसे भरपूर हो? तब एक चवन्नी में पेट और मन भर जाता था, आज पूरी गुल्लक या पिग्गी बॉक्स का पैसा भी पेट को भर नहीं पाता है।

यह भोगवाद का दौर है! कर्म में रसना नहीं। जीवन का एकमात्र लक्ष्य—भोगना। भोग के इर्द-गिर्द ही सारी सोच। भोग के कारण खुद से दूर होते हम। समाज तो खैर नेपथ्य में चला ही गया। पहले परिवार, समाज, परंपरा और अपनी विरासत की चिंता होती थी। एकीकृत विचार और व्यवहार होता था। नए साल की तैयारी में पूरी दुनिया जश्न में डूबी है। एक नृत्य का मोल एक करोड़ है! समाज कहाँ है? एक कथा याद आ रही है चूहे और गिलहरी की। दोनों के बीच चर्चा होती है। चूहा अपने बड़े होने के अहंकार में डूबा रहता है। वह कहता है कि मैं तीक्ष्ण हूँ, तीव्र हूँ। मैं मूषक हूँ, जो भगवान् गणेश का वाहन है। इस कारण मैं अभय हूँ। मुझे डर नहीं और मैं सुखी हूँ। गिलहरी यह बात सुनकर बोली कि भाई, ऐसा कुछ मेरे में नहीं है। मैं तो केवल स्वयं पर विश्वास करती हूँ। मेरे शरीर पर काली धारियों के बीच में एक सफेद धारी है, यानी दो कठिनाइयों की परतों के बीच से ही असली सुख झाँकता है। इसी पर ध्यान रखती हूँ। मौत दिखाई नहीं देती। केवल जीवन दिखता है और कुछ नहीं।

इस नए साल में सोच, तैयारी और परिणाम की नई परिभाषा मिलेगी। खुद की, समाज की और हरेक उस सृजनशील व्यक्ति की, जो जीवन को अर्थपूर्ण बनाने में लगा है। समाज को कुछ देने में लगा है। अदम्य रचनाशक्ति ही हमें आश्वासन देगी। कदाचित् प्रार्थना के क्षण में भी। आज के संसार में सबकुछ बदल रहा है। बदलता जा रहा है। भावनाएँ, संबंध, विश्वास, उम्मीदें और संवेदना। इनकी शक्लें बदल गई हैं। यह समय का प्रतिफल है, क्योंकि जीवन ही अंतर्विरोध से भरा पड़ा है। कुछ भी सीधा और सपाट नहीं है तो कल कैसे सरल होगा ? शायद नहीं। हरेक क्षण को अर्थ दो। जीवन की सफलता और उम्मीद इस पर ही निर्भर करती है कि हम अपने जीवन में आनेवाले समय को कितना अर्थवान बना पाते हैं।

जीवन अनंत संभावना है, इसलिए जीवन के हर दिन को नया करना चाहिए। मन को नया। तन को नया। यह नया कैसे हो ? बस अपने विचार में नवीनता लाकर। नवीनता हमें मुक्त करती है। स्वतंत्र करती है। जीवन का लक्ष्य भी तो यही है। दुनिया में हर पल नयापन है। हमारी सृष्टि को नित्य नवीन बताया गया है। शरीर में नयापन का जन्म हर पल हो रहा है, लेकिन यह नूतनता हमारे मन में नहीं होती। नवीन गीत, नवीन चाल से ही रास्ते निकलेंगे। यह नवीनता ही व्यक्ति के जीवन को चलायमान करती है।

□

"क्या मनुष्य वही है, जो किसी खगोलशास्त्री को प्रतीत होता है। अशुद्ध कार्बन और जल का छोटा सा गोला, जो कमजोर की तरह एक गैर-महत्त्वपूर्ण ग्रह पर रेंग रहा है। क्या वास्तव में प्रकृति का कोई नियम है या हम व्यवस्था के प्रति अपने जन्मजात प्रेम की वजह से हैं?"

—बर्ट्रेंड रसेल

जन्म-मृत्यु से छूटने की तैयारी है पूजा-पाठ

सज्जन और धर्मशील प्राणी जीवन में कष्ट और विपत्ति आने पर भगवान् की शरण में जाते हैं। कोई भी पुण्यात्मा अपने अंत समय में भी ईश्वर के स्मरण का अवसर खोना नहीं चाहता। भले ही कैसा भी कठिन समय आए, विपदा आएँ, उनका स्वागत करता है। भगवान् की याद ही उससे छूटने का माध्यम है। माँ भी इसी माध्यम का सहारा लेकर जीवन की मझधार को पार कर गई। चाहे जीवन में कितनी भी परेशानी आए, शरीर एकदम नि:शक्त हो जाए, स्वर निकलना भी मुश्किल हो, लेकिन उनकी दिनचर्या में पूजा का स्थान सदैव रहा। कभी इसमें विराम नहीं आया। उनके देहांत के दिन भी।

उनके पूजाघर में सभी प्रकार के देवी-देवता, पीर व फकीर के चित्र विराजमान होते थे। देवी के विविध मुद्राओंवाले फोटो उनको प्रिय लगते थे। जहाँ भी यात्रा, तीर्थयात्रा में जातीं तो ईश्वर के चित्र खरीदना नहीं भूलतीं। घंटों दुकान पर खड़े होकर फोटो पसंद करती रहतीं। इसके बाद पूजाघर में बड़ी तन्मयता से उसे सजातीं।

पूजाघर छोटा है, इसका उन्हें अफसोस होता। मैं कहता कि पूजाघर छोटा नहीं है, तुम्हारे भगवानों की सूची इतनी बड़ी है कि पूजाघर छोटा पड़ जाता है। लेकिन इन बातों का उन पर कोई असर नहीं होता। मैं कई बार कहता, "माई, भगवान् तो एक ही है। चाहे राम की पूजा करो या दुर्गाजी की। इससे कोई अंतर नहीं पड़ता।" वह कहतीं, "हम सब जानत बानी। लेकिन तोहरा बुझात नइखे नु। विद्या खातिर सरसतीजी से ही न निहोरा करब। धन तो रामजी न नु दिहे।" ईश्वर एक है और उसकी विविध सत्ताएँ हैं, इस बात का अहसास उनके माध्यम से ही मुझे हुआ। नवरात्र के दौरान माँ दुर्गाजी की विशेष आरती करतीं—जगजननी जय-जय। इस भजन के दौरान ही स्तुति के ये स्वर आते—तू ही राम, कृष्ण, तू ही व्रजरानी राधा…। इस भजन के बाद ही अपनी किशोरावस्था में एकमेव ईश्वरीय की बहुआयामी सत्ता का अहसास हुआ।

माँ से ही सहज रूप में सीखा कि पूजा का अर्थ स्तुति, भजन और कर्मकांड होता है, दूसरे चरण में ही जाप, मौन, ध्यान का समय आता है। वह भजन और स्तुति दोनों को ईश्वर की आराधना से जोड़कर देखती थीं। हालाँकि, यह भी प्रार्थना का एक प्रकार है। परंतु दोनों में अंतर है। भजन का अर्थ है भजना, यानी ईश्वर की उपासना करना और उसको प्राप्त करना। धार्मिक गीतों के लिए 'भजन' शब्द का उपयोग किया जाता है। कीर्तन कथन से बना है। भगवान् के संबंध में किसी भी कथन को भिन्न-भिन्न लय, राग और ताल तथा तुकबंदी के साथ प्रस्तुति भजन कहे जाते हैं। सूर, तुलसी और मीरा के भजन जगत् प्रसिद्ध हैं। लेकिन स्तुति पूजा-पद्धति का एक अंग है। इसका अर्थ स्तव और प्रशंसा का गान है। संक्षेप में कहें तो भगवान् की प्रशंसा करना ही स्तुति है। इसी से 'स्तोत्र' और 'स्तोता' शब्द बने हैं। स्तोत्र का अर्थ है स्तुति करनेवाले वचन और स्तोता का अर्थ है स्तुति करनेवाला, लेकिन भजन हो या स्तुति, दोनों में ही ईश्वर की कृपा दृष्टि की अपेक्षा रहती है। यह प्रार्थना का एक प्रकार है, जिसमें व्यक्ति ईश्वर से जुड़कर उससे कुछ पाने की इच्छा रखता है। इसमें भय एवं स्वार्थ एक उत्प्रेरक का काम करता है। अधिकांश लोग इसलिए ही प्रार्थना करते हैं, ताकि उनकी कुछ मनोकामना पूरी हो जाए। अध्यात्म का संबंध प्रार्थना, भजन या स्तुति से अलग है। इसमें कोई व्यक्ति किसी अपेक्षा या भय के ईश्वरीय सत्ता में स्वयं को विलीन कर लेता है।

माई भी आध्यात्मिकता से परिपूर्ण थीं। इसका सबसे बड़ा कारण उनकी प्रार्थना या ईश्वरीय सान्निध्य किसी के कारण नहीं होता था। इसके दो प्रमुख कारण रहे—सबसे पहला वह निरक्षर थीं। अक्षर ज्ञान था ही नहीं। यही कारण है कि

उनके जितने भी भजन या स्तुति या प्रार्थना होती, वे श्रुति परंपरा के तहत याद किए होते थे। और इसमें उनकी अपनी शब्दावली भी रहती थी। यह शब्दावली देशज या परंपरा से सराबोर होती थी। हनुमान को हलुमान, कृष्ण को किशन, लक्ष्मी को लछमी और ऐसे ही शब्दों का उच्चारण उनके मुख से सहज होता। कोई भी भजन शुद्धता के आधार पर नहीं गाती थीं। अतएव भय कारण होता तो वह स्तुति या प्रार्थना करती ही नहीं। मैं कई बार टोका भी करता। मैं ही यह टोकने का काम करता। वह सहज भाव से कहतीं—"तू लोग जादा पढ़ल बार लोग, त तू सही बोल। हामरा जइसे बुझाई, वइसे ही पूजा करेब।" उनकी पूजा में उनका भाव होता और उनका ही पूरा तौर-तरीका। उनकी पूजा में कोई अपेक्षा भी नहीं होती थी। अपेक्षा या स्वार्थ वही रख सकता है, जो बुद्धिमान हो। जो हर चीज को नफा-नुकसान के तराजू पर तौले।

वह ईश्वर भक्त थीं। क्यों? अहले सुबह उठना, खुद ही पूजाघर को साफ करना, फूल तोड़कर लाना, पूजा के बरतन को साफ करना और इसके बाद भूखे-प्यासे तीन-चार घंटे तक पूजा, जाप, ध्यान व स्तुति करना। यह सब उनकी दिनचर्या में शामिल था। चाहे शीत लहरी हो या बरसात। कई बार पड़ोसी कहते, "चाची, सुबह-अँधेरे में ही फूल तोड़ने जाती हो। कहीं कोई दुर्घटना हो जाए, अतएव इसे रोक दीजिए।" लेकिन वह कहाँ मानती थीं और कौन उन्हें रोक सकता था उनकी पूजा और आराधना से। किसी एक देव या देवी को केंद्र में रखकर शुरू करती और उसमें बहु देव और देवियों का समावेश हो जाता था। यही कारण है कि उनकी पूजा-पाठ निश्चित समयावधि से हमेशा ज्यादा चलता। छठ की सुबह के अर्घ्य के बाद अमूमन व्रती अपने उपवास को छोड़ देती हैं, लेकिन मेरी माँ निराली थीं। उनका आधा दिन मंदिर-मंदिर घूमने में बीत जाता। जब तक अपने क्षेत्र के सभी मंदिर में माथा झुका नहीं लेतीं, तब तक मुँह में अन्न का निवाला कौन कहे, पानी भी नहीं स्वीकार करती थीं। उनका पूजा ही मार्ग था और ईश्वर-भक्ति ही लक्ष्य।

आज सोचता हूँ, अध्यात्म क्या है? ईश्वर की पूजा-पाठ का उद्‌देश्य क्या है? आध्यात्मिकता का क्या अर्थ है? संतुलित जीवन। समग्रता में जीवन गति। सफल जिंदगी। इन सबको एक वाक्य में समेटा जाए तो अर्थ होगा कि यदि हम जीवन में सर्वात्मा यानी ईश्वर को सर्वोपरि स्थान देते हैं तो हम आध्यात्मिक हैं। माई आध्यात्मिक थीं। कारण, उन्हें कभी भय नहीं रहा। न ही कोई अपेक्षा रही। कारण, उन्हें जीवन में बस दो चीज ही प्रिय थी—एक नियमित पूजा-पाठ, उपवास, भजन

एवं स्तुति और दूसरी चीजों का मितव्ययिता से उपयोग। जितना पैसा, कपड़ा, खाना और अन्य उपयोगी चीजों की उनको जरूरत थी, उससे कहीं बहुत ज्यादा उनके पास था। लेकिन उन्होंने उसका उपयोग नहीं किया। बस, कबीर की भाँति देकर जीवन के लिए कुछ सीख सहेजकर चल दीं इस लोक से।

□

"यह मेरा सीधा-सादा धर्म है। मंदिरों की कोई जरूरत नहीं है, जटिल दर्शन की कोई जरूरत नहीं है। हमारा खुद का दिमाग, हमारा खुद का दिल ही हमारा मंदिर है। इसका दर्शन है दयालुता।"

—दलाई लामा

जीवन पर चिंतन के लिए नियमित रूप से विराम लेना जरूरी

मानसून की बारिश की तरह है जीवन। अगर एक बार इस बारिश में फँस गए तो भीगना ही पड़ेगा। सूखा रहना लगभग नामुमकिन है। जीवन भी चुनौतियों से भरा है। यहाँ लगातार प्रकृति, समाज और समय के द्वारा नकारात्मक ऊर्जा, समस्या और चुनौती हमारे समक्ष आती रहती है। अब इनसे बचना नहीं, बल्कि इन चुनौतियों, समस्याओं एवं कठिनाइयों के बीच शांति की अनुभूति, संतुष्टि की मानसिक स्थिति एवं आनंद का निरंतर अनुभव करना ही हमें सफल बना सकता है। एक किसान एक बीज बोता है, पानी डालता है, खाद डालता है, चारों तरफ बाड़ लगाता है, उसकी दिन-रात देखभाल करता है। लेकिन अंकुर वह नहीं निकाल सकता। अंकुर तो अपने आप से निकलेगा। उसी प्रकार हम सिर्फ उपस्थित परिस्थिति में अपना कर्म कर सकते हैं। परिस्थिति कैसी भी रहे ? इसके लिए हम तैरें नहीं, बहें। कहीं लड़ाई नहीं करनी है, बस बहते चलते जाना है। हमारी सबसे बड़ी बाधा है हमारी अपेक्षाएँ। अपेक्षा कोई पूरी नहीं होती और हम चलते चले जाते हैं। इसलिए संपूर्ण स्वीकार्यता का भाव ही हमें सफल बनाता है।

विख्यात चिंतक एल्डस हक्सले कहते हैं कि जो कुछ मनुष्य के साथ होता है, वह अनुभव नहीं होता है। अनुभव वह होता है, जो हम इस परिस्थिति में करते हैं। यह हमें मानना पड़ेगा कि गरमी में धूप, बरसात में बारिश और ठंड में शीत हमारे ऊपर गिरती है तो वह किसी से पूछने नहीं जाती। वह स्वयं हमारे ऊपर गिरती है। हमें यह तय करना है कि हम इनसे कैसे निपटते हैं। जीवन में अपना कर्तव्य निर्धारण करना हो, पारिवारिक रिश्ता मजबूत करना हो, अपनी वास्तविक क्षमता को खोजना हो या कुछ बड़ा या निर्णायक करना हो तो क्रिकेट की भाषा में गार्ड लीजिए। गार्ड बल्लेबाज लेता है, जब वह सौ के करीब पहुँचता है या बॉल पर आक्रमण करना होता है। नियमित अंतराल पर विराम लेकर जीवन पर चर्चा करना जरूरी है। इस्कॉन के एक आध्यात्मिक संत हैं—गौर गोपाल दासजी। उन्होंने एक किताब लिखी है—'जीवन के अद्भुत रहस्य'। वे बताते हैं कि हमें जीवन को गुजारने की नहीं, बल्कि जीवन को सँवारने की कला सीखनी चाहिए।

मेरे कॉरपोरेट जीवन के एक मेरे वरीय सहकर्मी से बात हो रही थी कि काम कैसा चल रहा है? उन्होंने कहा कि बंधन का अहसास हो रहा है। सब ठीक है, लेकिन आठ-दस घंटे बँधकर नहीं रहा जा सकता है। मैंने पूछ लिया कि पैसा और पद दोनों से आप संतुष्ट हैं तो दिक्कत कहाँ है? उनका जवाब था कि जीवन के लिए जीविका कर रहा हूँ तो जीविका के लिए जीवन को दाँव पर नहीं लगा सकता। यह आम समस्या है। हम भेड़चाल में शामिल हैं। इसलिए अधिकतर लोग जीवन से संतुष्ट नहीं हो पाते और यूँ ही जीवन बिता देते हैं, तब अहसास होता है कि कुछ खो गया। ऐसी स्थिति से बचने के लिए हमें नियमित रूप से विराम लेना चाहिए और अपने जीवन पर चिंतन करना चाहिए। यह चिंतन जीवन में निरंतर चलते रहना चाहिए। लियोनार्डो दा विंची ने कहा है कि मैं उनको पसंद करता हूँ, जो तकलीफ में भी मुसकरा सकते हैं, विपत्ति जिन्हें बलवान बनाती है और चिंतन से जो साहसी बनते हैं। सिकुड़ना छोटे दिमाग की प्रकृति है, जिनका हृदय दृढ़ होता है और विवेक जिनके आचरण की पुष्टि करता है, वे अपने सिद्धांतों का वहन मृत्यु आने तक करते हैं।

अगर हम खाली आकाश को भी थोड़ी देर तक बैठकर देखते रहें तो आकाश का खालीपन हमें खाली कर देगा। हमारे अंतर्मन के कचरे और भारीपन को हलका एवं साफ करने लगेगा। अगर हम किसी फूल के पास बैठें तो थोड़ी देर में हम सब भूल जाएँगे और फूलों की गंध हमको सुवासित कर देगी। इसी प्रकार सूरज को अपनी आँखों से देखें तो सूरज की ऊर्जा हमारे अंदर प्रकाश के रूप में आलोकित

हो जाएगी। सागर की लहरें हों या सरिता की कल-कल धारा, इनकी निकटता में एक अनुभूति होगी कि हम भी सागर की तरह बहते जा रहे हैं। बस जीवन में विराम के क्षण कुछ खोजना जरूरी है। जीवन को जानने के लिए यह आवश्यक है। कल ही बेटी को पढ़ा रहा था। मेरे दिमाग में चल रहा था कि इसे आज पूरा पाठ पढ़ा दूँ। अचानक पढ़ते हुए वह उठ गई। मैंने पूछा कि क्या हुआ? "पढ़ाई खत्म हो गई, अब ब्रेक है।" "क्यों?" मैंने पूछा। वह कहती है कि स्कूल में भी एक पीरियड के बाद थोड़ा समय मिलता है। ब्रेक तो चाहिए सोचने के लिए, याद करने के लिए। अचानक मेरे दिमाग में कौंधा, 'बेटी सही है। पढ़ाई हो या नौकरी या कोई और काम। कुछ अंतराल पर जरूरी है विराम। कम-से-कम ताजगी, नई सोच और जोश के लिए।'

विश्राम के लिए ही आदमी ने पहले गुफा खोजी, फिर झोंपड़ी बनाई और तब मकान बनाया। अनंत आकाश में उड़नेवाला पक्षी भी छोटा सा घोंसला बनाता है। वह घोंसला उड़ने के लिए जरूरी है। उड़ने के लिए शक्ति संयोजित करनी होगी। इस जीवन-यात्रा में हम संसार का उपयोग कर सकें, उससे भागें नहीं। इसके लिए विश्राम जरूरी है। अपना खुद का आकलन तो सदैव करना ही चाहिए। मनुष्य के रूप में हम बहुत व्यस्त हो गए हैं। हमारे जीवन की वे नाजुक गतिविधियाँ कम या खत्म हो गई हैं, जो हमारे जीवन को सुंदर बनाती हैं। जीवन में शांति, सुख और आनंद का संचार करती हैं। आधुनिक दुनिया की बुनावट में विराम बटन गायब है, जो सुंदर फूल, टिमटिमाते तारे, मानसून की पहली फुहार, घर आए दोस्त या रिश्तेदार को देखकर अनायास ही दब जाता था। हमारे जीवन में श्रेष्ठ रचना, मधुर संगीत, मनमोहक चित्र, सुगंधित संबंध, रोचक प्रकृति के लिए समय नहीं बचे तो यह मानना होगा कि आधुनिक जीवन का प्रवाह हमें दबा रहा है।

□

"जो व्यक्ति सत्य का साथ देता है, वह स्थिर रूप से मूल्यों के साथ प्रगति करता है। जब उसके मूल्य उसके यश और प्रतिष्ठा को बढ़ा देते हैं तो वह शक्ति और महानता का अचूक स्रोत बन जाता है।"

—महर्षि दयानंद सरस्वती

जीवन में साथी की खोज

जब हम खुश होते हैं तो सब अच्छा लगता है और अच्छा होता जाता है। लेकिन जब समय ठीक न हो तो अच्छा भी खराब लगता है। हम सब आगे बढ़ना चाहते हैं, लेकिन उसके साथ जुड़े जोखिम को स्वीकार नहीं करना चाहते। इनसान की दिक्कत यह है कि वह सदैव ऐसा साथी खोजता है या चाहता है, जो उसके मन के अनुकूल हो। खुशी है तो ठीक। अगर दुःख हुआ, उदासी आई तो खराब। कोई व्यक्ति की सलाह काम आ गई तो ठीक, अन्यथा इनसान जाति ही गलत। इसको दूसरे रूप में रखने की कोशिश करूँ तो यह कि अगर मन सकारात्मक है तो सब ठीक, अन्यथा नकारात्मक है तो हमें खुद पर विश्वास नहीं होता कि क्या सही, क्या गलत है। खुद पर भरोसा नहीं रहता। इनसान को उदासी और दुःख का जीवन पसंद नहीं, लेकिन वह अपने वश में भी नहीं। हाँ! यह सही है कि जिंदगी में जरा भी खुशनुमा पल आता है तो पंख लग जाते हैं, हम उड़ने लगते हैं। साहस का ऐसा संचार होता है, जहाँ कुछ भी कर जाने का भरोसा उत्पन्न हो जाता है।

सकारात्मकता कोई चीज, कोई बौद्धिकता से जुड़ी बात नहीं है। वह व्यक्ति की अवस्था है। जीवन में एक नई राह खोजना, फूल की सुगंध को महसूस करना, दिन को अभिनव एवं रात को यादगार बनाना। यह सब तब संभव है, जब व्यक्ति

में कुछ है। ये स्थितियाँ कैसे उत्पन्न हों? कई बार मैं कुछ अच्छा सोच लेता हूँ, अच्छा लिख पाता हूँ। कुछ अच्छे काम कर जाता हूँ। लेकिन कई बार चाहकर भी कुछ अच्छा नहीं हो पाता। बारीक सोचने पर पता चला कि यह जीवन को एकरस बनाने के कारण होता है। जीवन का कोई साथी नहीं। साथी, यानी उत्प्रेरक। बचपन में कई बार सोचता था कि मेरे लिए उत्प्रेरक कौन सी चीज है? अच्छाई के लिए उत्प्रेरणा कहाँ से मिलेगी? इसकी खोज मैं बचपन से करता था। कुछ बातें अच्छी लगती थीं, उन्हें अपनाता जाता। बाद में पता चला कि इन सारी चीजों, स्थितियों एवं बातों से प्रेरणा ली जा सकती है। याद है कि छोटा था तो माँ हाथ पकड़कर पूजा के लिए ले जाती थीं। पीपल के पेड़, वट सावित्री के दिन बरगद के पेड़, बृहस्पतिवार को केले के पेड़, कार्तिक मास में आँवले के पेड़। इनके नीचे बैठकर पूजा-अर्चना एवं चिंतन। पूजा-अर्चना का एक क्रम होता था—कुलदेवी, ग्रामदेवी, कुलदेवता, ब्रह्म-स्थान, सातों बहिनी, इसके बाद क्षेत्र के प्रतिष्ठित देवालय आदि। इन बातों ने हमें सिखाया कि सृष्टि की विशालता के समक्ष व्यक्ति लघु है, लेकिन एक क्रम है, जिसका अंतिम सोपान पुरुष को पुरुषोत्तम बना दे। प्रकृति के साथ जीवन की विशिष्ट परिभाषाओं को उद्भासित करने का अवसर मिलता है। प्रकृति मतलब क्या? पानी, जंगल, मिट्टी, पहाड़, हवा, पेड़, आकाश। हमारी देह में जब प्रकृति के इन पंच तत्त्वों का वास है। दुनिया में आगे बढ़ना है तो प्रकृति की नियामतों के बिना आगे कैसे बढ़ पाएँगे?

कुछ नया करना होता तो पापा हम सभी भाई-बहनों को बैलगाड़ी से मेला घुमाने ले जाते। कई बार उचका गाँव ब्लॉक से थावे, बड़का गाँव, जिला गोपालगंज तथा अन्य गाँव के मेले में ले जाते। कई बार साइकिल पर बैठकर बाजार जाता। याद है, गरमी में आम के पेड़ों पर चढ़ना, तालाब में स्नान करना, कंचे, गिल्ली-डंडा, पिट्टो, छुपन-छुपाई , चोर-सिपाही का खेल। पहली बार खुद सब्जी खरीदना और उसमें से चार आना, आठ आना बचा लेना। माँ का हर माह उपवास और उसके बहाने मिठाई तथा घर में कुछ रुटीन से अलग खाना बनना। चर्चा का दौर, जो आँगन, दालान, बैठक, बरामदे और बाड़े में चलता ही रहता। लोग आते-जाते और चर्चा अनवरत चलती रहती। कई बार चर्चा सार्थक होती तो कई बार यूँ ही। इन सबका अहम योगदान है हमारी सामाजिक भावना के विकास में, पारिवारिक संबंध को प्रगाढ़ करने एवं उस तंतु को सदैव जीवंत रखने में। खेल, पूजा-पाठ एवं भ्रमण हमें याद दिलाते हैं—धरती की गंध, प्रकृति की महक, जीवन के संगीत एवं इन सबके बीच के अन्योन्याश्रय संबंध।

जीवन में साथी कौन होते हैं? केवल इनसान या पशु-पक्षी या कुछ और। अगर यात्रा है, विकास है तो साथी केवल व्यक्ति, जानवर या पशु या कोई जीव ही नहीं हो सकते। साथी का होना तो संबंध या रिश्ते पर निर्भर करता है। कभी व्यक्ति या अपना परिवार भी साथी नहीं लगते तो कभी पेड़-पौधे से लेकर तालाब, नदी, पहाड़, जंगल, चींटी से लेकर वन्य जीव तथा ये ग्रह-नक्षत्र सब अपने लगते हैं। आखिर कुछ तो होगा कि दूर कैलिफोर्निया में जे. कृष्णामूर्ति चीड़ के पेड़ों के साथ एकात्म हो जाते हैं; पुडुचेरी के एकांत स्थल पर, समुद्र के बीच कोई महर्षि अरविंद और स्वामी विवेकानंद अपने साथी खोज लेते हैं, जो उन्हें सत्य के दर्शन कराते हैं। इसी प्रकार कई बार कुछ यादगार लम्हे, दिल को छू जानेवाले गीत, एक स्मरणीय किताब, प्रकृति के संग बिताए पल भी साथी हो सकते हैं। साथी यानी स्मरण दे, प्रकाश का स्रोत दे, अच्छाई का रास्ता दिखाए। और तब एक फूल, बारिश की बूँद, अँधेरी रात में दूर देवालय पर टिमटिमाते दीये, मधुर ध्वनि और कोई चित्र हमारी निराशा को आशा में बदल सकते हैं, आस्थावान बना सकते हैं। याद आ रही है, कवि रवींद्रनाथ टैगोर की विश्वप्रसिद्ध कविता—'एकला चलो रे।' और इसी भाव पर बने एक फिल्मी गीत के स्वर—

चल अकेला, चल अकेला, चल अकेला।
तेरा मेला पीछे छूटा, राही चल अकेला॥
यहाँ दुःखड़े सहने के वास्ते तुझको बुलाते।
है कौन सा वो इनसान यहाँ पर, जिसने दुःख न झेला।

वर्तमान जीवन में जब चालाकी एवं भागमभाग के दौर में साथी के बदलते रूप को देखकर अजीब लगता है, तब माँ की याद आती है, बाबा को स्मरण करने का मन करता है, जिन्होंने अपने जीवनकाल में कर्म और धर्म के माध्यम से 'वसुधैव कुटुंबकम्' के भाव का ज्ञान दिया। आज कितना कठिन लगता है जयशंकर प्रसाद की 'कामायनी' का संदेश—'एक तत्त्व की ही प्रधानता कहो उसे—जड़ या चेतन।'

□

"मनुष्य के उद्देश्य और लक्ष्य एक विराट् वर्तुलाकार विश्व के भीतर पाए जाते हैं, जिसका अपना कोई लक्ष्य नहीं है। प्रकृति एक खेल है, उसका कोई अपना उद्देश्य नहीं है। और यह संभावना कि भविष्य में उसका कोई उद्देश्य नहीं तथा यह संभावना कि भविष्य में उसका कोई लक्ष्य नहीं है। उसकी कोई खामी नहीं है।"

—एलन वॉट्स

चेतना का विकास नहीं तो मृत्यु की प्रतीक्षा है जीवन

एक रूसी कथा है—जीवन। एक बड़े टोकरे में बहुत से मुरगे आपस में लड़ रहे थे। नीचेवाला खुली हवा में साँस लेने के लिए ऊपरवाले को गिराकर ऊपर आने के लिए फड़फड़ाता है। सब भूख-प्यास से व्याकुल हैं। इतने में कसाई छुरी लेकर आ जाता है। एक-एक मुरगे की गरदन पकड़कर टोकरे से बाहर खींचकर वापस काटकर फेंकता जाता है। कटे मुरगे के शरीर से गरम लहू की धार फूटती है। भीतर के अन्य जिंदा मुरगे अपने पेट की आग बुझाने के लिए उस पर टूट पड़ते हैं। इनकी जिंदा चोंचों की छीना-झपटी में मरा-कटा मुरगे का सिर गेंद की तरह उछलता-लुढ़कता है। कसाई लगातार टोकरे के मुरगे काटता जाता है। टोकरे के भीतर हिस्सा बाँटनेवालों की संख्या भी घटती जाती है। इस खुशी में बाकी बचे मुरगों के बीच से एकाध बार बाँग भी सुनाई पड़ती है। अंत में टोकरा सारे कटे मुरगों से भर जाता है। चारों ओर खामोशी है, कोई झगड़ा या शोर नहीं है।

ऐसा ही जीवन है। सभी यहाँ मृत्यु की प्रतीक्षा में हैं। प्रतिपल किसी की गरदन कट जाती है, लेकिन जिनकी गरदन कटी नहीं हैं, वे प्रतिस्पर्धा में हैं। यह जीवन के द्वंद्वात्मक विकास की अवस्था है। जन्म-मृत्यु, सुख-दुःख, हानि-लाभ। सत्य यही है कि जीवन में न सुख है, न दुःख। न जीवन है, न मृत्यु। कुल मिलाकर यह तर्क है। यह मन का संतोष है। जीवन में आदमी किसी का साथ नहीं चाहता है, लेकिन मुश्किल यह है कि सब साथ आते-जाते हैं और धीरे-धीरे छूटते जाते हैं। कौन चाहता है कि कोई मिले और छूटे! एक फिल्मी गाना है—दुनिया, ये दुनिया तूफान मेल। इसके पहिए जोर से चलते और अपना रास्ता तय करते। बच्चे समझें खेल। कोई कहीं का टिकट कटाता। एक है आता, एक है जाता। पल भर का है मेल। जो जितनी पूँजी है रखता, वह उतना सफर है करता। जीवन का है भेद बताता। ज्ञानी कहते रेल। यह दुनिया वास्तव में तूफान मेल है। जो छूट गए, उसे दुनिया याद कहाँ रखती है। फुरसत कहाँ है ? इस जीवन के स्टेशनों पर कई छूटते हैं तो कई आते हैं। लेकिन···। कहना जितना आसान है, समझना मुश्किल। सामान्य आदमी को दर्शन की बात श्मशान में या एकाकीपन में याद आती है। लेकिन जीवन दर्शन से कहाँ चलता है ? उसके लिए स्थापित मान्यताएँ और परंपराएँ हैं। एक व्यवस्था है।

इसलिए जरूरी है कि हम संसार में रहकर संसार से भागें नहीं, वरन् जीवन में चेतना की निरंतर विकास करें। भौतिक जीवन का नहीं, आंतरिक जीवन का भी। क्योंकि जिस विश्रांति की खोज हो रही है, उसकी शुरुआत तब हुई, जब आदमी गुफा से निकला। उसके बाद झोंपड़ी बनाई, फिर मकान बनाया। अब अट्टालिका बना रहा है, लेकिन कहीं शांति नहीं है। अब बात होने लगी है कि शांति बाहरी हद में नहीं, अनहद में है। यह जीवन का आखिरी घोंसला है। फिर उसके पार और मकान बनाने की जरूरत नहीं रह जाती है। शाश्वत और चिरंतन घर में आश्रय मिल जाए तो फिर क्षणभंगुर और नाशवान घर में क्यों ठहरें ? अनहद में विश्राम के लिए स्वयं को जानना पड़ेगा। संसार में सभी राजा बन सकते हैं, लेकिन हम भिखारी बनकर रहना चाहते हैं। सभी गुलाम हैं। माँगना जानते हैं। कभी भगवान् से, कभी प्रबंधक से, कभी स्वयं से। जब तक हम बाहर की दुनिया में भ्रमण करते रहेंगे, तब तक हमारी समृद्धि का कोई उपाय नहीं है।

सांसारिक दुनिया में राजा बनना, प्रतियोगिता में जीतना असंभव है। एक दिन हार मिलेगी। एक ही दुनिया है, स्वयं की दुनिया। जहाँ आदमी राजा बन सकता है और अंदर के राज्य का राजा बनकर व्यक्ति बाहर भी राजा रह सकता है। लेकिन बाहर के राज्य में इतनी ईर्ष्या, द्वेष, लोभ और वासना है कि कोई राजा बन ही

नहीं सकता। कहानी है कि जर्मन में पर्शिया का एक राजा था—फ्रेडरिक महान्। एक शाम टहलने के दौरान उसकी टक्कर एक बूढ़े व्यक्ति से हो गई। फ्रेडरिक ने नाराजगी जताते हुए पूछा कि आप कौन हैं? मुझे नहीं जानते हो? उस वृद्ध ने जवाब दिया कि मैं राजा हूँ। फ्रेडरिक को आश्चर्य हुआ, लेकिन फिर उन्होंने पूछा कि किस देश पर आपका शासन है? उस बूढ़े ने कहा कि स्वयं पर।

वृक्ष के फैलाव को देखते हैं। उसके फूलों की गंध और फलों को महसूस करते हैं। सूरज की किरणों में पत्तों का नृत्य दिखता है, लेकिन जहाँ वृक्ष का जीवन है, वह हमें नहीं दिखता है। इसी प्रकार जहाँ जीवन की जड़ है, हमको नहीं दिखती है, क्योंकि हमारी चेतना की यात्रा बहिर्गामी है। इस बाह्य यात्रा में कुछ नहीं मिलेगा। बस मृत्यु मिलेगी! भीतर की यात्रा में जीवन की परिपूर्णता है। वहाँ परमात्मा का वास है। जीवन भीतर है, बाहर फैलाव है। जब मन क्रिया नहीं करता, चेतना के द्वार खुल जाते हैं, तब आँख एक छोटे फूल में भी जगत् को देखती है। पूरा जगत् छिपा है हरेक पत्तों में। एक अणु में ही पूरी विराट् लीला। जीवन की यात्रा इस विराट् लीला की खोज की यात्रा है।

□

"वह जो हमें चारों तरफ से घेरे हुए है, हमें जो हमारे भीतर भी है और हमारे श्वास-श्वास में है, जिसके बिना हम नहीं हो सकते और हम नहीं थे, तब भी जो था। और हम नहीं होंगे, तब भी जो रहेगा। वह आकाश ही तत्त्व है।"

—एच.पी. ब्लावाट्स्की

वस्तु की भाँति है शरीर

इंद्रियों से कितना ही खोजते रहो, इंद्रियों से केवल पदार्थ का संपर्क होता है। इसकी सीमा है, जैसे आँख की। आँख से आप देख सकते हैं, सुन नहीं सकते। उसी प्रकार कान से आप सुन सकते हैं, देख नहीं सकते। हाथ की सीमा है कि वे छू सकते हैं, लेकिन गंध नहीं ले सकते। इसके लिए नाक जरूरी है। लेकिन एक इंद्रिय एक ही काम कर सकती है, दूसरी नहीं। जीवन में कुछ भी नहीं, जो आत्मा पर घटित हो सके। जो भी घटित होता है, वह शरीर पर घट रहा होता है। जो भी छूता है, वह शरीर को छूता है। यह मकान धराशायी हो रहा है। लेकिन एक भ्रांति है कि मैं शरीर हूँ।

इस देहरूपी मंदिर में ही परमात्मा विराजमान हैं। हम अनंत काल से खोज रहे हैं, लेकिन वह मिलता नहीं है। जो भीतर है, उसे बाहर खोजते हैं। यह मूलतः दोष है। हमारी देह परमात्मा के विपरीत नहीं है। यही मंदिर है, यही पूजास्थल है। ये देव स्थान हैं। ओशो कहते हैं कि हमको बताया गया है कि देह पाप है। जब हम देह का पाप मान लेंगे, वासना का घर बना लेंगे तो परमात्मा कभी नहीं मिलेगा। इस कारण हम देह की अंतर्यात्रा करने से डरते हैं। देह की अंतर्यात्रा का माध्यम है ध्यान। जो हमको भीतर बैठने की कला को सिखाता है। परमात्मा यानी ज्योति से खुद

को जोड़ता है। वहाँ परमात्मा सदैव हमारी प्रतीक्षा में है। वह सदैव आवाज करता है, बुलाता है। धड़कन ही उसकी आवाज है। वह खड़ा है, वह इंतजार करता है, लेकिन हम उससे मिलने नहीं जाते हैं। हमारी यात्रा बाहरी होती है, वासना की होती है। अंतर्यात्रा के कई पड़ाव हैं। पहला पड़ाव देह है। दूसरा पड़ाव दिल, यानी हृदय है। यह स्थूल की यात्रा है। फिर चेतना की यात्रा में मौन, एकाग्रता और ध्यान है।

झेन की कहानी है। एक गुरु था बोकोजू। वह एक गुफा में रहता था। बिल्कुल अकेला। लेकिन जब वह अकेला होता तो कहता—बोकोजू! यह उसका नाम था। फिर वह खुद ही जवाब देता। जी हुजूर, मैं मौजूद हूँ। तब वहाँ कोई उसका शिष्य नहीं होता था। वह कहता कि जब भी मैं विचार में डूबने लगता हूँ तो खुद को सजग करना पड़ता है। और इसलिए मैं अपना नाम पुकारता हूँ। उसी क्षण विचार दूर हो जाते हैं। जीवन के अंतिम दिनों में शिष्यों ने कहा कि अब आप अपना नाम पुकारते नहीं हैं। तब गुरु ने कहा कि इसकी कोई जरूरत ही नहीं है। अब बोकोजू सदैव मौजूद रहता है। जब भी गहन चिंता में पड़ो तो अपने नाम को पुकारो। प्रत्येक मनुष्य की देह ही 'उसका' मंदिर है। हमारी आँखों में पवित्रता नहीं है। श्वासों में प्रार्थना नहीं है। मन में उसका सद्विचार नहीं है। जब ये बातें हमारे व्यक्तित्व में नहीं हैं तो मंदिर के बाहर रहें या अंदर प्रवेश कर जाएँ। क्या फर्क पड़ता है ? परमात्मा के पास जाकर परमात्मा से कम कुछ माँगना हमारी क्षुद्रता की पहचान है और उसका एक तरह से अपमान है। इसका एक अर्थ यह भी है कि हम जो माँगते हैं, वह परमात्मा से ज्यादा महत्त्वपूर्ण हो गया।

इसी दुनिया में एक शरीर बुद्ध बन जाता है। इसी दुनिया में एक शरीर कृष्ण कहलाता है और एक शरीर जीसस हो जाता है। और इस दुनिया में हम कुछ नहीं हो पाते हैं, जिस दुनिया से खींची जाती हैं सारी चीजें। वह बिल्कुल एक है—एक आकाश, वही अग्नि सब में व्याप्त है, एक हवा जो चारों ओर बह रही है; वह जमीन भी एक ही, जो हमें स्थिर करती है। वे सब एक हैं, लेकिन हम अलग-अलग हो जाते हैं। हमारे शरीर एक हैं। हमारी शरीर की बनावट में कई समानताएँ हैं। वही खून, वही हड्डी, मांस और मज्जा। लेकिन आदमी का व्यक्तित्व अलग हो जाता है। कोई आदमी बुद्ध हो जाता है। कोई अंधकार में खड़ा हो जाता है और कोई प्रकाश में भी रास्ता नहीं ढूँढ़ पाता है।

जिस ठोस भौतिक संरचना के रूप को हम देखते हैं, वह शरीर भी एक वस्तु की भाँति है, जिसको बीमारियाँ जकड़ती हैं, वृद्धावस्था का सामना करना है और अंततः उसका अंत होना है। यह शरीर हमारा वास्तविक स्वरूप नहीं है।

शरीर के स्तर पर मानव और पशु में कोई खास अंतर नहीं है। शरीर की सभी मूलभूत क्रियाएँ—सुख-दु:ख, खाना-पीना, जन्म-मृत्यु, नींद और आलस, श्वास और प्रजनन हममें और पशु में समान है। इसमें कोई अंतर नहीं है। कहानी है कि जब पहली बार आदम और ईव ने अपने आप को नग्न देखा तो डर गए। लेकिन उन्होंने अपने पशुभाव को अस्वीकार कर दिया, जिसके परिणामस्वरूप वे अपने अस्तित्व और शरीर में भेद कर सके। धर्म और अध्यात्म जगत् में शरीर और मैं के बीच के भेद को समझा गया। लेकिन इसके बावजूद भी इस शरीर में उतनी जटिलता है, जितना कि यह पूरा ब्रह्मांड। उसकी जटिलता में कोई कमी नहीं है। और एक लिहाज से हम ब्रह्मांड से भी ज्यादा जटिल हैं, क्योंकि शरीर का विस्तार कम है, लेकिन जटिलता है ब्रह्मांड जैसी। एक शरीर में सात करोड़ जीवाणु हैं। सात करोड़ जीवकोष की एक बड़ी बस्ती है। एक छोटे से मस्तिष्क में करीब तीन अरब स्नायु तंतु हैं। अगर पूरा नगर व्यवस्थित न हो तो हम भीतर प्रवेश नहीं कर पाएँगे। इसके लिए जरूरी है—मौन, लयबद्धता, शांति और प्रफुल्लित।

एक बार महर्षि रमण से भक्त ने सवाल किया, "मैं कौन हूँ?" महर्षि ने कहा कि सप्त धातुओं से बना स्थूल शरीर मैं नहीं हूँ। शब्द, स्पर्श, रूप, रंस, गंध जैसे विषयों को ग्रहण करनेवाला पाँच ज्ञानेंद्रियाँ भी मैं नहीं हूँ। वाणी, गमन, ग्रहण, मल-विसर्जन, आनंद करनेवाला पाँच कर्मेंद्रियाँ भी मैं नहीं हूँ। श्वास व प्रश्वास आदि करनेवाला पंचकर्म वायु भी मैं नहीं हूँ। संकल्प करनेवाला मन भी मैं नहीं हूँ। मैं विषय-वासनाओं से युक्त अज्ञान भी नहीं हूँ। तब शिष्य ने पूछा, "गुरुवर, तो मैं कौन हूँ?" तब महर्षि रमण ने कहा कि इन सबके बाद चैतन्य ही बचता है, वही तुम हो। और उसक स्वरूप सच्चिदानंद है। और इस स्वरूप की दर्शन-यात्रा के पश्चात् ही शरीर का महत्त्व होता है। तभी हमारी देह अंत:शांति की स्थिति में प्रवेश पाने का साधन बन सकेगी।

□

"जो लोग सच्चे दिल से ईश्वर को वास्तव में पुकारेंगे, उनकी पुकार निश्चित रूप से सुनी जाएगी तथा उन्होंने जो माँगा और चाहा है, वह उन्हें अवश्य मिलेगा।"

—मार्टिन लूथर

आंतरिक सुख के लिए वृक्ष को जीवन के केंद्र में लाइए

प्रकृति और जीवन के संबंधों को समझने से पूर्व प्रकृति को जानें। प्रकृति क्या है ? दरअसल प्रकृति से ही इस सृष्टि की उत्पत्ति हुई। प्रकृति, जिसमें मूल पाँच तत्त्वों का समावेश है। पृथ्वी, जल, वायु, अग्नि और आकाश। ये पाँच तत्त्व मूलभूत तत्त्व हैं और यही मनुष्य एवं अन्य जीवधारी के जीवन के भी आधार हैं। चूँकि सृष्टिरूपी प्रकृति की रचना भी मूलतः इन्हीं पाँच तत्त्वों से हुई है, अतएव प्रकृति और मानव यानी जीवन को एक-दूसरे से अलग किया ही नहीं जा सकता। यह गर्भनाल संबंध है। प्रकृति के बिना जीवन तबाह हो जाएगा। मानव का अस्तित्व खत्म हो जाएगा।

हमारा जीवन ही प्रकृति पर आश्रित है। जबकि हम समझते हैं कि प्रकृति हमारे भोग का पदार्थ है। यह भोग नहीं, संयोग की वस्तु है। संयोग यानी सँजोकर रखना और उपयोग करना। जीवन इसलिए प्रकृति पर आश्रित है, क्योंकि वह प्रकृति से ही पोषण प्राप्त करता है। प्रकृति ही उसे भोजन और वायु तथा जल प्रदान करती है, तभी जीवन कायम होता है। अन्यथा जीवन कदापि नहीं बच पाएगा। आजकल प्रकृति का अर्थ केवल धरती से लगाया जाता है, जो सही नहीं है। प्रकृति की सीमा

सकल ब्रह्मांड तक फैली है, जिसमें सूर्य, चंद्र और तारे तथा ग्रह व उपग्रह भी आते हैं। जब प्रकृति की चर्चा होती है तो उसमें पर्यावरण भी आता है और मानव एवं अन्य जीवधारियों का जीवन भी। कहीं कोई अलग नहीं।

पर्यावरण के प्रति जागरूकता हमारी मानवीय चेतना में समाहित है। भारतीय चिंतन परंपरा में प्रकृति को सदैव से ही आदर दिया जाता रहा है। पहाड़, नदी, सूर्य और चंद्र से लेकर पेड़-पौधों के प्रति श्रद्धा हमारे दैनिक जीवन का हिस्सा रहा है। इस चिंतन परंपरा में ईश्वर कहीं मंदिर या देवालय में नहीं, बल्कि वह प्रकृति के विभिन्न तत्त्वों, मसलन—पृथ्वी, पानी, अग्नि, वायु और आकाश के रूपों में हमारे समक्ष रहा है। इतना ही नहीं, भारतीय आध्यात्मिकता में तत्त्वबोध यानी प्रकृति के मूल भावों के रूप में परिभाषित किया गया। जब हम प्रकृति से दूर जाते हैं, तभी हम उसे प्रदूषित करते हैं। अब समय आ गया है कि एक बार फिर अतीत की उस परंपरा को पुनर्जीवित किया जाए, जिसमें प्रकृति के प्रति इतनी श्रद्धा निवेदित की गई। प्राय: यह तर्क दिया जाता है कि तकनीकी विकास के कारण प्रकृति को खतरा होना अवश्यंभावी है। लेकिन यह आवश्यक नहीं है। सतत विकास तभी प्राप्त किया जा सकेगा, जब प्रकृति संरक्षित एवं सुरक्षित रहेगी। विज्ञान एवं तकनीक को कभी भी प्रकृतिविरोधी अवयव नहीं माना जाना चाहिए। इसके उलट हमें इस पर चिंतन करना चाहिए कि कैसे विज्ञान एवं तकनीकी विकास के साथ-साथ पर्यावरण को संरक्षित रखा जाए। यही आज की सबसे बड़ी चुनौती है।

प्रकृति पर गौर करें। प्रकृति के सभी पाँचों तत्त्व एक-दूसरे से भिन्न हैं। पानी का काम अग्नि को बुझाना है। हवा की उपस्थिति में आग और भड़कती है। इसी प्रकार प्रकृति के संग अनगिनत जीव-जंतु रहते हैं। चिड़ियाँ, स्तनधारी, सर्पधारी। ये सभी अपनी प्रकृति में दूसरे के प्रति वैरभाव रखते हैं, बावजूद इसके प्रकृति सभी के बीच संतुलन रखती है। ऐसा कभी नहीं होता कि कोई प्रजाति यूँ ही प्रकृति ने खत्म कर दी हो। उसी प्रकार जंगल एवं प्रकृति में इतने जीव-जंतु के होने के बावजूद भी कोई प्रदूषण नहीं होता। हमें प्रकृति से बहुत सीखने की जरूरत है। किस प्रकार प्रकृति कचरे को आत्मसात् करती है और उसी से पुन: कुछ सुंदर रचना करती है। उसी प्रकार विज्ञान और तकनीकी से खतरा नहीं है, बल्कि तकनीकी और वैज्ञानिक प्रक्रिया के परिणामस्वरूप कचरा बनता है।

एक पेड़ हमारे जीवन में अहम है। और सबकुछ भुला भी दिया जाए तो यह हर श्वास के साथ याद रखना होगा कि हर घटते पेड़ के साथ हमारे जीवन की साँस भी घट रही है। जिस तरह सभ्यता की अंधाधुंध दौड़ में धरती बौनी साबित हो

रही है, पानी को लेकर सभ्यता युद्ध के कगार पर है। वह दिन दूर नहीं, जब शुद्ध ऑक्सीजन के लिए लोग तरसेंगे। यह कोई जरूरी नहीं है कि अत्याधुनिक तकनीक सदैव ही आर्थिक रूप से उपयोगी और अनुकूल हो। हमें तकनीक के गुण-दोष के आधार पर निष्कर्ष निकालना चाहिए।

हमारा शरीर प्रतिपल बाहर के वातावरण से प्रभावित होता रहता है। पृथ्वी का वातावरण तो हमारे शरीर को प्रभावित करता ही है; पृथ्वी से बाहर के ग्रह, उपग्रह और नक्षत्र भी हमारे शरीर को पूरी तरह प्रभावित करते हैं, क्योंकि संपूर्ण ब्रह्मांड एक सूत्र में जुड़ा हुआ है। अंतरिक्ष में कोई घटना घटती है तो उसका प्रभाव धरती पर होता है और पृथ्वी के सभी जीव उससे प्रभावित होते हैं। फ्रेंज मेस्मर ने एक पुस्तक लिखी है—'द इन्फ्लुएंस ऑफ द प्लेनेट ऑन ह्यूमन बॉडी'। इस पुस्तक में उन्होंने लिखा है कि ब्रह्मांड में जो कुछ भी घटित होता है, उससे ब्रह्मांड का प्रत्येक जीव प्रभावित हो जाता है। अगर ऐसा नहीं होता तो आज भी लोग दूर स्थित शनि ग्रह की साढ़ेसाती से नहीं घबराते।

पृथ्वी हमारा अपना घर है और हम एक परिवार के सदस्य हैं। स्वाभाविक है कि पृथ्वी पर घटनेवाली सभी घटनाओं का प्रभाव हमारे शरीर पर पड़ेगा ही। शीत आती है तो पृथ्वी की शीतलता हमारे शरीर को प्रभावित करती है और उसी प्रकार गरमी और बरसात का प्रभाव हमारे शरीर पर होता है। परमात्मा ने संपूर्ण प्रकृति को हरियाली से भर दिया है। वृक्ष, पौधे, झाड़ियाँ, जंगल और फूलों के पौधे आदि सभी हरे रंग के होते हैं। हरा रंग हमारे शरीर और स्वास्थ्य के लिए लाभदायक होता है। विज्ञान का एक सिद्धांत है कि बाहर के वातावरण में अगर ठंडक है तो वह ठंडक हमारी त्वचा के रोम के छिद्र से भीतर प्रवेश करती है। ज्यों ही ठंडक भीतर जाती है तो शरीर से एक हरे रंग का तरल पदार्थ निकलने लगता है, जिसे विज्ञान की भाषा में टी.आर.पी.एम.-आठ कहते हैं। शायद इसीलिए सृष्टि के निर्माणकर्ता ने पृथ्वी पर हरे-भरे पेड़, झाड़ियाँ, घास, हरी सब्जी एवं जमीन से सटे छोटे-छोटे पौधे बनाए, ताकि ये हरे पत्ते सूर्य से अधिक गरमी ग्रहण कर सकें और हमें राहत दें।

□

"ज्ञान का अर्थ किसी वस्तु को बुद्धि द्वारा जानना मात्र नहीं है, वरन् उसे संपूर्ण हृदय तथा आत्मा से अनुभव करते हुए अपने अस्तित्व का एक अंग बना लेना है। यदि कोई व्यक्ति असत्य का आचरण करता है तो भले ही वह सत्य की श्रेष्ठता की दुहाई देता हो, उसकी सत्य की सर्वोपरिता में सच्ची निष्ठा नहीं हो सकती।"

—सुकरात

शिक्षा का लक्ष्य ही है ज्ञान और चरित्र के आलोक की खोज

ॐ सह नाववतु। सह नौ भुनक्तु। सह वीर्यं करवावहै।
तेजस्विनावधीतमस्तु। मा विद्विषावहै। ॐ शान्तिः शान्तिः शान्तिः॥

—कठोपनिषद्

हे परमात्मा! आप हम दोनों (गुरु और शिष्य) की सब प्रकार से रक्षा करें। आप हम दोनों (गुरु और शिष्य) का साथ-साथ समुचित रूप से पालन-पोषण करें। आप हम दोनों (अध्ययन के फलस्वरूप) को साथ-साथ सब प्रकार के बल प्रदान करें। कहीं किसी से हम विद्या में परास्त न हों और जीवन भर परस्पर स्नेह सूत्र से बँधे रहें। हमारे अंदर परस्पर कभी द्वेष का भाव न हो। हे परमात्मा! तीनों तापों से हम निवृत्त हों।

इस शांति पाठ का वर्णन कई उपनिषदों में किया गया है। यह शांति पाठ भारतीय उपनिषद् का अद्‌भुत एवं स्थायी भाव है, जो भारतीय सभ्यता और ज्ञान को

हजारों साल से प्रेरणा एवं प्रकाश देता रहा है। गुरु और शिष्य का एक साथ ज्ञान और चरित्र के उत्कर्ष की खोज में लगे रहना ही शिक्षा है। यह सहकारी उद्यम होता है। गुरु देता है और शिष्य लेता है। इस कारण दोनों प्रेरणा और प्रकाश का आदान-प्रदान भी करते हैं। समस्त विद्या का प्रारंभ और अंत आश्चर्य से होता है, किंतु प्रथम आश्चर्य है अज्ञान का बालक और दूसरा आश्चर्य है आराधना का जनक। शिक्षा का अर्थ मस्तिष्क में ठूँसकर भरना नहीं होता है, बल्कि मन और हृदय को प्रबोधित करना होता है। शिक्षा का पहला लक्ष्य है—'तेजस्वि नावधीतमस्तु।' जो अंधकारमय था, वह आलोकित हो जाए। इसी उद्‌देश्य के लिए मनुष्य विद्या अर्जन करता है। इसके बाद दूसरा अंतिम लक्ष्य होता है—'मा विद्विषावहै।' अर्थात् हम एक-दूसरे से घृणा न करें।

ब्रिटेन के एक इतिहासकार नायल फर्ग्युसन ने एक किताब लिखी—'सिविलाइजेशन'। इसमें उन्होंने प्रमाणित करने की कोशिश की है कि पश्चिमी सभ्यता का मतलब ब्रिटेन से है। साथ ही, भले ही दुनिया के विभिन्न सभ्यताएँ अपने को महान् मानती हों। महान् रही हों। लेकिन आज पूरी दुनिया का जीवन पश्चिमी सभ्यता के हिसाब या दिखाए रास्ते पर चल रहा है। खाने में चम्मच-छुरी और काँटा, मुँह में ब्रश, पैर में जूता एवं मोजा, शरीर पर पैंट, कोट और टाई आज पूरी दुनिया इस्तेमाल कर रही है। कुरसी-मेज सभी प्रयोग करते हैं। घर के शौचालयों में कमोड हो, किचन में मॉड्यूलर किचन—हर जगह उसका प्रभाव है। बोलचाल और रहन-सहन से लेकर राजनीतिक व्यवस्था भी ब्रिटेन की देन है। लोकतंत्र, जो शासन की सबसे बेहतर प्रणाली है, उसका विकास भी ब्रिटेन ने उत्तरी अमेरिका पर शासन करने के लिए ही किया था।

भारत 18वीं सदी तक पूरी दुनिया से कोसों आगे था, लेकिन इसके बाद दुनिया की स्थिति बदल गई। ऐसा क्यों हुआ ? इसका उत्तर कठोपनिषद् देता है। हमने विद्या के प्रेय पक्ष पर बल दिया, जो हमारे लिए सुखकर था। हमने श्रेय को अस्वीकार किया, जो समाज के लिए कल्याणकारी था। जिज्ञासु मन का अभाव, चिंतन एवं विचारों के स्तर पर अकाल पड़ गया। जिज्ञासु गुरु ने जिस दिन से भारत में जन्म लेना बंद कर दिया, उसी दिन से हमारा पतन होता गया। उपनिषद् जैसा ग्रंथ हजारों साल बाद भी नहीं लिखा जा सका। आज हरेक घर और परिवार को प्रयोगशाला यानी इंक्यूबेटर बनाना होगा। इसका गुरु खुद माता-पिता को बनना होगा। हमें यह बताना होगा कि आर्ट्स विषय से पढ़ाई करनेवालों को केवल भौतिक डिग्री का लाभ ही नहीं मिलनेवाला है, बल्कि उसका वास्तविक मानवीय

मूल्य भी उसमें सन्निहित है। इसी प्रकार विज्ञान की पढ़ाई से प्रकृति के रहस्य का उद्‍घाटन लक्ष्य होना चाहिए।

यमराज और नचिकेता संवाद में यम ने गुरु की तरह नचिकेता को शिक्षा दी। कठोपनिषद् में वे कहते हैं कि 'न त्वा कामा बहवोडलोलुपन्त।' अर्थात् अनेक भोग-विलासों ने तुझे विचलित नहीं किया। शिक्षा का उत्कर्ष विचार है, जहाँ ज्ञान और चरित्र की श्रेष्ठता खोजी जाती है। उपनिषदीय धारणा में शिक्षा विषयबद्ध जीवन से ऊपर नहीं उठ सकती है तो वह अपना गुण खो बैठती है और अविद्या बन जाती है। विद्या वह है, जो मानव आत्मा को विषयों की दासता से मुक्त करती है—'सा विद्या या विमुक्तये।' विद्या रोटी कमाने या संसार लाभ की तैयारी की शिक्षा मात्र नहीं है। शिक्षा से समस्त विकास नहीं हुआ तो वह जीवन संकुचित जीवन रह जाता है।

भारतीय जीवन में ऋषि और गुरु यानी आचार्य की एक परंपरा रही है। व्यवस्था का विधान उसका नियमन करना ऋषि परंपरा ही करती आई है। विश्वामित्र, कृष्ण, चाणक्य, विद्यारण्य, रामदास एवं विवेकानंद जैसे ऋषियों ने राष्ट्र को सदैव जाग्रत्, संगठित और व्यवस्थित करने का कार्य किया। इसके समानांतर एक आचार्य परंपरा यानी गुरु परंपरा भी थी, जो वसिष्ठ, संदीपनी से लेकर आधुनिक काल में नारायण गुरु और ज्योतिबा फुले तक चली। गुरु अपने शिष्य के साथ ज्ञान की नई-नई खोज में साथी होता है। लेकिन अब गुरु की वह परंपरा ही खत्म हो गई। भारत के चारित्रिक, नैतिक एवं आध्यात्मिक पतन होने का कारण है—शिक्षा में आदर्श और मूल्य के साथ उसके श्रेयस्कर लक्ष्य का लोप हो जाना। शिक्षा वस्तुतः जीवन भर चलनेवाली प्रक्रिया है, जिसमें सोचने, रचने और विकास की कला सीखी जाती है। लेकिन आज कहाँ है कोई गुरु, जो सत्य के रूप में हमारी चेतना के सम्मुख नित्य मौजूद रहे।

□

"पत्थर को छूने का मतलब ही है शाश्वत के एक टुकड़े को छू लेना। एक तरह से प्रार्थना करना कि कम-से-कम इस शाम का प्रेम इस अँधेरी घड़ी की चाहना बीतेगी नहीं, आनेवाले वर्षों में इन खँडहरों के बीच जीवित रहेगी।"

—निर्मल वर्मा

चेतना के आरोहण में निहित है श्रीराम की खोज

श्रीराम भारत के कण-कण में, जन-जन में तथा मन-मन में व्याप्त हैं। झोंपड़ियों से लेकर अट्टालिकाओं तक उनका नाम गुंजायमान है। भारतवर्ष का हरेक भाग, पर्वत, सागर, अरण्य तथा मैदान सभी को जोड़नेवाले एक तत्त्व का नाम है श्रीराम। आज से सात हजार साल पहले श्रीराम ने पूरे देश को जोड़ा था तो आज भी उनके नाम से देश को जोड़ा जा सकता है। हरेक भारतीय चेतना में श्रीराम समाए हुए हैं। क्योंकि चेतना के शुद्धतम प्रतिमान राम हैं। श्रीराम को स्मरण करना काफी नहीं है। हमें खुद के अंदर पहले उनको खोजना होगा। व्यक्ति की जीवन-यात्रा में अगर श्रीराम हमारे अंतस में समाए नहीं हैं तो उनका स्मरण बेकार है। राम कौन हैं? वे एक पुरुष नहीं हैं, पुरुषोत्तम हैं। वे श्रेय हैं। उनकी जीवन-यात्रा नर का नारायण की ओर आरोहण है।

भारतीय समाज में भगवान् शिव, श्रीकृष्ण, महावीर, दुर्गा एवं अन्य ईश्वर जनमानस पर छाए हैं, लेकिन इससे ज्यादा व्यक्ति के निर्माण की बात हो तो राम ज्यादा अनुकूल होते हैं। वे हमारी चेतना के ज्यादा समीप होते हैं। घर में राम दरबार

का फोटो रखना प्रतीक है कि परिवार में सभी कुछ आदर्श स्थिति में है। यही कारण है कि जन्म से लेकर मरण तक राम नाम ही सत्य है। वृहदारण्यक उपनिषद् में कहा गया है कि आप वह हैं, जो आपकी गहन इच्छा है। जैसी आपकी इच्छा है, वही आपकी आकांक्षा है। जैसी आकांक्षा है, वैसा आपका कर्म है। जैसा आपका कर्म है, वैसा ही आपका भाग्य है। आज सभी विकास चाहते हैं, श्रेष्ठ बनने की चाह रखते हैं। लेकिन कितने लोगों की इच्छा और कर्म में समायोजन होता है? विकास की सबसे बड़ी संभावना परिवर्तन के काल में होती है। हम विकास चाहते हैं, लेकिन परिवर्तन नहीं। परिवर्तन की अवधि प्रायः दुःखद होती है। जो व्यक्ति परिवर्तन की शक्ति को समझेगा, वह उस परिवर्तन का वाहक बनेगा। श्रीराम ने उसको समझा था। श्रीराम तात्कालिक भारतवर्ष की दयनीय स्थिति को समझ गए थे। भारतवर्ष को एक सूत्र में बाँधते हैं—उत्तर से दक्षिण तक। उन्होंने सभ्यता का विकास केंद्र भौतिकता के पर्याय राजवंश या राजस्थली को नहीं बनाया, बल्कि सत्ताविहीन, सत्तास्रोतों—वन, प्रकृति के आद्यरूपों को बनाया।

राम के जीवन के 14 वर्ष वनवास के और कुछ महीने विश्वामित्र के साथ को निकाल दिया जाए तो कुछ नहीं बचेगा। और इसमें ही संघर्ष और उनके पुरुषोत्तम बनने की कहानी समावेशित है। जीवन में जो कुछ भी पाना है, बनना है, उसके लिए चेतना का विकास जरूरी है। श्रीराम के दिमाग में स्थिति स्पष्ट थी और लक्ष्य भी साफ थे। यूँ ही वह विश्वामित्र के साथ उत्तर की दिशा में नहीं निकल पड़े। इससे पूर्व ही 15 वर्ष की उम्र में पूरे भारतवर्ष की तीर्थयात्रा कर चुके थे। यात्रा के बाद उनमें वैराग्य उत्पन्न हुआ तो पिता ने गुरु वसिष्ठ के पास भेजा। गुरु और श्रीराम के बीच संवाद का विशद वर्णन 'योगवासिष्ठ' में है। वनवास के लिए माता कौशल्या से अनुमति लेने गए तो कहा—'जहं सब भाँति मोर बड़काजू।' अर्थात् अब बड़ा कार्य करना है। इसकी तैयारी वे पहले से कर रहे थे। समस्त शारीरिक, मानसिक और आध्यात्मिक शक्ति का केंद्र चेतना होती है। चेतना का विकास सदैव ही श्रीराम का एकमेव लक्ष्य रहा। वे जानते थे कि खुद को पुरुषोत्तम की अवस्था में लाना है तो कर्म, भक्ति, संघर्ष और श्रेष्ठ भाव ही आदर्श हो सकते हैं। उनको अपने पर सदैव विश्वास था, तब भी जब पिता दशरथ को राक्षस से मुकाबले को लेकर, पत्नी सीता को धनुष तोड़ने को लेकर और विभीषण को रावण वध को लेकर संशय था।

चेतना का निरंतर आरोहण हो, उसके लिए वे सदैव कर्मशील रहे। उन्होंने लगातार यह कोशिश की कि उनकी चेतना जीवन की उदात्त भावनाओं से ओतप्रोत

हो, प्रिय से बढ़कर जो समाज के लिए श्रेयस्कर हो, उसे स्वीकार करें, चित्त को द्वंद्व से परे एक महान् लक्ष्य पर समर्पित किया जाए, राग और द्वेष से मुक्त चरित्र का निर्माण हो। राम के जीवन में भावना और संवेदना भी है। जब भरत वन में रामजी से मिलने आते हैं तो श्रीराम भाव-विह्वल होकर भाई से मिलते हैं, लेकिन तत्क्षण ही राजपाट की बात आने पर दृढ़ता से अस्वीकार कर देते हैं। यात्राएँ एवं भारत के तीर्थाटन के माध्यम से इस समाज को जानने की पुरानी परंपरा है। श्रीकृष्ण, बुद्ध, चाणक्य, शंकराचार्य, इस सदी में विवेकानंद और महात्मा गांधी प्रमुख नाम हैं। इस धरती पर इन सबने अपनी चेतना का आरोहण किया। भारतीय इतिहास का गगनमंडल जब महापुरुषों से भरा था, तब भारतीय राजनीति के क्षितिज पर महात्मा गांधी आए और अपने कर्म, विचार और जीवन से महात्मा बन गए। ऐसा महात्मा, जिसने जप-तप नहीं किया, मंदिर नहीं गए, जटाएँ नहीं बढ़ाईं और न ही आश्रम और चेले बनाए।

श्रीराम ने कभी भी स्वयं को कर्ता नहीं माना। जन्म लिया माता कौशल्या के गर्भ से। बाल्यकाल में मानवीय जीवन जिया, श्रीकृष्ण की तरह कोई करिश्मा नहीं। उनका जीवन सहज और सरल तरीके से आगे बढ़ता है। खुद के समक्ष सदैव आदर्श रखते हैं। आदर्श यानी लक्ष्य निर्धारण के बाद दोहरे स्तर पर कर्म करते हैं। बाहरी स्तर पर संघर्ष के विकल्प को चुनते हैं। आंतरिक स्तर पर चेतना के आरोहण का कर्म करते हैं। बाहरी स्तर पर महर्षि विश्वामित्र के हर आदेश का पालन करते हैं, समाज के लिए वनवास जाते हैं। स्मरण रखिए—दशरथ का आदेश नहीं था—वनवास जाने का। लेकिन कैकेयी के वरदान में छिपे भाव को जानकर श्रीराम ने वनवास का मार्ग अपनाया और पिता को अपयश से बचाया। पिता की मृत्यु, पत्नी से बिछोह, भाई से वार्त्तालाप के दौरान अपने आवेग, संवेग और उद्वेगों पर नियंत्रण करते हैं। शब्दों के चयन पर ही विचारों की अभिव्यक्ति आधारित है। वे सदैव शब्दों की शक्ति को समझते थे। उसके प्रगटीकरण के परिणाम और ताकत से भलीभाँति परिचित थे। वे निषादराज, केवट तथा शबरी के साथ बात करते हुए जहाँ कोमलता का परिचय देते हैं, वहीं ताड़का, मारीच, बाली और रावण के साथ संघर्ष में कठोरता का भान कराते हैं। महर्षि परशुराम के साथ वार्त्तालाप हो या जटायु के साथ संवाद या हनुमान के साथ शब्दों का प्रयोग। हरेक जगह उनके भाव और स्वर का स्तर अलग-अलग होता है।

□

"ईश्वर सभी जगह है। वह कण में है, जल में है, वायु और आकाश में है। वह इन सबसे भी परे है। उसे हम ब्रह्म कहते हैं तो कभी ईश्वर। दरअसल यही वह शक्ति है, जो जगत् की सृष्टि, स्थिति और लय को तय करती है।"

—रामानुजाचार्य

जीवन से दूर होते रस-रंग में स्वयं की खोज

यह युग भोग का है, इंद्रिय सुख का है और स्वयं को शीर्ष पर देखने की एक अंधी यात्रा का है। हम सोचते हैं कि दूर निकल गए। हमें लगता है कि हम भी आगे बढ़ते जा रहे हैं, लेकिन नहीं। जीवन की जड़ें और उसमें समाहित रस पीछे छूट गए या सूख गए, जो आजादी के कुछ साल बाद तक जीवित थे। इस नवयुग में व्यक्ति समय के साथ तेजी से बढ़ता जा रहा है। कहाँ जा रहा है? दिशा क्या है? कुछ पता नहीं। बस सब बहने में मशगूल हैं। निर्मल वर्मा अपने उपन्यास 'अंतिम अरण्य' में लिखते हैं कि थोड़ा पीछे हटकर देखें, कुछ वैसे ही जैसे हम थोड़ा सा पीछे हटकर किसी पेंटिंग को देखते हैं। हमें लगेगा कि हम कितने गलत हैं। हम सुनने की कोशिश करें, देखने का प्रयास करें, केवल धुन में चलते न जाएँ; लेकिन हम चलते जा रहे हैं।

यह एक दुश्चक्र या मायाजाल है, जिसमें अपनी इच्छा की पूर्ति, इसके लिए द्वंद्व, भागमभाग और अपनी दुनिया में मस्त रहना ही जीवन का लक्ष्य बनता जा रहा है। जीवन से दूर जाते हुए बहुत सी बातें बस अब स्मरण में रह गई हैं। पंगत में

बैठकर निवालों को तोड़ना। माँ, चाची और दादी का और लेने का आग्रह बीते दिनों की बात हो गई। अब बुफे के दौर में खाने की पूरी सामग्री टेबल पर सजी मिलेगी। बैठकर खाते थे तो कम खाते थे। खड़े होकर खाने पर पेट में अन्न ज्यादा जाता है। साथ ही रोग भी आते हैं। आज स्मरण करता हूँ कि वह पंगत कहाँ, जो रिश्तों को जोड़ती थी। भोजन के आमंत्रण के लिए गाँव का हज्जाम घर-घर में आज्ञा और भोजन तैयार होने पर विजय का संदेश देता था। अब वह दादी कहाँ, जब उसकी लाठी के साथ गाँव का चक्कर लगाते थे और सोते समय बुझौवलों, लोकोक्तियों, कहानियों एवं कहावतों की कड़ी शुरू हो जाती थी। आज भी दादी और नानी तथा कहानी हैं। लेकिन दादी-नानी की जगह टी.वी. आ गया और कहानी की जगह धारावाहिक ने ले ली। अब सोने के बाद आँख खुलती है तो बच्चों को स्कूल पहुँचाने की जल्दी रहती है। हम आँख मींचते चौराहे पर होते हैं। पहले नींद खुलती थी तो माँ की आरती के स्वर कान में पड़ते थे। घर ही पहला पाठशाला होता था। अब क, ख, ग··· का श्रीगणेश स्कूल कराता है। हम घर पर उसका अभ्यास भर कराते हैं। तब संस्कार और संस्कृति का पाठ था, उसके बावजूद खिलखिलाकर हँस सकते थे, आज मुँह खोलकर हँसना असभ्यता की पहचान है। ज्यादा खुश हुए तो आप मुसकरा सकते हैं।

इनसान खुद से दूर होता चला जा रहा है। आदमी है, घर है। घर में गरमी से बचने के लिए ए.सी. है, भोजन पकाने के लिए ओवन है, कपड़े सफाई के लिए वाशिंग मशीन है, जाड़े में हीटर है। लेकिन रिश्तों को पल-पल नापने का थर्मामीटर भी हम रखने लगे हैं। याद आता है, तब हम अमीर नहीं थे, घर में कपड़े कम होते थे, लेकिन कमी महसूस नहीं हुई। जाड़े में माँ खुद ठिठुरती थीं, लेकिन हम भाइयों को ढककर रखती थीं। मैट्रिक तक हाफ पैंट पहनते थे, परीक्षा देने के लिए एक फुल पैंट पापा ने खरीदी थी और पास होने के बाद हाथ में घड़ी बाँधने का अवसर मिला था। आज कपड़े होने के बाद भी हम नंगे हो गए। फैशन में बेशर्म हो गए। पहले खाली पैर खेत में कूदते थे, अच्छा लगता था; मिट्टी लगे पैर, बारिश में भीगा शरीर, माँ की डाँट और तेल मालिश हमारे जीवन को सदैव साथ होने का अहसास देती थी। आज खेत में पैर रखने से डर लगता है, क्योंकि पैर में पहने जूतों का खयाल आता है। मिट्टी लग जाने का डर सताता है। मिट्टी से डर लगेगा तो हकीकत से दूर होना स्वाभाविक है। मोटा अनाज पेट की चर्बी को कम करता है, यह हमें किसी ने नहीं बताया था। यह जीवन का हिस्सा था। दरदरे आटे की रोटी, ठेकुआ खाते थे। मकई की बाली बरसात की शाम का नाश्ता होता था।

कच्चा चना, ईख, अमरूद, गाजर और पपीता दिनचर्या के हिस्सा होते थे। शरीर को रोजाना व्यायाम की जरूरत नहीं थी। जब साइकिल से 10 से 15 किलोमीटर चला करता था तो वह स्वयं व्यायाम का अंग था। जिम में शरीर का व्यायाम होता है, यह हमें कहाँ पता होता था!

घर में टी.वी. पर एक हजार चैनल हैं, घर से बाहर निकलते हैं तो दर्जनों मॉल, मल्टीकॉम्प्लेक्स हैं। इसके बाद चौबीस घंटे हमारे पास मोबाइल है। मोबाइल पर फेसबुक, व्हाट्सऐप, ट्विटर आदि हैं, जो हर पल अपनी टिक-टिक से सूचना का संदेश देते हैं। हम खुद के साथ कहाँ हैं? इसने हमारे संवाद/हमारी बातचीत के विषय को छीन लिया है। हमारे जीवन के सरल और सहज रिश्ते को व्यावसायिक बना दिया है। अब हमारी सामाजिकता लाइक, कमेंट्स और ओके तक ही सीमित रह गई है। बहुत पुरानी बात नहीं है, जब सबको पता होता था कि किसके घर में पकवान बन रहा है, किसके घर अतिथि आया और किसके घर में पिंजरा तोड़कर तोता भाग गया, किसके घर में बेटी की शादी है और किसके घर में कौन बीमार है। किसी के घर में चोर घुसा कि गाँव में सभी के दरवाजे खुल जाते थे। यह सामाजिक सरोकार था, जो गाँव और मोहल्ले का बल होता था। पकवान बनता तो कुलदेवी को, ग्रामदेवी को चढ़ाया जाता, आस-पड़ोस में बाँटा जाता, तब घर के लोग प्रसाद रूप में ग्रहण करते। आज वह तैलीय पकवान हमारे दैनिक जीवन का हिस्सा बना गया है। पहले गाँव में बेटी की शादी हो तो पूरा गाँव जुट जाता था। गाँव में कोई अनजान आदमी प्रवेश करता तो इतने सारे सवाल होते कि मानो वह व्यक्ति प्रतियोगी परीक्षा दे रहा है! ऐसे सरोकार के अपने मायने थे। आज एक ही अपार्टमेंट में अनेक फ्लैट। दीवारें एक, सीढ़ी एक, लिफ्ट भी एक, इसके बाद भी संग-संग खड़े लोगों से बात करना तो दूर, नजर मिलाने की भी फुरसत नहीं और न ही जरूरत। कौन है, कहाँ जाना है, यह पूछना असभ्यता का प्रतीक है। ऐसे ही विचार हम खुद रखते हैं और बच्चों में भी पैदा करते हैं। ऐसी ही सोच ने हमारे सामाजिक सरोकार की क्रब खोद दी।

□

"ब्रह्म की अनेकता उस चंद्रमा की तरह है, जिनके अनेक रूप पानी भरे घड़ों, नदियों और तालाबों में प्रतीत होते हैं। उसी प्रकार एक ब्रह्म अनेक जीवों में उपलब्ध है। वह न किसी प्रकार की सृष्टि करता है, न प्रलय। यह तो माया है, जो जगत् के विषयों का आविर्भाव हुआ है।"

—आदि शंकराचार्य

जीवन में हम कहाँ पर अपने सिर को झुकाएँ

हम जानते हैं कि धन व्यर्थ है, भोग की सीमा नहीं है। पद और प्रतिष्ठा सदैव कहाँ रहते हैं? जीवन में आपाधापी, दौड़ और चिंता बेकार है। इसके बाद भी कुछ छूटता नहीं है। हरदम कुछ और की चाह रहती है। यह कुछ और की चाह तथा कल के भय के कारण व्यक्ति जीवन भर मंदिर, देवता, पर्वत, वन, तीर्थ, नदी, मजार और उपासना के विभिन्न स्थलों पर जाता है। सिर झुकाता है। प्रार्थना करता है। साथ में ईश्वर या दैवीय सत्ता के विविध रूपों बाबा, संत और साधकों से अपने या अपनों के लिए कुछ माँगता है। सपनों का जाल बुना जाता है और उसको पाने के लिए हरसंभव कोशिश की जाती है।

आदमी या तो भय के कारण भगवान् की पूजा-आराधना करता है या उसके मन में कुछ पाने की चाहत होती है। सभ्यता के शुरुआती दौर में इंद्र, वरुण, अग्नि, नदी, वृक्ष और पहाड़ के समक्ष हम नतमस्तक होते थे, बाद में इसके साथ ब्रह्मा, विष्णु और महेश को देवता मानकर झुक गए। पहले पहाड़ों की कंदरा और वृक्ष के नीचे, खुले

आकाश में आराधना करते थे, बाद में मंदिर, चैत्य, मठ का निर्माण किया, मंत्र और भजन के रूप में प्रार्थनाएँ ईजाद कीं, ताकि ईश्वर को अपनी श्रद्धा निवेदित कर सकें।

सवाल है कि मनुष्य तीर्थयात्रा करे, पवित्र नदियों के संगम पर स्नान करे या किसी भी जाग्रत् देवी या देवता की शरण में जाए। इससे क्या होगा? यज्ञ विधान करे, स्तुति गाए, भजन और कीर्तन करे। इसके बाद अपने लोभ को ईश्वर के समक्ष रख दे। अपनी इच्छा को, दु:ख को निवेदित कर दे। यह तो सौदा हो गया कि हमने प्रार्थना की, अब तुम प्रसाद दो। यही कारण है कि इन देवत्व की शरण में जाकर भी दु:ख खत्म नहीं होता है, चिंताएँ नहीं मिटती हैं। ऐसे में खुद अपने भीतर झाँकने की जरूरत है। महात्मा बुद्ध ने अपने धम्मपद में एक सुंदर सूत्र के जरिए व्यक्ति की इस स्थिति एवं इससे निकलने का मंत्र दिया है। वे कहते हैं कि मनुष्य वृक्ष के सामने झुके, कि पहाड़ के सामने झुके, कि नदी के सामने झुके। इससे क्या होगा? मनुष्य बुद्धत्व के आगे झुके तो ही कुछ हो सकता है।

जिससे दु:ख और दु:ख की उत्पत्ति होती है, उसकी शरण में जाने तथा उसकी चाहत से हमारी मुक्ति नहीं हो सकती। हम जीवन भर अपने को झुकाते हैं, लेकिन कभी भी जाग्रत् व्यक्ति के समक्ष या करुणा से परिपूर्ण किसी वृक्ष या मूर्ति के समक्ष नहीं झुकते हैं। साथ ही जब हम झुकें तो कामना और वासना को बीच में न लाएँ। इस संसार में अनेक ऐसे व्यक्ति हैं, जिनको हम सामान्यत: पहचानकर भी अस्वीकार कर देते हैं। एक जाग्रत् और आध्यात्मिक आदमी कोई महात्मा हो, जरूरी नहीं। वह दिहाड़ी मजदूर हो सकता है, खेत में काम करनेवाला किसान, सब्जी बेचनेवाली एक देहाती औरत भी हो सकती है। जब हम जाग्रत् आत्मा के समक्ष नहीं झुक सकते तो किसी भी पत्थर और मिट्टी में देवता को खोजने का प्रयास और प्रार्थना महज छलावा है। अपने अहंकार को तुष्ट करने का जरिया और भय तथा लोभ को तृप्त करने का माध्यम है।

आज हम बाबा, साधु-संत के बाजार में खड़े हैं, जहाँ भय, भोग और लोभ के कारण हम घुटने टेक देते हैं। इन शरणों में जाकर दु:खों से निवारण नहीं होता है, दु:ख बढ़ ही जाता है। बाबाओं और देवों की शरण, सही शरण नहीं है। इसी प्रकार अगर लोभ और स्वार्थ को नहीं छोड़ा तो कुछ धन क्या यदि स्वर्ण की बारिश हो जाए, तब भी व्यक्ति की भूख खत्म नहीं होगी। महात्मा बुद्ध कहते हैं कि मेरी ओर देखो। मैं उस घर से आता हूँ, जहाँ स्वर्ण की बारिश हो रही है, लेकिन वह भी मुझे रोक नहीं सकी। कोई भी इच्छा की पूर्ति अल्प समय के लिए रहनेवाली है। अंतत: वह दु:ख ही देगी।

सत्य को जानकर झुकें तो ही मंगलदायी शरण होगी। महात्मा बुद्ध अपने धम्मपद में कहते हैं कि यदि स्वर्ण की वर्षा हो तो भी मनुष्य के कामों की तृप्ति नहीं होती है। सभी भौतिक सुख अल्पस्वाद और दुःखदायी हैं। अतएव अपने अल्प सुख और दुःख में राजी होना होगा। वे लगातार सत्य की खोज में तल्लीन रहे। एक गुरु से दूसरे गुरु। जहाँ ज्ञान मिला, वहाँ सिर झुकाया। आलार कालाम उनके गुरु थे, ज्ञान-प्राप्ति के बाद उनको गुरुकुल में ही रहने एवं गुरुपद देने की इच्छा जताई गई। महात्मा बुद्ध ने अस्वीकार कर दिया। उन्होंने कहा कि सत्य के साक्षात्कार तक रुकना कहाँ? नचिकेता कहाँ रुके? अगर धन, पद और प्रतिष्ठा ही चाहिए तो संसार का सारा सुख उनके चरणों में था। उन्होंने कभी सांसारिक वस्तुओं के प्रति मोह नहीं दिखाया।

आज समय विचित्र है। हर जगह हमारा सिर झुकता है, जहाँ से कुछ प्राप्त हो जाए। ऐसे में चरित्र का निर्माण सर्वोपरि काम है। आदमी भय के कारण ही भगवान् की पूजा करता है। उसको कुछ चाहिए। इसलिए कभी वृक्ष की पूजा करता है, कभी पत्थर की पूजा करता है। भय के कारण ही पर्वत, जंगल, नदी, सरोवर एवं वन तथा वृक्ष को पूजता है। उसकी शरण जाता है। महात्मा बुद्ध ने अपने एक परम चैतन्य शिष्य मौद्गलायन को श्रावस्ती में अग्निदत्त के पास भेजा, ताकि उसको संबोधि के मार्ग पर लाया जा सके। मौद्गलायन गया तो अग्निदत्त ने बैठने के लिए भी नहीं पूछा। तब मौद्गलायन को एक बालू के टीले पर रात बितानी पड़ी। वहाँ एक नाग था, जो फन निकालकर मौद्गलायन की रक्षा कर रहा था। अग्निदत्त ने तब महात्मा बुद्ध से पूछा कि यह कैसा चमत्कार है? बुद्ध ने कहा कि दूसरी तरह से सोचो, इससे बड़ा चमत्कार हो गया, एक आदमी पहचान न सका, जबकि सर्प ने पहचान लिया। पशु पहचान लेता है, सर्प जान जाता है, लेकिन आदमी इतना स्वार्थ और लोभ के वशीभूत है कि कुछ पहचानना नहीं चाहता। ऊँची शरण दुःख से मुक्ति, सत्य के आलोक और ज्ञान के सागर में डूबना। जो जागे की शरण गया, जिसने जागने के परम सूत्र को खोजा, वही है परम शरण।

□

"जीवन और प्रकृति ऐसे नियमों से संचालित होते हैं, जिन्हें मनुष्य बदल नहीं सकता। जितनी जल्दी हम यह स्वीकार करेंगे, हमारे लिए आंतरिक शांति हासिल करना उतना ही आसान होगा।"

—एपिक्टेटस

दो साँसों के बीच लयबद्धता पर निर्भर है स्वास्थ्य

बीमारी हमारे जीवन में क्यों आती है? इसका प्रयोजन क्या है? लोगों का मानना होता है कि बीमारी एक उत्प्रेरक का काम करती है। बीमारी हमारे दैनिक जीवन के क्रम को भंग करती है। यह व्यक्ति की सीमाओं का अहसास कराती है। व्यक्ति को इस बात का बोध कराती है कि वह अपनी प्राथमिकताएँ तय करे। आखिर इस जीवन का एक अंत है तो बीमारी के माध्यम से उस अंत का संदेश मिलता है। बीमारी एक माध्यम है जीवन को सही क्रम में व्यवस्थित करने का। बीमारी के साथ जीवन से प्रस्थान का प्रारंभ हो जाता है। सवाल है कि बीमारी क्या होती है? किसी भी दवा का प्रतिक्रियावादी हो जाना, यानी निरोग के लिए दी जानेवाली दवा का असर नहीं होना। उलटे उसके प्रतिक्रियास्वरूप शरीर में कष्ट, दर्द और संताप का होना।

जीवन की कुछ बीमारी तो आजन्म हमारे साथ ही रहती हैं। हम बार-बार उसके साथ गुजरते हैं और हर बार एक नई कहानी का सामना होता है। दादा-दादी या नाना-नानी को कोई बीमारी है तो आनुवंशिक रूप से वह बीमारी पोते, नाती या परिवार के किसी अन्य सदस्य को होने की संभावना होती है। यह तब पता चलता

है, जब वह प्रखरता से शरीर पर अपना प्रभाव छोड़ती है। कई बार बीमारी भी हमारे ज्ञान को बढ़ाने का माध्यम बन जाती है। इसके माध्यम से सिखाया जाता है कि हम विकसित होते रहेंगे, बढ़ते रहेंगे, भले ही जीवन के साथ हमारी देह का अंत हो जाए। व्यक्ति की स्वस्थता का संबंध शरीर से नहीं, आत्मा से होता है। रोग निवारण का संबंध शरीर एवं मस्तिष्क से होता है। बीमारी के बावजूद भी व्यक्ति स्वस्थता का परिचय दे सकता है, क्योंकि ऐसी स्थिति में व्यक्ति ईश्वर के प्रति इंद्रियों के दु:ख-दर्द से परे क्षेत्र में स्वयं को प्रतिस्थापित कर लेता है। हमारे भीतर जो प्राण है, उसका रोग की अपेक्षा हमारे निर्णय के कारण क्षय होता है। पढ़ा है—जीवनघाती रोगों का निदान हमें सीधे आत्मनिष्ठ दुनिया में धकेल देता है। वे लोग, जो रोग उपचार के लिए जगह-जगह मारे-मारे फिरते हैं, वे अपने भीतर झाँकने से डरते हैं। वे कहीं गहरे में अपने किसी हीन एवं अयोग्य रूप का सामना करने से डरते हैं। परंतु ऐसा शायद ही कभी होता है। आत्मा हमारा जन्मसिद्ध अधिकार है और गहराई में हर कोई सुंदर है।

पीड़ा में आदमी सबकुछ भूल जाता है, लेकिन मैंने अपनी माँ को ईश्वर में पीड़ा को भूलते देखा। चाहे तीर्थाटन की बात हो या यज्ञ-हवन की या और कोई पूजा के अवसर हों। वह रोग को भुला देतीं। बीमारी एक परीक्षा की घड़ी होती है, लेकिन उन्हें घड़ी को बदलते देखा। प्राय: वह खुद के दैहिक कष्ट को ईश्वर कृपा के मार्ग में हावी नहीं होने देतीं। बीमारी एवं कष्ट कभी भी हमें जीवन को अस्वीकार करने के लिए प्रेरित नहीं करते हैं। अगर व्यक्ति अपने आत्मिक रूप से न चाहे तो यह कष्ट भी हमारे मन और शरीर पर हावी नहीं हो सकता है। महात्मा बुद्ध, शंकराचार्य, स्वामी विवेकानंद और महर्षि रमण के जीवन इसके उदाहरण हैं। बीमारी में सहनशक्ति का सर्वश्रेष्ठ उदाहरण स्वामी विवेकानंद हैं। जीवन संपूर्णता चाहता है और हम सतह पर जीते हैं। सृष्टि में मानव ही ऐसा जीव है, जो प्रकृति के स्थापित कायदे-कानून का उल्लंघन करते हैं। बीमारी में भी भोजन केवल मानव ही करता है और कोई जीव नहीं। स्वस्थता, जीवन ऊर्जा यानी चेतना का खेल है। एक ही ऊर्जा है, जो वृक्षों, जानवरों एवं अन्य प्राणियों को स्वस्थ रखती है तो मनुष्य क्यों नहीं स्वस्थ रह सकता? इंग्लैंड के एक सर्जन डॉ. बर्नी सेगल ने एक किताब लिखी है—'पीस, लव एंड हीलिंग'। इसमें वे एक ही बात को स्थापित करते हैं कि प्रसन्नचित्त और सकारात्मक व्यक्ति स्वस्थ होता है और किसी भी बीमारी से शीघ्र मुक्त हो जाता है। अब आधुनिक विज्ञान भी मानता है कि शरीर एक बहता प्रवाह है और मन शरीर का ही सूक्ष्मतर पहलू है।

होम्योपैथी में ज्यों-ज्यों दवा की शक्ति बढ़ती जाती है, त्यों-त्यों इसमें दवा का अंश कम होता जाता है। यह बताता है कि स्वस्थ रहने का संबंध औषधि या दवा से ही नहीं है। दवा केवल बीमारी को नियंत्रित करने या रोकने में सहायता करती है। लेकिन शरीर ही स्वयं को स्वस्थ बनाता है, नहीं तो डॉक्टर यह नहीं कहते कि दवा पर शरीर रिस्पॉन्ड नहीं कर रहा है। होम्योपैथी के जन्मदाता हनीमैन का मानना था कि मानसिक रोग ही शारीरिक रोग का कारण होते हैं। सभी बीमारियों के तीन दोष सोरा, साइकोसिस एवं सिफिलिस हैं। मनुष्य में ईर्ष्या, द्वेष, काम, क्रोध, लोभ के अनंत बीजांड पड़े होते हैं, जो मुखरित होने का अवसर खोजते हैं। मन में जैसा विकार होता है, वैसे ही रोग उत्पन्न होने लगते हैं। स्वास्थ्य शुभचित्तता का भाव है और हमारा चित्त सदैव हमसे बातचीत करता रहता है, बशर्ते हम उसकी सुन सकें।

बीमारी एक कहानी है। जितना अधिक सुनते, जानते और समझते हैं, उतना ही उसके साथ जुड़ते जाते हैं। इसकी कहानी का विषय होता है—पीड़ा, दुःख, आशा, व्यथा, घाव, भूख, इच्छा और स्वास्थ्य। ये कहानियाँ मूलतः जीवन की कहानी हैं। थोड़ा धैर्य रखें और शांति से सुनें कहानी के अर्थ को। हर कहानी का मूल तब और स्पष्ट होता था, जब हम परम सत्ता से जुड़ते हैं, उस परम सत्ता की कहानी से। उसकी कहानी भी विविध रूपों में प्रकट होती थी। बीमारी में एक व्यक्ति न चाहे तो हम ऑक्सीजन देकर भी जीवित नहीं रख पाते, दवा देकर भी निरोग नहीं कर पाते और सर्जरी कर भी नहीं बचा पाते तो फिर इन बाहरी उपायों का परिणाम तो शून्य है। जीवन, बस दो साँसों के बीच है। और यह साँस लेना या नहीं लेना हमारी प्राणशक्ति यानी परम सत्ता की इकाई यानी आत्मा या परमात्मा पर निर्भर है।

□

“साहस का सबसे महत्त्वपूर्ण पक्ष है किसी कार्य को करने की दृढ़ता पूर्व में प्राप्त कर लेना और यह तभी संभव है, जब उन रास्तों का चुनाव न करते हुए जहाँ वे ले जा रहे हैं, उस दिशा में बढ़ा जाए, जहाँ कोई रास्ता न हो।”

—राल्फ वाल्डो इमर्सन

करुणा का चरमोत्कर्ष है आँसू

मनुष्य को हँसाना कठिन काम है, परंतु रुलाना आसान है। इसलिए आँसू की बूँद छोटी होती हैं, लेकिन दास्तान बड़ी है। साहित्य में सबसे ज्यादा चर्चा एवं लेखन प्रेम पर हुआ तो आँसुओं का पलड़ा प्रेम से थोड़ा ही कम होगा। जयशंकर प्रसाद की एक कविता है ‘आँसू’। जिसमें वे लिखते हैं—‘जो घनीभूत पीड़ा थी मस्तिष्क में स्मृति-सी छाई। दुर्दिन में आँसू बनकर आस बरसने आई।’ आजकल जीवन की जटिलता ने संवेदना घटा दी है, जिस कारण रोना थोड़ा कठिन है। परंतु सामाजिक व्यवहार का तकाजा है कि आँसू बहाए जाएँ।

चार्ल्स डिकेंस ने गरीबी की चिंता पर एक उपन्यास लिखा, जिसका नाम ‘ऑलिवर ट्विस्ट’ है। इसमें एक पात्र बंबल कहता है—रोना फेफड़ों को साफ करता है, चेहरे को धोता है, आँखों का व्यायाम कराता है और गुस्से को कम करता है। इसके अलावा, रोना व्यक्ति को हलका बनाता है, मानसिक बोझ को कम करता है तथा खुद को आध्यात्मिकता से जोड़ता है। आँसू का संबंध किसी विशेष व्यक्ति, समाज या जाति व धर्म से नहीं होता है। यह सबके लिए है। सामान्यतः यह माना जाता है कि आँसू केवल तकलीफ एवं पीड़ा में ही निकलते हैं, जो सही नहीं है। खुशी एवं उपलब्धि पर भी आँखों से आँसू निकलते हैं। हम हँसकर यदि मनुष्य के

सुख में वृद्धि करते हैं तो दुःख में आँसू बहाकर उसके दुःख को बाँटते हैं। इसलिए कहा गया है कि सुख में शामिल हों या न हों, किसी के दुःख में शामिल होना चाहिए। खारे आँसू जिंदगी को बेहतर बनाने में अहम भूमिका निभाते हैं।

आँसू की महिमा निराली है। बड़ी-से-बड़ी परेशानी को पल में धोकर बहा ले जाते हैं। इससे व्यक्ति अनुभव को प्रगाढ़ करता है। महिलाओं की तुलना में पुरुष कम आँसू बहाते हैं। वे अंदर-ही-अंदर घुटते रहते हैं। पुरुषों को लगता है कि रोना कमजोरी की पहचान है। इसलिए पुरुष रोने से परहेज करते हैं, जबकि स्वास्थ्य के लिए रोना श्रेयस्कर है। रोनेवाले व्यक्ति में बीमारी का प्रकोप, नहीं रोनेवाले से कम होता है। आँसू हमारी आंतरिक प्रणाली को स्वस्थ रखने में अहम भूमिका निभाते हैं।

आँसू क्या है ? आँसू आँख की नलिकाओं से निकलनेवाला तरल पदार्थ है, जो जल और नमक के मिश्रण से बनता है। यह आँख के लिए भी लाभकारी होता है। यह आँख को सूखने से बचाता है। आँख की सफाई एवं कीटाणुरहित रखने में भी आँसू मदद करता है। जीवन है तो भय और आँसू स्वाभाविक प्रक्रिया है। इसे रोकना या दमन करना ठीक नहीं। स्वाभाविक प्रक्रिया को स्वाभाविक रूप से नियंत्रण करना चाहिए। आँसू हमारे शरीर में सेफ्टी वॉल्व की तरह है। इसलिए आँसू को रोकिए नहीं, बहने दीजिए। बचपन में दुःखी होता था तो आँखों में आँसू आ जाते थे। उन अवसरों पर माँ कहती थीं कि जाओ आँख को खूब पानी से धो लो। चंद पानी के छींटों से दुःख खत्म हो जाते थे। लेकिन आज हम बड़े हो गए तो दुःख मिटते ही नहीं! 'अनाड़ी' फिल्म में एक गाना है—मर के भी किसी को याद आएँगे, किसी के आँसुओं में मुसकराएँगे, जीना इसी का नाम है। यादों का आँसुओं से गहरा संबंध है। इसकी दास्तान लंबी है।

जीवन में प्रत्येक अभिलाषा को पूरा करने के लिए कर्म करना पड़ता है और उसमें सफलता नहीं मिलने पर चिंता, दुःख, असंतोष और कुंठा से हम पीड़ित हो जाते हैं। आँसू इस प्रकार की भावनाओं की चरम परिणति है। छायावादी कवियों की यह खूबी रही कि वे सुख-दुःख को जीवन की आँख-मिचौली मानते थे। प्रसादजी की कविता है—मानव जीवन वेदी पर, परिणय हो विरह मिलन का। सुख-दुःख दोनों नाचेंगे, है खेल आँख और मन का।

आँसू से ज्यादा पवित्र कोई वस्तु नहीं। आँसू से बड़ी कोई प्रार्थना नहीं। आँसू का एक रूप लोगों ने जाना—दुःख रूप। पर एक और रूप है—आनंद रूप। जब हम किसी को रोते देखते हैं तो लगता है कि पीड़ा होगी, दुःख होगा। आँसू तब बहते हैं, जब कोई भावदशा ज्यादा हो जाए। सुख बहुत ज्यादा हो, आनंद बहुत ज्यादा हो

तो वह आँसू से बह जाता है। यह संतुलन की प्रक्रिया है। आँसू से दुःख का कोई लेना-देना नहीं है। अन्यथा यह सब कोई रोक लेता। आँसू से दुःख जुड़ा है। दुःख से आँसू। कोई मरा तो रोए, दुःखी हुए तो रोए। हमने आँसू को आनंद का अवसर नहीं बनाया।

एक समय आएगा, जब दुःख में रोनेवाले लोग भी बहुत कम मिलेंगे। अब रोना कमजोरी की निशानी है। जब दुःख में कोई नहीं रोता है तो उसे समझदार कहते हैं, मर्द कहते हैं। लोग दुःख में रोना बंद कर रहे हैं। ऐसा आदमी खुद ही पत्थर हो जाएगा। श्रेष्ठतम आदमी आनंद में रोता है और निकृष्ट आदमी ही दुःख में रोता है। खिले फूल को देखकर आँख में आँसू भर जाएँगे, कभी आकाश के तारे को देखकर आँखें डबडबा जाएँगी। बच्चों को खेलते देखकर रोने, वृक्ष के हरे पत्ते और आकाश में मेघ को निमित्त बनाकर रोना ही जीवन है। जब रोना ही है तो आनंद में रोने की कला सीखनी है, ताकि दुःख में रोना न पड़े। आँसुओं को आनंद से जोड़ना ही जीवन की कीमिया है। तब ही मृत्यु के क्षण में जीवन आनंद से भरा होगा।

जीवन के समस्त अनुभव के संबंध में भी यह सच है कि जो घटता है, हमारे अंतरतम में घटता है। तारे में सौंदर्य दिखता है तो तुम्हारे अंतरतम में ही घटता है। आँख गीली होती है, तभी करुणा आती है। तभी संगीत छिड़ता है, नहीं तो पाषाण में देवता कौन देखता है। आँसू अहोभाव के हों, उसकी अनुकंपा की हो, गहन कविता की हो तो और बात है। रोना संदेह को खत्म कर देगा। जीवन में सत्य का सामना होगा।

□

"समूची पृथ्वी सत्य के बल पर टिकी है और सृष्टि का एक अटल नियम है कि जो वस्तु जिस साधन से प्राप्त होती है, उसी साधन से उसकी रक्षा भी होती है। यह भी कि सत्य से संप्रात्य वस्तु का संग्रह भी सत्य के माध्यम से ही हो सकता है।"

—महात्मा गांधी

सर्वश्रेष्ठ के लिए जरूरी है चेतना को उत्कृष्ट बनाना

हमारा पूरा जीवन भीड़ का हिस्सा बना हुआ है। विचारों की भीड़ हो या संगठनों के आदर्शों की या व्यक्ति की हो। अधिकतर व्यक्ति की चेतना में अभिनव कुछ नहीं होता। वह एक रोडमैप बनाता है और वह रोडमैप होता है—बस भीड़ को फॉलो करने का। शिक्षा में बच्चे वही करते हैं, जिसका युवाओं में ज्यादा क्रेज होता है। परिवार में बच्चे अपने पिता-माता या अपने बड़ों या मित्रों को फॉलो करते हैं। यह चलन हर मामले में होता है। गलत और सही दोनों गुण या आदतों को अंगीकार किया जाता है। सवाल गलत-सही का नहीं। सवाल है कि हमारी चेतना में कुछ नया करने का भाव क्यों नहीं आता? और अगर यह नहीं आता है तो हम सर्वश्रेष्ठ कहाँ से दे सकते हैं? हम उत्कृष्ट कैसे बन सकते हैं? एक उदाहरण, हार्वर्ड बिजनेस स्कूल ने अपने सिलेबस से केस स्टडी एप्रोच को दूर हटाते हुए अब नैतिक शिक्षा व टीमवर्क पर ज्यादा ध्यान देने का निर्णय किया है। इस बदलाव का मतलब सक्षम और चारित्रिक रूप से मजबूत लीडर तैयार करना है। न कि कनेक्शन व परिचय-पत्रवाले लीडर। यह बदलाव 2008 की मंदी के बाद ही बिजनेस स्कूलों के ध्यान में आया।

पश्चिमी जगत् में अनेक बिजनेस स्कूल शिक्षण के अंतर्गत 'जानने' यानी (तथ्य, रूपरेखा और सिद्धांत) पर से फोकस हटाकर 'करने' (क्षमताओं एवं तकनीकें) और 'होने' (मूल्य, तौर-तरीके व विश्वास) पर जोर दिया जा रहा है। इसके साथ सोचने पर भी ज्यादा ध्यान है। मसलन नाजुक समय में किस ढंग से सोचा जाए। पाठ्यक्रम में एन.जी.ओ. में सेवा देना, नेतृत्व के विकास जैसे—विषय, सांस्कृतिक उत्सवों में भागीदारी, शोध, जीवन की परिस्थितियों में सुधार लाने जैसी विषय-वस्तु को स्थान दिया जा रहा है। स्कूल के बच्चों में गार्डेन विजिट और डेंटिस्ट के पास भेजने को प्राथमिकता दी जाती है, ताकि उनको पर्यावरण की अच्छाइयाँ या दाँत को ठीक से ब्रश करने के फायदे बताने नहीं पड़ें। बच्चों को यह सिखाया जा रहा है कि वे मौजूदा चीजों की कीमत जानें और जीवन का सामना सहजता से करें।

वर्तमान में हम जैसी जिंदगी जी रहे हैं, उसमें दर्शन की कोई जरूरत नहीं है। गणित या प्रबंधन के सूत्र को जानना या हल करना काफी नहीं है। इसके साथ सफलता के लिए दक्षता और कुशलता जरूरी है। और इसके लिए मनोस्थिति तथा चिंतन में बदलाव आवश्यक है। हमें धैर्य, लगन और लगातार परिश्रम के फायदे को समझना और दैनिक जीवन में लागू करना होगा। हमें ज्यादा सकारात्मक और स्वीकार्य बनाना होगा, ताकि असमंजस में भी अडिग रह सकें। समस्या पर अपना ध्यान केंद्रित करने से बेहतर है कि हम चुनौती को स्वीकारें और उस पर विजय प्राप्त करें। वास्तव में हर समस्या हमारे लिए एक अवसर प्रदान करती है। अगर हम इस अवसर का उपयोग कर सकें तो परिस्थिति हमारी दासी होगी। दूसरे चरण में खुद को शांति, सुखद एवं खुशहाल रखने की कला सीखनी होगी। यह सीखना ज्यादा प्रासांगिक है कि चाहे कोई भी स्थिति या संकट हो, हम अपने शांत स्वभाव को नहीं छोड़ेंगे। शांतचित्त अवस्था में रहनेवाले व्यक्ति ही व्यावहारिक तरीके से सोचते हैं। वे सही निर्णय लेने में सक्षम होते हैं और किसी भी स्थिति में पलायनवादी मनोवृत्ति को आने नहीं देते। सफलता के लिए तीसरे चरण में हमें स्वतंत्र रूप से अन्वेषण और स्पष्ट विचार करना होगा। इसके बाद बिना किसी संकोच के प्रयास को अमलीजामा पहनाने की दिशा में कार्य करना होगा। यह कठिन कार्य है, क्योंकि बचपन से ही हमारा मानस, हमारी चिंतन प्रणाली का आधार सत्य और ईमानदारी पर आधारित होता है। सृजनात्मकता एक मानसिक एवं भावनात्मक मनोवृत्ति है, जो सभी प्रकार के ज्ञान एवं अनुभव का एक नए परिप्रेक्ष्य में अवलोकन करता है। इसके कारण नए विचारों के आविर्भाव में सहायता मिलती है। मौलिक प्रक्रिया की

योजना बनाने और सर्वश्रेष्ठ सेवा तथा उत्पाद के आविष्कार की राह बनाता है, ताकि मानवता की सेवा और बेहतर तरीके से की जा सके। सृजन तभी संभव है, जब हम चिंतन करें। यह एक साथ अभिनव प्रयोग, नवीन शुरुआत, रचना और भविष्य के सही मूल्यांकन का सम्मिलित रूप है।

बचपन में हमने माँ से सुना था कि बेटा, ठीक से रहा करो। झुककर मत चलो, गरदन सीधी रखो और सीना ऊँचा। नए शोध बताते हैं कि आप वैसा ही सोचते हैं, जैसा आपके शरीर की मुद्राएँ होती हैं। शरीर ढीला-ढाला है तो मानसिक तीक्ष्णता भी नहीं होगी। तेज-तर्रार शरीर सोचेगा भी उसी तरह। दैनिक जीवन के दौरान जो लोग अधिक तेज-तर्रार मुद्रा अपनाए रहते हैं और अपने शरीर को चुस्त-दुरुस्त बनाए रखते हैं, वे न केवल अधिक शक्तिशाली महसूस करते हैं, बल्कि चीजों को अधिक नियंत्रण में रख सकते हैं और तनाव जैसी समस्याओं को दूर करने में कामयाब होते हैं। शरीर की खराब मुद्राएँ न केवल दूसरों के मन में आपकी गलत छवि बनाती हैं, बल्कि शारीरिक रूप से आपको कमजोर भी कर सकती हैं। क्रिएटिव होने का अर्थ है—किसी भी काम को नए तरीके से खोजना। क्रिएटिविटी की आधारभूत जरूरत विश्वास है। विश्वास यह कि यह काम नए तरीके से किया जा सकता है। विश्वास करते ही दिमाग आपके लिए काम में जुट जाता है। याद रखें—औसत लोग हमेशा नए तरीके से चिढ़ते हैं।

□

"प्रकृति का नियम जीवन का नियम है। इसका गहन विश्लेषण किया जाए तो पाएँगे कि प्रकृति का नियम व्यक्ति द्वारा स्वयं के जीवन को खत्म करने के नियम का विरोधाभासी है। ऐसा करना जीवन में सुधार की संभावनाओं के प्राकृतिक नियम की अवहेलना है। मानव जीवन वस्तु नहीं है। अतएव अपने जीवन के समाप्त करने की जगह अंत तक उस परिस्थिति को सहनीय बनाने का प्रयास करना चाहिए।"

—इमानुएल कांट

श्रेष्ठ जीवन जीना चाहिए, लेकिन परिवार कहाँ है?

इनसानी जीवन के लिए परिवार एक अहम संस्था है। इनसान को अपनी बातों को सुनाने के लिए परिवार चाहिए। हँसने-बोलने के लिए, दुःख-सुख बाँटने के लिए परिवार जरूरी है। परिवार में माँ, पिता, भाई, बहन के अलावा रिश्तेदारों का एक अटूट संबंध होता है। जब जरूरी हुआ, अपनी इच्छा के अनुसार माँ के पास चले गए, पिता से बात कर ली। भाई-बहन से अपने भावों को शेयर कर लिया। शिक्षा का पहला पाठ भी इनसान को परिवार से मिलता है। परिवार है तो मर्यादा एवं नैतिकता का अहसास होता है। शिष्टाचार, लोकाचार एवं विचार-व्यवहार की समय-समय पर सीख मिलती है। सुख में शामिल होनेवाली और दुःख को बाँटनेवाली संस्था परिवार है। परिवार में सामंजस्य एवं जीवन को सारे किंतु-परंतु के बावजूद आगे खींचकर ले जाने में परिवार सहयोगी बनता है।

आज एकल परिवार का दौर है, जहाँ सबकुछ खुद करना है, खुद ही उसकी अनुभूति करनी है। यहाँ बाँटने या साझा करनेवाला कोई नहीं। यह बाजार है, जहाँ भीड़ है। सारे खड़े हैं, लेकिन अकेले। बाजार ही निर्धारित करता है—मर्यादा, दायित्व और कर्म की परिभाषा। जबकि भारतीय जीवन में परिवार को यह काम दिया गया। परिवार के सदस्यों से यह आशा की गई कि वे परिवाररूपी संस्था के सदस्यों से सहयोग करें, परस्पर संबंध एवं संपर्क बनाकर चलें।

अथर्ववेद में परिवार की परिभाषा दी गई—

अनुव्रतः पितुः पुत्रो वाचं भवतु समनाः।
जाया पत्ये मधुमतीं वाचं वदतु शांतवाम्॥

अर्थात् पिता के प्रति पुत्र निष्ठावान हो, माता के साथ पुत्र एक मनवाला हो, पत्नी पति से मधुर तथा कोमल वाणी बोले।

परिवार कुछ लोगों के साथ रहने से नहीं बन जाता, इसमें रिश्ते की एक मजबूत डोर होती है। सहयोग का एक अटूट बंधन होता है। आज परिवार टूट रहे हैं तो इनसान भी टूट रहा है। आत्महत्या, तनाव, कलह, हिंसा, मानसिक उद्वेग तथा अपराध आदि का बढ़ना इस बात का परिचायक है कि कहीं कोई सीमा नहीं। कहीं कोई मर्यादा बतानेवाला नहीं। हम क्रोध को नियंत्रित करें, ऐसे पिता नहीं। करुणा का संचार करें, इसके लिए माँ नहीं, जो सिखाए। भाई-बहन नहीं, जो लोकाचार, विचार-व्यवहार का अहसास कराएँ। निर्णय की घड़ी में संयम बरतें, ऐसी शिक्षा हमारे विद्यालय में नहीं दी जाती। असफलता भी जीवन का अंग है। ऐसी बातें बतानेवाले शिक्षक नहीं। कौन बताएगा कि जीवन में शीर्ष पर पहुँचने के लिए समतल सड़क ही नहीं मिलेगी। कहीं पगडंडियाँ होंगी तो कहीं बियाबान में रास्ते बनाने होंगे। खोजने होंगे प्रकाश स्तंभ। सफल जीवन का कोई सीधा रास्ता नहीं होता। शिखर पर जाने के रास्ते टेढ़े-मेढ़े होंगे। ऐसे में एक विजय काफी नहीं। यह कौन सिखाएगा? गणित, विज्ञान के सवाल हल कर हम इंजीनियर एवं डॉक्टर बन जाएँगे, लेकिन इस पेशे के शिखर पर पहुँचने के लिए जो चाहिए, वह कौन बताएगा? वर्तमान पीढ़ी सफलता के साथ औसत जीवन जीकर खुश है, जबकि इनसान को असफलता के साथ श्रेष्ठ जीवन जीना चाहिए। एक बेचैन, एक असफल व्यक्ति हो, लेकिन वह श्रेष्ठता के लिए प्रयत्न करे, ऐसा जीवन का लक्ष्य होना चाहिए। यह सीख परिवार से मिलती! लेकिन परिवार कहाँ है?

बार-बार कहा जाता है कि रोम और यूनान मिट गए। फिर भी भारत जिंदा है। बचा है तो क्यों और कैसे? दरअसल भारत की निरंतरता और ऊर्जा के पीछे

परिवार की ताकत है। आज भी भारतीय परिवार बचे हैं, बिखरे नहीं हैं, इसलिए भारत विशिष्ट है। सुख और दु:ख के थपेड़ों, अकेलेपन और भावना के स्तर पर बिखराव के समय सबसे पहले परिवार ही ताकत देता है। जन्म और मृत्यु के संगीत और शोक भी परिवार के स्तर पर ही मनाए जाते हैं। इसलिए भारत का व्यक्ति टूटता नहीं, बल्कि परिस्थितियों से लड़ता है, जूझता है। मानसिक रूप से जल्द बीमार नहीं पड़ता, क्योंकि परिवार उसको सपोर्ट करता है।

परिवार में माता और पिता की भूमिका अमिट होती है। इस बात को भारतीय जीवन में सैकड़ों सालों से महत्त्व मिलता रहा है, लेकिन पश्चिमी सभ्यता ने पिछले सौ-दौ सौ साल में पिता और माता की अहमियत को समझा है। इसी कारण अब पश्चिमी देशों में फादर्स डे और मदर्स डे जैसे उत्सव-आयोजन को बढ़ावा दिया जा रहा है। उन्हें अब अहसास हो रहा है कि परिवार संस्था के बिना उनकी संतति क्या खोती जा रही है ? परिवार में माता-पिता की भूमिका संवेदना पर आधारित है। पश्चिम में इन संस्थाओं के महत्त्व को तो समझा गया है, लेकिन इन संस्थाओं की महत्ता को याद करने के लिए फादर्स डे व मदर्स डे का सहारा लिया गया है। और इस प्रकार पूरे मामले को मार्केटिंग इवेंट बना दिया गया है। यह सही नहीं है। परिवार में पिता की भूमिका कभी दोस्त तो कभी गुरु, कभी लीडर तो कभी पालनहार और संकटमोचक की होती है। इसी प्रकार माता की भूमिका कभी गुरु, जननी, प्रेरक, ममतामयी, पथ-प्रदर्शक, सलाहकार आदि की होती है।

यह युग प्रबंधन का है और हर बात में ही प्रबंधन की चर्चा होती है। समय-प्रबंधन, कार्यालय-प्रबंधन, कार्य-प्रबंधन, बॉस और कर्मचारी का प्रबंधन आदि आदि। अब तो बात आगे बढ़ गई है और रिश्तों के प्रबंधन की भी बात निकल पड़ी है। अब परिवार या पति-पत्नी के बीच रिश्तों के प्रबंधन के सिद्धांत ढूँढ़े जाते हैं और उनकी व्याख्या की जाती है। इन दिनों मेरी एडरीना जॉर्ज की एक पुस्तक काफी चर्चा में है—'हाऊ टू मैनेज योर स्पाउस', यानी अपनी पति या पत्नी के साथ प्रबंधन कैसे हो ? इस पुस्तक का फ्रेंच और जर्मनी भाषा में भी अनुवाद हो चुका है। भारत में अभी तक पति-पत्नी का संबंध मैनेज नहीं होता है। भारतीय परिवेश में पति-पत्नी हो या परिवार समन्वयन होता है। यहाँ परिवार में सुख-दु:ख साझे होते हैं। किसी भी आपात स्थिति में सभी मिलकर समस्या का निदान करते हैं। यहाँ परिवार में एक-दूसरे के प्रति समर्पण ही रिश्तों को अटूट बनाए रखते हैं। रिश्ते में मैनेज का कोई अर्थ नहीं है, अगर परिवार में भी मैनेज का भाव आ जाए तो संबंध एवं जीवन अपनी सहजता और स्वाभाविकता खो देगा। भारतीय परिवार में पति-पत्नी कितना

कुछ जीवन में एक-दूसरे को देते हैं कि उसकी कोई गिनती नहीं रहती। इसका गणित अगर लगाया जाने लगे तो भारतीय संस्कृति की मधुरता और संवेदनशीलता खत्म हो जाएगी।

आज परिवार की जगह नाभिकीय परिवार, घर की जगह घरौंदा और समरस तथा अन्योन्याश्रित समाज की जगह अवसरवादी स्वार्थपूर्ण समाज स्थान ग्रहण करता जा रहा है। जब एक बालक को संस्कार, परंपरा और आदर्श के बारे में नहीं पढ़ाया जाएगा तो वह राष्ट्र के बारे में कहाँ से सोचेगा? जहाँ परिवार जुड़े होते हैं, वहाँ बच्चे ईश्वर के विशेष प्रेम को अपने माता-पिता में महसूस करते हैं और बड़े होकर अपने देश को वही प्रेम और विश्वास देते हैं।

□

"सुदूर और अपरिचित, किंतु करीब लगनेवाला इंद्रधनुष जीवन की स्पष्टता है। दरअसल जीवन के रंग इंद्रधनुष में नहीं, बल्कि उसकी खोज में छिपे रहते हैं।"

—डी.एच. लॉरेंस

समाज की स्वीकार्यता पर ही निर्भर है श्रेष्ठता की पहचान

वर्तमान समाज की समस्या क्या है ? हम श्रेष्ठ हैं! हमसे बढ़कर कोई नहीं। हम जो करते हैं, वह मानक बनना चाहिए। आदर्श के रूप में स्वयं को स्थापित करने की कोशिश। जबकि स्थापित मान्यता है कि श्रेष्ठता की पहचान बाहर का व्यक्ति करता है। कोई व्यक्ति खुद घोषणा नहीं कर सकता। हम अच्छे हैं तो समाज स्वीकार कर लेगा। इस तकनीकी युग में जहाँ दूरियाँ कम हुई हैं, वहीं व्यक्ति भी सिकुड़ गया है। उसके विचार, संवेदना और संबंध भी संकुचित हो गए हैं। व्यक्ति लंबा भले हो, लेकिन वह छोटा हो गया है। इस कारण वह अपेक्षा ज्यादा करता है और अपेक्षा न भी हो तो उपेक्षा उसे तोड़ रही है। अपेक्षा एक घुन है, जो भीतर से हमें चाटता जाता है। आज बच्चे को नहीं पता कि उसे क्या करना है ? क्या बनना है ? लेकिन माता-पिता पूरे दबाव में हैं। उन्हें बच्चे को इंजीनियर बनाना है, डॉक्टर बनाना है। दसवीं में 10 सी.जी.पी.ए. से कम मंजूर नहीं। ग्यारहवीं में 90 फीसदी आने ही चाहिए। माता-पिता की बस अपेक्षा, जबकि यह बच्चों के लिए उपेक्षा का कारण बन जाता है। हर परिवार, हर कंपनी में व्यक्ति को इज्जत, पैसा, आराम और प्रमोशन की अपेक्षा है। बड़ा आदमी बनने

की अपेक्षा में व्यक्ति मरा जा रहा है। लाइफ की, लाइफ के लिए सोचने की किसी को फुरसत ही नहीं है। हर शहर में कोचिंग संस्थान मानो उत्पादन करनेवाली मशीन हो या सफलता की शत-प्रतिशत गारंटी।

उपेक्षा का कारण अपेक्षा है तो अपेक्षा का कारण उपेक्षा होती है। कदाचित् दोनों एक-दूसरे के पूरक हैं। यह व्यक्ति है, जो न कभी उपेक्षा से बच सकता है और न ही अपने मन से अपेक्षा को निकाल सकता है। दोनों व्यक्ति, समाज और देश के विकास के बाधक तत्त्व हैं। अपेक्षा हमें अंदर से तहस-नहस करती है, बिगाड़ती है। उपेक्षा बाहर से हमें कमजोर करती है। यह बाहरी आक्रमण है। अपेक्षा स्वनिहित भावना है तो उपेक्षा पराश्रित विचार होता है। व्यक्ति की जरूरी इच्छा असीमित हो जाती है तो वह आकांक्षाओं का सैलाब लाती है। इससे व्यक्ति खुद को ईर्ष्या, द्वेष एवं अहंकार के वशीभूत कर देता है। जब हम दुःखी होते हैं तो आँसू बहाते हैं। अपने को साफ करते हैं। निर्मल कर देते हैं। जब हम क्रोध में होते हैं तो दूसरों को दुःख देते हैं। अपने को भी विविध आवेग और मनोवेग के अधीन कर देते हैं। दुःख में हम मुक्त होते हैं, जबकि क्रोध में युक्त हो जाते हैं। अपेक्षा है क्रोध और उपेक्षा है दुःख। ऐसा क्यों होता है कि हमें लगने लगता है कि मेरे प्रियजन, मेरे सहकर्मी हमारी उपेक्षा कर रहे हैं। हमसे दूर भाग रहे हैं। हम खुद अकेले होते जा रहे हैं। क्या व्यक्ति की उदासीनता एवं अहंकार ही उपेक्षा और अपेक्षा का कारण नहीं बन जाता है?

जीवन क्या है? आई.आई.टी. में एडमिशन, आई.ए.एस. की चाहत, महाप्रबंधक बनने की ललक, ढेर सारा पैसा, बड़ा पद, बहुत रुतबा और प्रतिष्ठा। क्या हम कभी बैठकर नहीं सोच सकते कि टॉपर के अलावा बाकी लोग भी दुनिया में अच्छे से रहते हैं। निर्धनता में भी सुख महसूस किया जा सकता है, बिना अपेक्षा के। रोटी और साग में भी रस मिलता है। इस सही-गलत, सच और झूठरूपी अपेक्षा और उपेक्षा के पचड़े में पड़ने के बजाय जिंदगी को जीना जरूरी है। कई बार जानबूझकर की गई गलतियाँ भी अच्छी होती हैं, उन सच से जो जीवन-यात्रा के किसी पड़ाव पर झूठ में बदल जाती हैं। न ही भव्यता की सीमा है और न समृद्धि का कोई स्थापित शिखर है। बावजूद इसके श्रेष्ठतम कहलाने की जिद और समृद्धि की चोटी पर पहुँचने की ललक ने जीवन को तहस-नहस कर दिया है। हमारे दृष्टिकोण बदल गए, हमारे मायने बदल गए। कुछ दिन पहले हम जिस तरह खुद को, अपने आसपास के समाज को देखते थे, वह दृष्टि नहीं रही। हमारा समाज बदल गया। भारत का स्वरूप बदल गया। यह बाजार का युग है। सबकुछ व्यवसाय

के नजरिए से देखा जाता है। वस्तु, भावना, श्रम और आपका शरीर भी। अब सब रईस होना चाहते हैं और उसके लिए मूलमंत्र है—'बनिये का दिमाग और मियाँ भाई की डेरिंग।'

पुरुष तब पुरुषोत्तम बनता है, जब चेतना का निरंतर आरोहण हो। उसके लिए हम सदैव कर्मशील रहें। चेतना जीवन के उदात्त भावनाओं से ओतप्रोत हो, प्रिय से बढ़कर जो समाज के लिए श्रेयस्कर हो, उसे स्वीकार करे। चित्त को द्वंद्व से परे एक महान् लक्ष्य पर समर्पित किया जाए। राग और द्वेष से मुक्त चरित्र का निर्माण हो। भारतीय दर्शन में आत्मा को विशुद्ध कहा गया है, लेकिन पंचतत्त्वों का शरीर अगर निर्मल, विशुद्ध और अलौकिक हो जाए तो व्यक्ति का जीवन पुरुषोत्तम में बदल जाता है। चेतना का आरोहण आसान नहीं होता। शरीर का अपना विज्ञान है, प्रकृति का जीवन पर अलग प्रभाव है। आत्मा की विशुद्धता एक अलग पथ की यात्रा है। शरीर की माँग और प्रकृति के प्रभाव के बीच जीवन को कैसे चलाया जाए? इसे श्रीराम ने दिखाया। बचपन से। भाइयों के बीच रहकर। उन्हें प्रोत्साहित कर। अहिल्या का उद्धार हो, परशुराम संग संवाद, सीता का पहली बार दर्शन, विवाह में भोजन के दौरान मर्यादा का पालन। आखिर श्रीराम मर्यादा के शिखर पुरुष कैसे हो गए? एक शोध का विषय है! वह मर्यादा, जो वर्तमान भारत की माँग है। समाज की पुकार बनी हुई है। बाजार और भोग के बीच संतुलन के लिए जरूरत बन गई हो। श्रीराम याद आते हैं। क्यों? भारत की पहचान, उसकी आध्यात्मिक विरासत अब भय एवं भोग के चक्रव्यूह में फँस चुकी है। इसको बचाना है तो एकमात्र राम ही उपाय है।

□

"एक व्यक्ति अगर किसी कीमती वस्तु के लिए लालायित है, इदम् उसकी प्राप्ति के लिए कोई भी साधन अपनाने के लिए प्रेरित करता है। अहं वस्तु प्राप्ति के लिए उचित परिस्थितियों के निर्माण तक इंतजार करने के लिए कहता है, परंतु पराहम् नैतिकता को ध्यान में रखकर ही लक्ष्य-प्राप्ति को उचित बताता है।"

—सिग्मंड फ्रायड

स्वतंत्रता के लिए खुद को कर्म से अलग करना जरूरी

जब हम इस कसौटी पर अपने जीवन के कर्मों को देखेंगे तो पता चलेगा कि हमारे अधिकतर कर्म प्रभावों के परिणामस्वरूप हुए। इस प्रकार सही अर्थ में स्वतंत्रता बहुत विरले ही मिलती है। प्राय: व्यक्ति सोचते या कहते हैं कि वे स्वतंत्र हैं। पर उनके मन, विचार एवं चेतना पर किसी का या कोई-न-कोई प्रभाव अवश्य होता है। इस प्रभावरूपी जंजीर से मुक्त हो पाना सबसे कठिन है। इससे ज्ञानी हो या बुद्धिजीवी, कोई मुक्त नहीं। कोई प्रभाव नहीं भी हो तो विगत जन्मों का कर्म हमें प्रेरित या प्रभावित करता है। इस प्रकार हमारी स्वतंत्रता पर सदैव ही कोई-न-कोई प्रभाव रहता है। व्यक्ति की समाज में जो स्थिति है, वह स्तर ही उसकी चेतना का होता है। व्यक्ति की चेतना चाहे कुछ भी कहती हो, वह करता वही है, जो उसके सामाजिक अस्तित्व द्वारा निर्धारित किया जाता है। चेतना का निर्धारण तो सामाजिक स्थिति से होता है, लेकिन केवल इससे ही नहीं होता है। प्रत्येक व्यक्ति की आसक्ति होती है। कुछ प्रवृत्तियाँ होती हैं। व्यक्ति

इसी आसक्ति और प्रवृत्ति में मग्न रहता है। यह प्रवृत्ति कभी अर्थ की होगी, कभी प्रेम की। कभी यश की होगी तो कभी वैभव की। हरेक व्यक्ति का जीवन इन आसक्ति और प्रवृत्ति के बीच ही झूलता रहता है और अंत में व्यक्ति थक जाता है तो उसे ज्ञात होता है कि यह तो सम्मोहन था। इस सम्मोहन से निकलने का मार्ग भी चेतना या विवेक के पास ही है। एक व्यक्ति अगर गरीबी में खुश हो तो वह उच्च चेतना का स्वामी हो सकता है, लेकिन एक अमीर अपनी अमीरी में खुश नहीं हो तो भी वह उच्च चेतना का स्वामी नहीं हो सकता। यह निर्भर करता है कि वह अपने स्व के कितना अधीन है। उसकी स्वतंत्रता क्या है ? उसकी सोच को अंत:करण कितना निर्देशित कर पाता है, वह श्रेय के अधीन रहता है या प्रेय के। ज्ञान को स्वीकार करते हुए निरपेक्ष आचरण कर सकता है तो व्यक्ति कबीर, गांधी या जे.पी. की भाँति समाज की मुख्यधारा से अलग एक धारा बना सकता है। ये व्यक्ति या ऐसे ही अन्य लोग ऐसा इसलिए कर पाए, क्योंकि वे समाज या अन्य किसी सापेक्ष चीज से प्रभावित नहीं हुए। संसार में समस्त वस्तुओं, विचारों, धारणाओं तथा विश्वासों के मूल में एक शाश्वत सत्य निवास करता है। यह सत्य देश और काल की परिधि से परे होती है, जिसकी मान्यता किसी व्यक्ति के विवेक या बुद्धि पर निर्भर नहीं करती है।

वास्तव में हरेक व्यक्ति एक असभ्य साधु है। मानव स्वभावत: अच्छा होता है। परंतु यह चेतना, उसकी स्वाधीनता ही है, जो उसको गलत या सही के मार्ग पर ले जाने को प्रेरित करती है। सृष्टि के शुरुआती काल में मानव का अंत:करण ज्यादा स्वच्छ था, जिसमें कालक्रम के प्रभाव से मिश्रण होता गया। सबसे ज्यादा अपने-पराए का बोध तो संपत्ति के कारण हुआ और हो रहा है। जिस प्रकार यह निर्णय नहीं किया जा सकता कि एक किसान का बेटा किसान या दास का बेटा दास होगा। उसी प्रकार यह निर्णय कर देना कि व्यक्ति स्व के अधीन नहीं हो सकता, गलत है। चूँकि हरेक व्यक्ति स्वतंत्र पैदा होता है और स्वयं अपना स्वामी होता है। ऐसे में किसी व्यक्ति को किसी भी बहाने या किसी स्वीकृति के दूसरे तत्त्वों के अधीन होकर अपनी स्वतंत्रता या चेतना को गिरवी रखने का अधिकार नहीं है। और ऐसा करने के बाद वह व्यक्ति समाज को दोषी नहीं ठहरा सकता। हाँ, समाज का दायित्व है कि व्यक्ति स्वतंत्र रहे, स्वाधीन रहे।

ऐसे में फिर सवाल उठता है कि कहाँ है हमारी स्वतंत्रता ? कितने स्वतंत्र हैं हम ? अधिकांश व्यक्ति निर्जीव फर्नीचर की भाँति होते हैं। आसक्ति और प्रवृत्ति के कारण कमजोर एवं जीर्ण-शीर्ण। इस कर्म एवं स्वतंत्रता के बंधन से मुक्त होने का

एकमात्र उपाय है खुद को उस परम चेतना से जोड़ना। सर्वात्मा से खुद को एकात्म करना। यह विश्वास करना कि हम बंधन में हैं, हमारे विकास को प्रभावित करता है। जब हम ऐसा सोच लेंगे तो जगत् को, जीवन को कुछ नया नहीं देंगे। कुछ देने के लिए अपने को स्वतंत्र यानी मुक्त करना होगा। सभ्यता, राष्ट्रीयता, समाज और परिवार तथा अन्य किसी भी प्रभावित करनेवाले कारकों से। चाहे वह अच्छा कर्म का बंधन ही क्यों न हो? वैदिक ऋषियों ने चेतना की गहराइयों में विचरण के बाद कहा—शिवोऽहं! मैं स्वतंत्र हूँ। उन्होंने खुद को कर्म से अलग कर लिया। ऐसे ही लोग समाज एवं जीवन के आदर्श बन सके। चाहे वह बुद्ध हों या कबीर। गांधी हों या टैगोर। जो स्वतंत्र होते हैं, वे कार्य-ज्ञान के अलावा और किसी भी चीज से प्रभावित नहीं होते। महात्मा गांधी ऐसे ही स्वतंत्र मानव थे। जब वे इंग्लैंड गए और वहाँ के राजा तथा रानी से मिलने गए तो वहाँ की प्रथा के अनुसार सूट पहनकर नहीं गए। उन्होंने उनका स्वागत साधारण देहाती धोती और शॉल में ही किया। वे महान् स्वतंत्रता का आनंद ले रहे थे, जिन पर सभ्यता की भौतिक आसक्ति का कोई बंधन नहीं था। सच्ची स्वतंत्रता का अर्थ है—जो आपको करना है, वह करें। केवल ज्ञान और विवेक से कार्यान्वित होकर।

स्वामी विवेकानंद का कहना है कि कर्म मानव स्वतंत्रता की शाश्वत घोषणा हैं—हमारे विचार, हमारे शब्द और हमारे कर्म; वे धागे हैं, जिनके द्वारा हम अपने चारों ओर एक जाल बुन लेते हैं। हमारे प्रत्येक कर्म ऐसी ऊर्जा पैदा करते हैं, जो वैसा ही प्रत्युत्तर देता है। हम जो बोते हैं, वही काटते हैं। अद्वैत का ज्ञान स्वतंत्रता की प्रेरणा है। उसका अज्ञान बंधन है। यदि व्यक्ति मानसिक रूप से बंधनयुक्त है, तब स्वतंत्रता का उपयोग नहीं कर सकता, जैसाकि आजादी के बाद भारत में हुआ। रवींद्रनाथ टैगोर ने 'शांति निकेतन' के चौदहवें खंड में स्वतंत्रता के संबंध में कहा कि परमसत्ता भी स्वतंत्र और अस्वतंत्र दोनों है। ब्रह्म अपने सत्य से बँधा हुआ और अपने आनंद से मुक्त है। हम अपनी स्वतंत्रता की परिपूर्णता का उपयोग केवल तभी कर सकते हैं, जब हम सत्य के बंधन को स्वीकार करें।

सत्य की खोज के माध्यम से व्यक्ति स्वतंत्रता को प्राप्त कर सकता है। स्वतंत्रता की खोज की शुरुआत व्यक्ति के अस्तित्व के लिए संघर्ष से शुरू होती है और इसी क्रम में व्यक्ति सत्य की खोज को भी सहायक तत्त्व के रूप में लेता है। प्राचीन भारतीय चिंतन का मूलाधार ही मानव स्वतंत्रता है। यही कारण था कि मानव जीवन का लक्ष्य ईश्वर से साक्षात्कार न मानकर सच्चितानंद की प्राप्ति रखा गया। 'अहं ब्रह्मास्मि' कहकर मनुष्य को समस्त बंधनों से मुक्त किया गया और

उसे ही अपने भाग्य का निर्माता माना गया। स्वतंत्रता केवल शारीरिक या मानसिक नहीं होती है। अनेक लोग सोचते हैं कि वे स्वतंत्र हैं, क्योंकि वे सोच सकते हैं और बोल सकते हैं, अपनी इच्छा से विचरण कर सकते हैं। परंतु यह स्वतंत्रता नहीं है। वे बंधन में हैं अपनी प्रकृति के और सुप्त प्रवृत्तियों की जंजीरों में जकड़े हुए, नींद में चलनेवाले लोगों की तरह।

पश्चिम में भी स्वतंत्रता को समय एवं परिस्थिति के हिसाब से व्याख्यायित किया गया। मध्यकाल तक स्वतंत्रता का अभिप्राय समाज में मानव जीवन के लिए स्वतंत्र और सुखद वातावरण से समझा जाता रहा है। आधुनिक काल में मैकियावेली ने भी स्वतंत्रता और गुलामी में अंतर किया तो उसी सुखद वातावरण की चाहत की बात कही, जो निरंकुश शासकों के काल में जनता को प्राप्त नहीं थी। व्यक्ति स्वतंत्रता के बाद पश्चिम में इसे राजनीतिक दलों एवं संस्थाओं की स्वतंत्रता, स्वतंत्रता के मार्ग में आनेवाली बाधाओं के रूप में चर्चा की गई। स्वतंत्रता पर विचार करते हुए नकारात्मक स्वतंत्रता एवं सकारात्मक स्वतंत्रता की बात कही गई। पहले प्रकार की स्वतंत्रता में व्यक्ति को स्वायत्त माना गया, वहीं दूसरे प्रकार की स्वतंत्रता में कुछ प्रतिबंधों की बात कही गई, ताकि लोकहितकारी कार्य हो सकें। इस परिभाषा के खिलाफ मार्क्सवादी स्वतंत्रता का विचार आया। इस विचार ने व्यक्ति के समान विकास के लिए खुद व्यक्ति की स्वतंत्रता की ही बलि चढ़ा दी है। यह उतनी ही स्वतंत्रता देने का पक्षधर है, जिससे सभी व्यक्तियों का सर्वांगीण विकास संभव हो।

स्वतंत्रता एक प्यास है, जो हर किसी को उद्वेलित करती है। लेकिन स्वतंत्रता का सच्चा रूप क्या है? किसी चीज, वस्तु या व्यक्ति से मुक्ति की चाहत नकारात्मक स्वतंत्रता है। चित्रकार बनना अपने शौक को पूरा करने के लिए स्वतंत्रता का उपयोग सकारात्मक स्वतंत्रता है। ऐसी स्वतंत्रता में व्यक्ति सृजनधर्मी होता है, जिसको निर्माण करने में रस मिलता है। एक और स्वतंत्रता है, जिसे विशुद्ध स्वतंत्रता कहते हैं, जिसमें व्यक्तिगत मुक्ति ही लक्ष्य होता है। 'स्वतंत्रता' शब्द ही इसकी व्याख्या करता है। स्व का तंत्र, यानी वह तकनीक जिससे व्यक्ति अपनी आंतरिक संपदा का द्वार खोल सके। जिसको ऐसा तंत्र मिल गया, वह तमाम बंधनों के बीच भी आजाद रहता है।

□

"परमात्मा को समझाया नहीं जा सकता। उसके संबंध में तर्क नहीं किया जा सकता। उसका सिद्धांत नहीं बनाया जा सकता। न ही उसकी चर्चा की जा सकती है या उसे समझा जा सकता है। परमात्मा को सिर्फ जिया जा सकता है।"

—मेहर बाबा

जीवन में संपूर्ण सुख का नाम है ईश्वर

विश्व के महान् आध्यात्मिक गुरु में से एक परमहंस योगानंदजी अपनी किताब 'मानव की निरंतर खोज' में लिखते हैं कि मानव जाति 'कुछ और' की निरंतर खोज में व्यस्त है, जिसमें उसे आशा है कि संपूर्ण एवं असीम सुख मिल जाएगा। उन विशिष्ट आत्माओं के लिए जिन्होंने ईश्वर की खोज की और उन्हें प्राप्त कर लिया है, यह खोज अब समाप्त हो चुकी है: ईश्वर ही 'कुछ और' है। हमारे जीवन में यह 'कुछ और' यानी संपूर्णता की खोज सदैव चलती रहती है, लेकिन यदा-कदा ही पूर्ण होती है। हमें यह समझ लेना चाहिए कि जब कोई फूल अपने परम सौंदर्य में खिलता है, कोई पत्थर देव रूप में सामने आता है या कोई स्वर हृदय को छू जाता है। यह सर्वोच्च शिखर ही ईश्वर है। इस परम उत्कर्ष का नाम ही ईश्वर है।

वैदिक ऋषियों ने यह हजारों साल पूर्व ही खोज लिया था कि भौतिक सुख से आंतरिक या परम सुख का भोग संभव नहीं है। कितनी भी बाहरी समृद्धि हो, स्थायी खुशी नहीं मिलती है। सुख अपने मन की रचना है। हमारी सबसे अनमोल वस्तु की सुंदरता, जिसे हम अपनी आँखों से देख रहे हैं, उस वस्तु से विचार हटते ही लुप्त हो जाती है। हम सब प्यासे हैं आनंद के लिए, शांति के लिए और सुख के लिए। और

सच्चाई यह है कि जीवन भर भौतिक पदार्थ—सोना, अन्न, कपड़ा, धन और पद को पाने के लिए दौड़ते रहते हैं। इस दौड़ में भी भाव यह रहता है कि सुख का भोग हो रहा है। यह मनोवृत्ति बनी रहती है कि जीवन को संतृप्ति मिल रही है, लेकिन जीवन सिकंदर की तरह थोड़ा-थोड़ा खत्म होता जाता है। निरंतर इच्छा और उसकी पूर्ति की दौड़ में हम अपने लक्ष्य से दो कदम पीछे रह जाते हैं। भूख अनंत की है, प्यास असीम की है। लेकिन सबसे अद्भुत बात यह है कि समस्त वासनाओं के पीछे अंततः ईश्वर को पाने की उत्कंठा बनी रहती है। परम वैभव हो या परम ऐश्वर्य के सभी रूप, परमात्मा के रूप हैं। जहाँ कहीं भी श्रेष्ठता दिखाई पड़े, वहाँ सत्य है, शिव है और सौंदर्य का प्रकटीकरण है।

एक दिलचस्प कहानी है—एक छोटा बच्चा ईश्वर से मिलना चाहता था। उसने प्रार्थना की, ईश्वर! आप मुझसे बात कीजिए। तभी एक चिड़िया चहचहाई, लेकिन बच्चे ने नहीं सुनी। उसने फिर ईश्वर से कहा कि मुझसे बात कीजिए। तब आकाश से तेज गर्जना हुई। बच्चे ने फिर ध्यान नहीं दिया। उसने फिर ईश्वर से कहा कि मैं आपको देखना चाहता हूँ। तभी आकाश में एक सुंदर सितारा चमका। लेकिन बच्चे का ध्यान किसी दूसरी ओर था। इसके बाद बच्चा चिल्लाया, 'हे ईश्वर! आप मुझे कोई चमत्कार दिखाइए।' तभी अचानक उसके सामने एक गिलहरी आई, लेकिन वह बच्चा इस बात को जान ही नहीं सका। अब बच्चा थक चुका था। वह रोने लगा और कहा कि प्रभु, आप हमें स्पर्श कीजिए, ताकि मुझे महसूस हो सके। तब ईश्वर नीचे आए और हाथ पर बैठे, लेकिन बच्चे ने हाथ पर बैठी सुंदर तितली को हटा दिया और अपने घर की ओर चला गया। इस कहानी की सीख यही है कि ईश्वर ही सबकुछ है। वही हमारे समक्ष विभिन्न रूपों में आते हैं, कभी दुःख तो कभी खुशी, कभी धन तो कभी दरिद्रता के संग। हम ही उन्हें पहचान नहीं पाते। ऐश्वर्य में भी नहीं और अकिंचनता की स्थिति में भी नहीं।

हमारे गुरुदेव योगानंद कहते हैं कि सभी मार्ग ईश्वर की ओर जानेवाले मार्ग हैं, क्योंकि अंततः आत्मा के लिए जाने का कोई और स्थान ही नहीं है। प्रत्येक वस्तु ईश्वर से निकली और वह अवश्य ही उनमें ही वापस जाएगी। इस सृष्टि की सभी रचनाओं में ईश्वर का सौंदर्य, उसका ही सत्य और उसका ही शिव रूप छिपा है। ईश्वर की रचनाओं की आकर्षण शक्ति हमें उस सर्वोच्च सुख की प्राप्ति के लिए सतत आकर्षित करती है। यह ईश्वर का आकर्षण और उसमें समाहित ही वह परम सुख है, जिसको हम 'कुछ और' की निरंतर खोज में अपने को व्यस्त रखते हैं और सांसारिकता के चंगुल में फँसकर सर्वोच्च सुख से अपने को दूर रखते हैं। ओशो

अपने गीता के प्रवचन में एक जगह कहते हैं कि जब भी विराट् ईश्वर हमारे सामने आता है तो हमारा क्षुद्र अहंकार बेचैन हो जाता है। हम मरे हुए ईश्वर को पूज सकते हैं, लेकिन जीवित ईश्वर की पहचान मुश्किल है।

हमारी दिक्कत हमारी सोच की है। जहाँ भी कोई चीज श्रेष्ठता को छूती है, परम ऐश्वर्य को प्राप्त करती है, वहीं ईश्वर की झलक मिलनी शुरू हो जाती है। ईश्वर की चेतना पहले पत्थरों में या निष्क्रिय खनिज पदार्थों में व्यक्त होती है। इसके बाद पेड़-पौधों में संवेदनशील हो जाती है। इसके बाद पशु-पक्षी के जगत् में आत्मचेतना के साथ प्रकट होती है। मानव में ईश्वर श्रेष्ठतम रूपों में अपनी चेतना, तर्क, जीवनशक्ति तथा विवेक के माध्यम से प्रकट होता है। लेकिन हम अपने विवेक, चेतना और तर्कशक्ति का उपयोग नहीं करते हैं। हम उतनी ऊँची आँख उठाकर देखने का प्रयास ही नहीं करते हैं। हम लोग साधारण हैं तो असाधारण कहाँ से सोच सकते हैं। इसके लिए जरूरी है कि दृष्टि को बदला जाए। नीत्शे ने कहा है कि अगर कहीं कोई ईश्वर है तो मैं इनकार करता ही रहूँगा, तब तक जब तक कि मैं भी उसी ऊँचाई पर न बैठ जाऊँ।

योगानंदजी के शब्दों में ईश्वर अनंत काल से एक मृदु स्वर में हर वस्तु को पुकार रहे हैं, अपने में विश्राम के लिए, उस सर्वोच्च सुख की अनुभूति के लिए। इसके लिए वे मुसकराते फूल, गंभीर पर्वत, ठाठें मारते सागर, प्रफुल्ल पवन के माध्यम से आमंत्रण देते हैं। आध्यात्मिक संतों का कहना है कि जो सुन सकते हैं, वे आज भी यमुना तट पर कृष्ण की बाँसुरी सुन सकते हैं। जो सुन सकते हैं, वे आज भी वृंदावन में राधा के गीत सुन सकते हैं। लेकिन वह आँख चाहिए, वह कान चाहिए। रामकृष्ण का वह भाव चाहिए, जो मूर्ति में माँ काली का दर्शन करता है, लेकिन उनके परम ज्ञानी शिष्यों को भगवती का दर्शन नहीं हो पाता है। हमारी इंद्रियाँ मनुष्य की आत्मा को भौतिक सुख और बाहरी दुनिया की ओर खींच लाती हैं। मनुष्य सुख और आनंद की खोज वहाँ करता है, जहाँ उसे कभी भी अनंत सुख की प्राप्ति नहीं हो सकती। इसके लिए जरूरी है अंतर यात्रा और सर्वोच्च सुख में खुद को समाहित करना।

□

"कर्मत्यागान्न संन्यासौ न प्रैषोच्चारणेनतु। संधौ जीवात्मनौरैक्यं संन्यासः परिकीर्तितः॥ कर्मों को छोड़ देना संन्यास नहीं है। इसी प्रकार 'मैं संन्यासी हूँ', ऐसा कह देने से भी कोई संन्यासी नहीं होता है। समाधि में जीव और परमात्मा की एकता का भाव होना ही संन्यास कहलाता है।"

—मैत्रेयी उपनिषद्

जीवन को अर्थपूर्ण बनाती है फूलों की दुनिया

जैसे सारे अस्तित्व परस्पर संबंधित हैं, वैसा ही जीवन है। बचपन हो या बुढ़ापा, वह हमारी सोच का ही घनीभूत रूप होता है। जीवन सार्थक हो और फूल की तरह खिला हो तो हरेक अवस्था खुशहाल एवं सृजनात्मक होती है। फूल क्या है ? जो खिला है, वह फूल है। यह जीवन की सार्थकता का परिचायक है। जीवन को अर्थपूर्ण बनाता है। अगर बुढ़ापा अर्थपूर्ण है तो हम फूल की तरह खिल जाते हैं। तब जीवन भी एक कहानी कहेगी, फूल की तरह। शास्त्रों में बताया गया है कि परमात्मा फूल है, इसलिए हमने देवी, देवता और सभी बुद्धपुरुष को फूल पर बैठाया। ओशो कहते हैं कि जो वृक्ष को ही पूजता रहा, वह अटक गया। जिसने फूल को ही सब मान लिया, उसे भी परम की प्राप्ति नहीं हुई। जो उसकी सुगंधि, उसके सुवास के साथ एक हो गया, उसने सत्य को समझ लिया।

कम-से-कम सुविधा में खड़े रहने की जिद और क्षमता तथा एक छोटे से जीवनकाल में खुशी, प्रार्थना और उत्साह एवं उमंग की खुशबू बिखेरना केवल फूलों

के वश में है। इस सृष्टि में पहली बार ग्यारह करोड़ चालीस लाख वर्ष पूर्व पहला फूल खिला। पौधों के जीवन में इस क्रांतिकारी घटना के बाद हमारी पृथ्वी कोमल एवं सुगंधित वस्तु, जिसे 'फूल' कहा गया, से आच्छादित हो गई। वन एवं उपवनों में फूलों को लेकर यह आकर्षण तब से लगातार जारी है। चाहे मौसम कुछ भी हो, फूल एक कहानी कहता है। सर्दियों का मौसम हो या जेठ की तपती दोपहर, फूल सदैव कुछ बताते हैं। भौंरे की गुनगुन, कोयल के पंचम स्वर, जीवन की सुगंध, भूख की तृप्ति और गंध की अनंत यात्रा हमें कुछ-न-कुछ संदेश देते हैं। मैं जहाँ काम करता हूँ, वहाँ चहुँओर डहेलिया, गुलदाउदी, गुलाब, सूरजमुखी, गेंदा, कमल, बेगनबेलिया आदि के पौधे और उन पर विविध रंगों के फूल खिले रहते हैं। देखता हूँ कि उन्हें न ज्यादा पानी चाहिए और न ज्यादा देखरेख। गमले में रोपने के कुछ दिनों में ही कलियों से फुसफुसाहट शुरू हो जाती है। यह फूल के खिलने और उसके माध्यम से वातावरण के खिलखिलाने का अवसर होता है। जब भी इन्हें या किसी भी बगिया में फूलों को देखता हूँ तो चारों ओर खिले हुए फूल मुसकराते चेहरों-से लगते हैं और दिल से एक स्वर उठता है कि काश! हरेक दुःखी एवं परेशान चेहरे को उनकी पसंद का एक-एक रंग मिल जाए तो कितना अच्छा होता।

पिछले कई सालों से इन फूलों और बगीचों के बीच रहकर यह सीख मिली है कि जीवन चलने का नाम, चलते रहो सुबह-शाम। जीवन में बचपन, जवानी, बुढ़ापा एवं संन्यास के सोपान आएँगे। बस चलना है, खिलते रहना है। जीवन को सुगंधित प्रार्थना बनाना है। यह प्रार्थना हमें निष्काम रहने का मंत्र सिखाती है। अपना सर्वस्व दूसरों पर न्योछावर करने की कला देती है। पतझड़ में फूल, पत्तियाँ एवं तना—सब खुद को जीवित रखने के लिए संघर्ष करते हैं। कम अनुकूलता में जीवित रहने एवं रखने की कोशिश। खुशी और खुशबू ही उनका लक्ष्य होता है। जीवन भी ऐसा ही है। हर आधि-व्याधियों के बीच मौजूद जीवन की खुशबू को महसूस करना ही फूलों का संदेश है। फूल की अनुभूति सबसे सजीव होती है। आप एक फूल का नाम लीजिए। उसका रूप आँखों के समक्ष तैर जाएगा। साँसों में खुशबू महक उठेगी। उसकी ठंडक की लहर दिल को स्पर्श कर देगी। जीवन भी ऐसा ही है। संपूर्ण प्रकृति अदृश्य रिश्तों के ताने-बाने से गुँथी हुई है और इस प्रकृति के आंतरिक विश्वासों की सघन बुनावट एवं सजल अस्तित्व समस्त जीवन को अपने से जोड़े हुए है। कोई अलग नहीं। न बचपन, न बुढ़ापा। फूल हमें जीवन के परस्पर संबंध का ज्ञान कराता है।

फूलों ने असंख्य कलाकारों, कवियों और रहस्यवादियों को प्रोत्साहित किया। ईसा मसीह कहते हैं कि फूलों का मनन करो और उनसे सीखो कि कैसे जीवित रहा

जाता है। एक बार महात्मा बुद्ध ने अपने शिष्यों के समक्ष मौन उपदेश के दौरान अपने हाथ में फूल उठाए रखा और देखते रहे। कुछ देर बाद वहाँ उपस्थित एक संन्यासी महाकश्यप मुसकराने लगे। फूल की बातें ही अनूठी हैं। उनकी खुशबू की दुनिया निराली है। रंग मोहक तो रस अमृत कलश की भाँति है। वे खिलते हैं, खिलखिलाते हैं, महकते हैं, चहकते हैं, साथ में हमें पास बुलाते हैं। फूल ऐसी वस्तु है, जो बच्चे, युवा और बुजुर्ग सभी को अच्छी लगती है। जब फूल अच्छे लगते हैं तो उससे हम सौंदर्यबोध, अहर्निश कर्म, सुगंधि का संदेश क्यों नहीं ले सकते? जब जीवन में सौंदर्य की बात हो तो रजनीगंधा का फूल सामने नजर आता है। रात में अपनी रानी का अहसास करनेवाली रातरानी भले ही दिन भर थकी-माँदी रहती है, लेकिन अँधेरा छाने के साथ ही उसकी मादकता एवं ताजगी वातावरण को अपने आगोश में कर लेती है। ऐसा ही बुढ़ापा होना चाहिए। ताजगी एवं मादकता से परिपूर्ण। दिन की तरह रात को मोहक बनाने के लिए हरसिंगार के फूलों से झरती रात की बात ही कुछ और है। यह सीख देती है कि दूसरे के लिए हरदम खुद को भूलकर कैसे जिया जाए।

जीवन का आधार है समुच्चय। एकता। बचपन अलग, बुढ़ापा अलग नहीं। गेंदे का फूल एक समुच्चय का बोध कराता है। वह कहता है कि प्रकृति का एक ही आधार है। इसे जानना-समझना है तो गेंदे को देखिए। एक आधार के साथ अपने समूचे अस्तित्व को किस प्रकार प्रकट किया जाता है! यही कारण है कि कई बार फूल कम पड़ने पर एकमात्र गेंदे के फूल को ही अनेक पँखुड़ियों में परिवर्तित कर देव चरणों में चढ़ाते हैं। फूलों की तरह ही मन अपना संसार बनाते हैं। कई बार अलग-अलग और कई बार समुच्चय में। कमल के फूल की बात ही निराली है। महादेवी वर्मा कमल के फूल को आशा कमल कहती हैं—पंकज कली। रवि से झुलसते मौन दृग। जल में सिहरते मृदुल पग। किस व्रत व्रती तू तापसी जाती, न दुःख-सुख से छली। जीवन में पारदर्शी रिश्ते का उदाहरण है कमल। यही जल से बाहर स्थल पर खिले तो गुलाब यानी स्थलकमल तथा पहाड़ के शिखर पर खिले फूल को ब्रह्मकमल कहा जाता है, जो हमारी सारी मुरादें पूरी करता है और सूरजमुखी से कोई भी उदास मन खिल जाए। सूरजमुखी का बगीचा मानो लगता है, छोटे-छोटे सूरज उग आए हैं। जब भी काम से ऊब होती है तो सूरजमुखी के फूल को देखता हूँ, जो सूर्य की ओर मुख कर हमें खिलखिलाने के क्षण देते हैं। जीवन को हमें ऐसे ही छोटे-छोटे सूरज से प्रकाशित करना चाहिए।

□

“किसके नाश में मोक्ष है ? मन के नाश में ही। किसमें सर्वथा भय नहीं है ? विमुक्त में। सबसे बड़ा काँटा कौन है ? अपनी मूर्खता ही। कौन-कौन उपासना के योग्य हैं ? गुरु, देवता और वृद्ध।”

—आदि शंकराचार्य

जीवन में गलत हो रहा हो तो पीछे मुड़कर देखें

दुनिया का सबसे बड़ा उपहार क्या है ? खुद को वर्तमान में रखना। स्वयं को प्रतिपल के हिसाब से कर्मशील बनाना। वर्तमान के अंग्रेजी शब्द 'प्रजेंट' को एवीविएशन मानकर उसका विस्तार करेंगे तो उसका अर्थ होगा—प्राइम रिसॉस इमरजिंग साइलेंटली इवॉलविंग नॉउ टुडे। अर्थात् मौलिक क्षमता आज और हर पल मौन रूप से विस्तारित एवं उद्भासित हो रही है। जब हम किसी क्षण के साथ पूर्ण रूप से हैं तो हमें ऐसा कर्मशील होना चाहिए कि उससे एक उपलब्धि, खुशहाली एवं संतोष का सुख मिले।

हर पल चुपचाप स्वयं ही हमारे पास आ रहा है। उसकी शक्ति का हमें अंदाजा नहीं है, क्योंकि वह शांत एवं स्वतंत्र रूप से हमें मिलता है। एक पल के साथ लाखों संभावनाएँ जुड़ी हैं। इससे हमें अवसर, आशा एवं अनुकूलता मिलती है, जिससे हम अपना विकास एवं विस्तार कर सकें। समय के हर पल की शक्ति को तभी समझ पाएँगे, जब सोचें, विचारें एवं तदनुरूप कर्म करें। जब हम सोचेंगे, तभी अपनी प्राथमिकताएँ तय कर पाएँगे और उसके अनुरूप कार्ययोजना बना पाएँगे। हम क्या करते हैं ? हर पल में जीते हैं और जीते जाते हैं। कोई विचार नहीं, कोई

योजना नहीं। इसके परिणामस्वरूप निराशा, असफलता एवं भय व्याप्त होता जाता है। हमारी टालने की मनोवृत्ति के कारण ही वर्तमान का उपयोग नहीं हो पाता। जैसे ही हम वर्तमान को टाल देते हैं, हम बीमारी को बुलाते हैं, जो हमें अपने आगोश में जकड़ लेती है।

वर्तमान क्या है? वर्तमान का अर्थ भूत और भविष्य से परे नहीं है। वर्तमान कुछ नहीं है। यह समय नहीं होता है। जब हम समय और क्षण में विचार करेंगे तो वह भविष्य होगा या अतीत। वर्तमान नहीं। अतएव वर्तमान का अर्थ है—पूर्णत: होश में जीवन जीना। इसके अलावा जीवन और कुछ नहीं है। जिस वक्त में जी रहे हैं, वही अहम है। और जो परिवेश और व्यक्ति है, आसपास है, वही महत्त्वपूर्ण है, बस। व्यतीत हमें सबसे ज्यादा अच्छा लगता है। क्यों? यह हमें भावनाओं एवं विचारों के सुखद लोक का विचरण कराता है। अचानक कोई अच्छे विचार आने पर हमें अच्छा लगता है, तभी कोई दु:खद घटना से मर्माहत हो दु:ख के सागर में चला जाता है। यही है भूत की अच्छाई? व्यतीत का अभिप्राय है। पास्ट (PAST) का अर्थ है—पाइगनेंट एसोसिएशन स्टैंडिंग टेस्टीमनी, अर्थात् द्वैत के विचार एवं सहयोग से जीवन की परीक्षा में खड़ा रहना।

परिवार में चर्चा के दौरान हम कहते हैं—वे दिन कितने अच्छे थे! तभी घर के छोटे आश्चर्यचकित हो पूछ बैठेंगे कि उसमें अच्छा क्या है? कोई मोबाइल, कंप्यूटर, इंटरनेट नहीं, बाढ़, सूखा एवं तरह-तरह की बीमारियाँ। न बिजली और न ही कोई लोकतंत्र की खुशबू। कैसे वे दिन अच्छे थे? तब हमारा जवाब होता है कि परिवार का मतलब अब कहाँ? उस समय परिवार चाचा, चाची, दादा, दादी तथा सभी बच्चों के सम्मिलित रूप से बनता था। वृहतर परिवार में पूरा गाँव आता था। उस समय शादी, पढ़ाई, खानपान एवं जीवन में ताजगी थी, सादगी थी। जीवन सरल था, साथ ही सरस भी। आज की तरह बोझिल नहीं। स्वाभिमान एवं दृढ़ता थी, जो परीक्षा काल में खुद को प्रमाणित करते थे, आज की तरह टूटते नहीं थे। अच्छे पुराने दिन से हम अपनी भावनाओं एवं कल्पनाओं के आधार पर आगे बढ़ते हैं। परिवार के लिए प्यार एवं संवेदना को सिंचित करते हैं, जैसाकि पूर्व में हमारे अभिभावक किया करते थे। भूत को भूले बिना जीवन सार्थक नहीं बन सकता। उसको सदैव वर्तमान की नींव में उपयोग करना चाहिए। यह सीख देता है। यह आधार बनाता है। जीवन को रस प्रदान करता है। जैसे दिन के साथ रात जरूरी है, वैसे ही वर्तमान और भविष्य के साथ भूतकाल जरूरी है।

अधिकांश के लिए आनेवाला कल एक लंबी यात्रा है। ऐसे में भविष्य की बात प्रकाश वर्ष की तरह दूर है। हम वर्तमान में रहकर खुशी का इजहार करते हैं। इससे ज्यादा हुआ तो व्यतीत के पन्नों को पलटकर संतोष कर लेते हैं। जब हम ऐसा कर रहे होते हैं तो यह नहीं सोचते कि जिस भविष्य की बात को कल्पना समझकर छोड़ दिया है, वह यही है, बस हमें देखने की मनोवृत्ति बदलनी होगी। व्यक्ति के स्तर पर भविष्य की कल्पना से हमें सकारात्मक विश्वास मिलता है। यह हमें समय उपलब्ध कराता है, अवसर प्रदान करता है तथा अपने को बेहतर करने के लिए अनुभव का उपयोग करना सिखाता है। इसका लाभ हम तभी ले सकते हैं, जब आनेवाले कल का उपयोग एक दृढ़ इच्छाशक्ति, विश्वास एवं स्वाभाविक विचारों से करेंगे। इसके लिए जरूरी है कि पहले हम इस पर विचार करें कि कल को हम क्या होना चाहते हैं। हमारी दीर्घावधि के लक्ष्य क्या हैं? तात्कालिक रूप से हम क्या प्राप्त करना चाहते हैं?

हम अगर समय का महत्त्व नहीं समझेंगे, आनेवाले कल का आकलन नहीं करेंगे तो जो स्वाभाविक बदलाव की चाहत रखते हैं, वह संभव नहीं हो पाएगा। विज्ञान एवं प्रौद्योगिकी ने बदलाव की गति को इतना तेज कर दिया है कि वह हमारी सोच से ज्यादा तीव्रता से हम पर असर डालती है। अगर समय के चंगुल में पड़ गए तो हम अपनी माँग को भी समयानुकूल समायोजित नहीं कर पाएँगे। जिस युग में हम रह रहे हैं, उसमें हम बदलाव की उपेक्षा नहीं कर सकते। भविष्य हम पर इतनी तेज गति से आता है कि उसमें या तो स्वीकारना होगा, जीवन की गति के साथ समायोजित करना होगा या खुद को उसकी गति के साथ चलना होगा। भविष्य का बदलाव इतना सूक्ष्म, सक्षम और संवादरहित है कि वह पूरे सामाजिक बदलाव को चुनौती पेश कर रहा है। सामाजिक मान्यताएँ धराशायी हो रही हैं, हमारी सोच एवं विचार को गति मिल रही है, मनोवैज्ञानिक संरचना को प्रभावित कर रही है। ऐसे में भविष्य के बदलाव को स्वीकारना एवं वर्तमान के अनुकूल उसे समायोजित करना ही बुद्धिमत्तापूर्ण कार्य होगा। यह एक अवसर भी है, साथ ही चुनौती भी। इसलिए हमें यह मानना होगा कि भविष्य अभी है, यही है।

जब हम जान लेते हैं कि अतीत में किया गया कोई भी कर्म मुझे वर्तमान में खुशी नहीं दिला सकता, मुझे न तो स्पर्श कर सकता है और न ही वर्तमान में दुःख का कारण बन सकता है। तब हम भविष्य के कर्म के लिए व्यर्थ में चिंतित नहीं होते हैं। भविष्य की चिंता और योजना दोनों खत्म हो जाएँगी। ऐसी स्थिति में व्यक्ति यह कभी नहीं सोचेगा कि हम कल असफल तो नहीं हो जाएँगे? मेरी प्रतिष्ठा का क्या

होगा ? जब अतीत से हम अलग हो गए तो भविष्य से भी हम असंबंधित हो गए। ऐसे में मेरा वर्तमान श्रेष्ठ हो जाएगा।

भविष्य वैसे भी अतीत का विस्तार है, जो हमने कल बोया था। अगर कल सुख पाया तो पुनः उसका आयोजन करते हैं। आयोजन करना गलत नहीं, लेकिन संबंध बना लेना गलत है। जीवन में बात मुक्ति की हो या कुछ पाने की, जब यह भाव आए तो समझ लेना चाहिए कि अभी अतीत का अनुभव नहीं हुआ है। जब भी कोई भविष्य की कल्पना हो तो सोचना चाहिए कि यह योजना है। स्मरण रखें कि अभी भविष्य है और अभी अतीत भी है।

□

"श्रद्धा कॉस्मिक है, ब्रह्मभाव है। भक्ति आत्मिक है, व्यक्तिभाव है। ध्यान मानसिक है और योग शारीरिक है। हम शरीर से शुरू करते हैं, फिर मन पर जाते हैं, फिर आत्मा पर और अंत में ब्रह्म पर। ऋषि कहते हैं कि पहले ब्रह्म के प्रति श्रद्धा, फिर आत्मा में भक्ति, पुनः मन में ध्यान तथा अंत में शरीर में योग हो तो हरेक चरण सहज हो जाएगा। उलटा चलने पर हरेक चरण कठिन।"

—कैवल्य उपनिषद्

जीवन प्रतिपल नया है, यदि हर क्षण का उत्सव मनाएँ

जहाँ जीवन प्रतिपल नई दिशाओं को छूता है, नए क्षितिज से प्रवेश करता है और नए सूरज से मिलता है, वहाँ नएपन की खोज ही गलत है। हर साल आता है नया साल। हर दिन होता है नया। हम हर रोज अँधेरे को पार कर नई सुबह में कदम रखते हैं। नई सुबह से मिलते हैं, नित्य जीवन के नए-नए विस्मय से साक्षात् करते हैं, उसके बाद भी हमारे जीवन में नएपन का बोध न होना ही आश्चर्यजनक है। जीवन हर साल लाता है नया दिन, नया साल। पुराने सालों को हर बार इतिहास के पन्नों में धकेल देता है। कैलेंडर बदलने से नया साल नहीं आता है।

इस धरती पर चार अरब साल से जीवन यात्रा-पथ पर गमन कर रहा है। रोजाना, सालाना, संवत्सर और युग तथा कल्प में सदैव कुछ नया खोजने की तलाश जारी है। हम कहाँ जा रहे हैं, यह हमें भले ही पता नहीं हो। एक कहानी

पढ़ी थी। एक बार एक घुड़सवार बहुत तेजी से सड़क से नीचे कच्चे रास्ते की ओर दौड़ रहा था। सड़क के दूसरी ओर खड़े एक जानकार ने उसे आवाज लगाई, महोदय! इतनी तेजी से कहाँ जा रहे हैं? घुड़सवार ने कहा कि नहीं पता। मेरे घोड़े से पूछ लो, वही तो हमें ले जा रहा है। वह जो घोड़ा है, वही हमारी जिंदगी को मुश्किल बना रहा है। वह घोड़ा हमारा मन है। यह कहानी क्यों? हम जीवन को सरल बनाने की दौड़ में शामिल नहीं हैं। हम इसे जटिल और कठिन बनाने का हर उपक्रम करते हैं। हम सब जिंदगी में ऐसे ही सवार हैं। जल्दी चलो। कहाँ जा रहे हैं हम?

जीवन एक सतत प्रवाह है। सुबह उठने से रात को सोने तक कुछ भी पुराना नहीं रहता है। वृक्ष, रास्ते, दोस्त, ऑफिस, संबंध, फूल, टेबल और सूरज सबकुछ थोड़ा बदल जाता है। लेकिन आदमी है कि पुराने में जीना चाहता है, जीता है और सोचता है कि नया कुछ भी नहीं हो रहा है। नएपन का अनुभव करना है तो प्रत्येक घटना को प्रत्यक्ष साक्षात् करना होगा, चाहे वह व्यक्ति हो, फूल हो, पत्थर हो या पत्ता हो। जीवन में प्रतिपल नएपन के अनुभव के लिए हर क्षण को उत्सव में बदलना होगा। महात्मा गांधी ने 1932 में लिखा कि देखता हूँ कि तुम नए साल में क्या निश्चित करते हो। जिससे नहीं बोले हो, उससे बोलो। जिससे नहीं मिले हो, उससे मिलो। जिसके घर नहीं गए हो, उसके घर जाओ। यह सब करना ही नएपन का स्वागत है। संकल्प से कुछ नहीं होगा। हर साल वही संकल्प—रोजाना व्यायाम करेंगे, चीनी नहीं खाएँगे, परिवार पर ध्यान देंगे। इससे कुछ नहीं होगा, जब पूरा जीवन ही संकल्पित हो सकता है। जब हर क्षण उत्सव में बदला जा सकता है तो भविष्य में संकल्प और उत्सव की खोज बेमानी है।

जीवन में आनंद के दो आयाम हैं। एक आयाम है कि हम आनंद की खोज हर आनेवाले समय में करें। अपनी ऊर्जा को भविष्य के किसी लक्ष्य, वस्तु की प्राप्ति के प्रति समर्पित कर दें और उसको प्राप्त करने के लिए लगातार कर्म करते जाएँ। ऐसी स्थिति में हम कहीं पहुँचते नहीं हैं। बस साधन बनकर रह जाते हैं। हर वर्तमान को भविष्य और भविष्य को वर्तमान तथा अतीत के रूप में बदलते देखते हैं और हमारा आनंद का आयाम, लक्ष्य की खोज खुद लक्ष्य बनकर क्षितिज के दूसरी ओर चला जाता है। आनंद की प्राप्ति का एक दूसरा आयाम है—अभी तथा वर्तमान में। आनंद को वस्तु या लक्ष्य में खोजने के बदले वर्तमान में खोजें। जब आनंद हमसे जुड़ा है तो हम लक्ष्य खुद हैं। चेतना की सत्ता में सब, अभी और इसी वर्तमान में सुख पा सकते हैं। अपनी ऊर्जा को भविष्य या उसके किसी लक्ष्य की

प्राप्ति के लिए व्यय नहीं करना है। हमारा लक्ष्य होना चाहिए कि बस इस क्षण का आनंद और उसका संपूर्णता में बोध। उत्सव मनाने के अनंत कारण हैं। आनंद की अनुभूति के असीम अवसर हैं। फूल खिल रहे हैं, पक्षी गा रहे हैं, आकाश में चंद्र-तारेगण आए हैं। हवाएँ मंद-मंद बह रही हैं, लहरों के संग पूर्णिमा की चंद्रिका हमारे मन को उद्वेलित कर रही है। हम साँस ले रहे हैं। हमारे संग पिता हैं, माँ हैं, बच्चे हैं। यह क्या कम कारण हैं आज उत्सव मनाने के लिए! इन सबका उत्सव मनाएँ। आनंद का अनुभव करें।

इस प्रकृति में मानव ही समय का निर्धारण करता है। अवसर की प्रतीक्षा करता है—उत्सव के लिए। प्रकृति में सदैव उत्सव चल रहा है। रोज एक ही पेड़ पर विभिन्न रंग के फूल खिल रहे हैं। पुराने पत्तों की जगह नई कोंपलें उनकी जगह ले रही हैं। चाँद-तारों के संग सूर्य का उत्सव रोजाना चालू है। प्रकृति में एक नया साल नहीं है। वहाँ रोजाना दीवाली, होली और नूतनता का अनुभव है।

केवल यह क्षण ही सत्य है। यह पहली बात है, जो हमें समझनी होगी। जीवन में नए का बोध ही सतत प्रवाह का स्मरण है। रोज सब नया होता चला जा रहा है। कल जब हम उठेंगे तो नया होगा। आज शाम को जो सब पुराना है, वह कल बदल जाएगा। लेकिन आदमी पुराने में जिए चला जा रहा है। हाँ, शब्द को पकड़े रहना चाहता है। जीवन को उत्सव बनाने के बदले हम शब्द का उत्सव मनाते हैं। भाव के स्तर पर आनंद की अनुभूति हम ले ही नहीं पाते हैं। फ्रांस के विचारक ज्याँ-पाल सार्त्र ने अपनी आत्मकथा का नाम ही 'शब्द' रखा। शब्द और बहुत सारे शब्द और उनसे मिलकर वाक्य। इसका उच्चारण। और जोर से उच्चारण। मन के भीतर शब्दों का विचार। हम शब्द ही जीने के आदी हो गए हैं। हम शब्दीकरण के अभ्यस्त हो गए हैं। ओशो कहते हैं कि हम जन्म से लेकर मृत्यु तक शब्दों के संसार में जिया करते हैं—विचार, स्मृतियाँ, कल्पनाएँ और स्वप्न—ये सभी शब्द ही तो हैं। शब्द हमारे संसार, हमारे बाहरी जीवन से जुड़ा है, जिसका उत्सव और आनंद से कोई जुड़ाव नहीं है। अगर ऐसा नहीं होता तो सिकंदर जीवन भर सुख के लिए अकूत संपत्ति क्यों बटोरता रह जाता!

जीवन प्रतिपल नया है, यदि शब्दों से शब्दातीत की यात्रा हो। शब्दों की यात्रा हमारी बाहरी यात्रा है। भीतर की यात्रा का पहला पड़ाव। जिसके बाद विचार का तल आता है और उसके बाद दर्शन का तल आता है। जीवन के हरेक पल का आनंद लेना है, उसका उत्सव मनाना है तो हमें इस तीसरे तल के बाद चौथे तल की यात्रा करनी होगी, जिसे 'ध्यान का जगत्' कहा जाता है। इस तल पर हर पल का आनंद

है। इस तल पर हर क्षण उत्सव चल रहा है। एक्हार्ट टॉल्ल अपनी पुस्तक 'शक्तिमान वर्तमान' में कहते हैं कि हम समय के अतीत और भविष्य पर जितना अधिक केंद्रित होते हैं, उतना ही अधिक हम वर्तमान को खो देते हैं, जो सबसे अनमोल चीज है। कहा गया है कि कल कभी नहीं आता है। उसी प्रकार नवीनता भी कहीं भविष्य में नहीं होती है। हर पल ही नया है।

□

"वास्तविक संसार में समय की कमी है और शायद इस वजह से आप जीवन भर समय बचाने की खातिर दौड़ते-भागते रहते हैं। अतीत, वर्तमान और भविष्य का भेद एक स्थायी तथा सतत भ्रम के सिवा कुछ नहीं है।"

—अल्बर्ट आइंस्टीन

जो संसार में निःशुल्क है, वही जीवन के लिए बेशकीमती

इस जगत् में सबसे कीमती क्या है? जवाब मिलेगा—नौकरी, घर, स्वास्थ्य, धन, रत्न, सोना आदि कीमती वस्तु हैं। लेकिन यह सच नहीं है। जो संसार में निःशुल्क है, वही सबसे ज्यादा कीमती है। नींद, हवा, पानी, शांति, आनंद, उत्सव, प्रकाश, अग्नि और इनसे भी ज्यादा साँसें जीवन एवं जगत् की सबसे बहुमूल्य चीजें हैं, जिनका कोई मूल्य नहीं है और जिनका कोई मोल हो भी नहीं सकता। यह सत्य है, लेकिन हमें यह दिखता नहीं है। इसका कारण है मन और बुद्धि को विचारों में लिप्त कर लेना। जिस दिन हम निर्विचार हुए, उसी दिन यह सरल सत्य प्रकट हो जाएगा। हमें समझ में आ जाएगा कि जो साधारण एवं सामान्य चीजें हैं, वह कितनी दुर्लभ वस्तु हैं।

असाधारण होने की आकांक्षी, बहुमूल्य वस्तु की चाहत और शिखर को छूने की मनोवृत्ति हमको पागल बना देती है। लेकिन हम यह नहीं जानते हैं कि जीवन में जो साधारण हो जाता है, जो सरल होता है, वही असाधारण बन जाता है। लेकिन कोई साधारण होना नहीं चाहता है, अहंकार होने भी नहीं देता है। इस कारण हम

अनिद्रा, भूख, भय, चिंता और सुख की खोज अनवरत करते रहते हैं। जिस दिन सत्य का ज्ञान होता है, उस दिन हमारे हाथ से समय खत्म हो गया रहता है। एक कहानी है कि एक राजा ने सुंदर महल बनवाया, जिसके मुख्य द्वार पर गणित के सूत्र लिखवाया। उसने घोषणा की कि जो सूत्र को हल कर द्वार खोलेगा, तभी द्वार खुलेगा। कई विद्वान् आए और चले गए। कई लोगों ने गणित का सूत्र हल करने में दिन-रात एक कर दिए। द्वार नहीं खुला। एक साधक को समय मिला तो उसने आँख बंद कर कुछ पल ध्यान किया। इसके बाद द्वार को धीरे से धक्का दिया तो वह द्वार खुल गया। राजा ने साधक से पूछा, "इतनी आसानी से द्वार कैसे खोल लिया?" साधक बोला कि अंतर्मन से आवाज आई कि पहले यह देख लो कि द्वार बंद भी है या नहीं! मैंने बस दिल की बात मानी।

जीवन भी ऐसा ही है। हम पहले ही मान बैठे हैं कि समस्या है। जो बहुमूल्य है, उसकी बहुत कीमत है। असाधारण होने के लिए कठिन परिश्रम करना होता है। कई बार यह जिंदगी हमें बताती है कि समस्या है ही नहीं। यह हमारे विचार हैं, जिन्होंने ऐसी सोच बना ली है। एक दिन मेरी छोटी बेटी पीहू आइसक्रीम खरीदकर मेरे सामने आती है। एक बार उसे खाती है, फिर मुझे देती है—"पापा! अब तुम खाओ।" मैं कहता हूँ—"क्यों?" उसने कहा कि खाओ न, टेस्टी है। मैं कहता हूँ कि तुमने तो इसे जूठा कर दिया। उसका जवाब होता है, "नहीं, जूठा कहाँ हुआ? मैं तो देख रही थी, यह आइसक्रीम मीठी है कि नहीं!" बात दिल तक पहुँच जाती है।

असाधारण होने के लिए अपनी वासना का त्याग करना होगा। बहुमूल्य बनने के लिए साधारण बनना होगा, जैसे—वृक्ष, नदी, चाँद, जानवर। उनकी तरह जीवन को सरलता और सजगता में जीने का अभ्यास करना होगा। असाधारण होने में संचय का मोह बाधा है। बहुमूल्य में अहंकार रोड़ा है। बुद्ध जिस दिन साधारण बने, अपनी चेतना को भावहीन किया, उसी दिन वे बहुमूल्य और असाधारण हो गए। गांधीजी चले थे पूरे भारत को समझने। सूट-बूट में भारत भ्रमण करने निकले और जब लौटे तो उनके पास एक लँगोटी बची। उसी दिन वे महात्मा बन गए।

हम चाहते क्या हैं? भरपूर आनंद, ताजी हवा, संपूर्ण शांति, असीमित आनंद, सजग साँस और अनंत उत्सव। इसके लिए कोई मूल्य चुकाने की जरूरत नहीं है। यह निःशुल्क है। इसकी खोज और चाहत में ही हम जीवन बिता देते हैं। स्टीव जॉब्स ने अपनी मृत्यु से पूर्व लिखा कि मैं यहाँ अँधेरे में लाइफ सपोर्टिंग मशीन की ग्रीन लाइट को देख रहा हूँ। साथ ही भगवान् को भी महसूस कर रहा हूँ। मुझे मौत पास आती नजर आ रही है। मैं कहना चाहता हूँ कि जब आप अपने आखिरी

समय के लिए पर्याप्त रुपया इकट्ठा कर लेते हैं तो आपको रिश्तों, अपनी कला और बचपन के सपनों के लिए ध्यान देना चाहिए। हमेशा कमाने की आदत आपको विकृत इनसान बना देगी। उनका कहना था कि आप अपने लिए ड्राइवर हायर कर सकते हो, लेकिन कितना भी पैसा होने पर आप किसी को अपनी बीमारी के लिए हायर नहीं कर सकते। आपको इसका दर्द खुद ही झेलना होगा।

सरलता तो हमारा प्राकृतिक स्वभाव है। सरल होने के लिए प्रयास करने की जरूरत नहीं है। इसके लिए केवल कठिन होना छोड़ना होगा। हमारे जीवन में आनंद, उत्सव, शुभता और प्रकाश का आगमन नहीं हो पा रहा है तो इसका कारण हमारी कठोरता है। हृदय कठोर है, मन वासना के अधीन है। जिसके कारण बीज अंकुरित नहीं हो पाते हैं और अंकुरण नहीं होगा तो आनंद, प्रकाश या शुभता कहाँ से उद्भासित होगा? हमारी दिक्कत है कि हम बहुमूल्य की खोज में सरलता को भूल जाते हैं। हम असाधारण की चाहत में सजगता को मिटा देते हैं और तब हमें यह भी पता नहीं चलता है कि जो सरल है, जो सजग है, वही बहुमूल्य भी है। वही असाधारण है और उसका कोई मूल्य नहीं है, वह निःशुल्क है।

□

"सृष्टि में हम भौतिक वास्तविकता के अनुरूप होनेवाली फ्रीक्वेंसी पर ट्यूनिंग कर लेते हैं। लेकिन उसी कमरे में असंख्य समानांतर वास्तविकताएँ मौजूद होती हैं, हालाँकि हम उन तक ट्यूनिंग नहीं कर सकते।"

—स्टीवन वीनबार्ग

जिसमें समाहित सबकुछ, वही है आकाश

आध्यात्मिक क्षेत्र की अग्रणी संस्था थियोसॉफिकल सोसाइटी की एक महान् संत थीं एच.पी. ब्लावाट्स्की। वे अपनी आध्यात्मिक किताब 'समाधि के सप्त द्वार' (सेवन पेट्ल्स ऑफ समाधि) में कहती हैं कि वह आकाश, जो हमें चारों तरफ से घेरे हुए है, जो हमारे भीतर भी है, हमारे श्वास-श्वास में है। जिसके बिना हम नहीं हो सकते और हम नहीं थे, तब भी जो था और हम नहीं होंगे, तब भी जो रहेगा। आकाश का अर्थ है, जिसमें सबकुछ है। अवकाश, स्पेस, जिसमें सारी चीजें हैं, आकाश के भीतर सबकुछ निर्मित होता रहता है। आकाश उससे छोटा नहीं हो जाता है। जिसमें सब हैं और जो किसी में नहीं है। आसमान सिर्फ ऊपर ही नहीं है, यह ठीक हमारे पैरों के पास है।

धरती के ठीक ऊपर, जहाँ से आसमान शुरू होता है। एक स्पेस। जो अपरिमित है। अछोर है। उसमें कोई भेद नहीं, कोई रोक नहीं। वह उड़ान है। बुद्ध उसे मुक्ति कहते हैं। इसलिए जीवन दर्शन है—विराट् बनो, आसमान होओ। शून्य होकर क्षितिज पर छा जाओ। इस गगन का अछोर कहें या व्योम का शून्य, अपरिभाषित है। अनंत है, इसका छोर। इसमें एक पृथ्वी नहीं, अनेक पृथ्वी, अनेक आकाशगंगाएँ और अनेक ब्रह्मांड अपनी जगह पाते हैं। इसलिए इसकी ताकत असीम है। आसमान

ही है, जहाँ हमारा स्वर्ग है। क्योंकि वह शीर्ष पर है। आकाश को देखते-देखते आकार विलीन होता जाएगा। निराकार प्रगाढ़ हो जाएगा। आकाश हमें निराकार की ओर इशारा करता है। जहाँ से दिव्यता का पाठ मिला, वह देव हो गया। पृथ्वी, अग्नि, वरुण एवं पवन की तरह आकाश को देवता कहा गया। आकाश को देखा तो साकार क्षीण होता जाएगा और हम निराकार में विलीन होते जाएँगे।

सबकुछ आकाश में है—क्षिति, जल, पावक, समीर और खुद गगन भी। पर किसी की डोर नहीं बँधी है, लेकिन संबंध जुड़ा है। आसमान रोता है, जब धरती को तपते देखता है। पेड़ों के पत्ते अपनी हरियाली छोड़ पीत वर्ण को धारण करते हैं, तब आकाश दुःखी होता है। वह सुबकता है, जब बर्फ पिघलती है। क्यों? क्योंकि इसी बर्फीले पहाड़, बादलों के स्पर्श से आकाश को अपने होने का अहसास होता है। जब हरियाली भरे पेड़ों से चिड़िया एक लंबी उड़ान भरती है तो आकाश अपने सूनेपन को छोड़ संवाद कायम करता है। आकाश है तो क्षिति है। उसमें जल, हवा है।

आकाश की तरह हमारा हृदय विशाल होना चाहिए। आकाश को तब दिव्य माना जाता है, जब एक भी बादल न हो। बिल्कुल साफ और शुद्ध नीला आसमान। व्यक्ति जब हृदय के नजदीक होगा तो उसमें आशाएँ घर नहीं बनाएँगी। आशा से कामना, ऐषणाओं का जन्म होता है, जो कभी खत्म नहीं होता। व्यक्ति सबसे सुखी तब होता है, जब वह खाली होता है—किसी प्रकार की आशाओं से।

आकाश को देखते हैं तो क्या होता है? सिर उठ जाता है और चित्त शांत। दूरियों का जीवन में बहुत फायदा है। आकाश को देखते हैं, दिखने लगते हैं—सूरज, चाँद, तारे, बादल, हवा, बिजली की कड़क, उल्का की तेजी और बारिश, जो हमें इस दुनिया में बिना माँगे मिली। यह जीवन को सार्थक करते हैं। विस्तार का अहसास देते हैं। मानो कहते हैं कि जीवन का विस्तार ही उसका मूल अर्थ है। नित्य नए क्षितिज की खोज होनी चाहिए। साथ ही यह अहंकार का शमन सिखाते हैं। जब हम नीचे सिर करते हैं तो सिकुड़ जाते हैं। विचार सिमट जाते हैं। हाथ के दायरे बस अपने घर-परिवार तक जाते सिकुड़ जाते हैं। जमीन अपनी ओर खींचती है। जिससे घर, पानी, हवा और आकाश सब सिमट जाते हैं। विभाजित हो बँट जाते हैं।

भारतीय दर्शन में बताया गया है कि पंचतत्त्वों में मूल आकाश तत्त्व ही है। जल और पृथ्वी प्राकृतिक रूप से भारी होते हैं, जबकि वायु और अग्नि हलके हैं। आकाश तत्त्व अदृश्य है, लेकिन विशाल। वह सबकुछ समेटे हुए है। सबकुछ आकाश तत्त्व से ही बना है। जब व्यक्ति में आकाश, वायु और अग्नि तत्त्व ज्यादा

रहेगा तो हम उतने ही शांत होंगे। ध्यान और अध्यात्म जीवन में केंद्रीय भूमिका में होगा। आकाश तत्त्व कम होने के कारण ही हम संसार, भौतिकता एवं स्वहित में उलझे रहते हैं। जितना अधिक व्यक्ति दिव्य प्रकाश को हासिल करेगा, उतना ही उसके भीतर की शक्ति आकाश तत्त्व की बढ़ोतरी करेगी। पूजा-पाठ, ध्यान, जप, प्रभु स्मरण, सत्संग तथा भजन आदि कर्मों के माध्यम से आकाश तत्त्व की अशुद्धि को बाहर निकाला जाता है और उसकी शुद्ध शक्ति को बढ़ाया जा सकता है।

आकाश की तरह हमारी आत्मा है। वह न तो अंदर है और न ही बाहर। आत्मा ठीक आकाश की तरह सर्वव्यापी है। अंदर भी और बाहर भी। जीवन की सारी घटनाएँ वहीं घट रही हैं। यहाँ कोई चिह्न नहीं बनता, लेकिन सबकुछ घटता है। इसी प्रकार आकाश को अशुद्ध करने का कोई उपाय नहीं है। हम लकीरें शरीर पर बनाएँ या पानी में, लेकिन कोई रेखा आत्मा या आकाश में नहीं खींची जा सकती। इस आत्मा को समझने के लिए जरूरी है कि अपनी चेतना को हम मन से आगे ले जाएँ। तब हमें पता चलेगा कि आत्मा भी आकाश की तरह असंग है। यह शरीर रहे या न रहे, आत्मा लगातार शरीर के संग और उसके बिना भी गतिमान रहेगी। आकाश तले कितनी पृथ्वी बनती है और मिट जाती है। कितनी सभ्यता आईं और चली गईं। किसी का लेखा-जोखा आकाश के पास नहीं है। उसी प्रकार आत्मा भी कोई लेखा-जोखा नहीं रखती है। बस वह साक्षी भाव से अच्छा और बुरा दोनों को देखती रहती है।

□

"यदि कोई व्यक्ति किसी बुरे विचार के साथ बोलता या काम करता है तो दु:ख उसका पीछा करता है। यदि कोई व्यक्ति किसी अच्छे विचार के साथ बोलता या काम करता है तो खुशी उसके पीछे-पीछे आती है। उस छाया की तरह, जो उसे कभी नहीं छोड़ती।"

—महात्मा बुद्ध

वर्तमान में है आनंद

महात्मा बुद्ध से उनके एक शिष्य सारिपुत्त ने पूछा कि मैं आनंद को कैसे खोजूँ? तब बुद्ध ने कहा कि खोज को छोड़ दो। और एक काम करो। यहीं वर्तमान में निवास करो। खोजने की जरूरत नहीं है। आनंद यहाँ है, अभी इसी वक्त। हम भागते रहते हैं, इसलिए आनंद भी भागता रहता है। हमारा मिलन हमारे ठहराव पर निर्भर है। आनंद कोई वस्तु तो है नहीं कि वह मिल जाए। वह हमारे जन्म के साथ चला आ रहा है। वह धड़कन है, वह हमारा स्वभाव है। उसको खोजने की जरूरत नहीं है। इस कारण ही हम उसे नहीं पाते हैं। उसे इसी क्षण में पकड़ो।

आनंद प्रेम पर निर्भर है। बुद्धि से संभव नहीं है। आनंद के लिए हृदय की साक्षरता चाहिए। मनुष्य की समस्या खुद मनुष्य है। वह खुद से शुरू करता है और खुद पर अंत। आत्मकेंद्रित सत्य की खोज और उसमें ही खुद को व्यस्त रखने की जिद में जीवन को कोई सत्य मिलता नहीं है। अर्जुन का अंतर्द्वंद्व कई बार उसे उसकी प्रतिज्ञा से दूर ले जाता है और बार-बार श्रीकृष्ण को चेतना का विस्तार दिखाना पड़ता है। गोपियों में कोई भ्रम नहीं था, इस कारण वे श्रीकृष्ण के चरणरज में भी

संपूर्ण सत्य को देख पाती थीं। आनंद को खोजने गए तो नहीं मिलेगा। वह इसी क्षण है। अभी इसी क्षण को पकड़ो तो आनंद मिल जाएगा। क्षण के साथ जुड़े तो आनंद की अपरिमित सीमा हमारे अंदर समा जाएगी।

एक झेन कहानी है कि फकीर से किसी ने पूछा कि तुम्हारे जीवन में इतना आनंद क्यों है? यह आनंद कहाँ से आता है? मेरे जीवन में आनंद क्यों नहीं है? उस फकीर ने कहा कि मैं अपने होने पर राजी हूँ। तुम नहीं हो। फिर उस व्यक्ति ने फकीर से कहा कि कोई तरीका बताओ। वह फकीर उसे बाहर बाग में ले गया। उसने बाग में विविध पेड़ों को दिखाया। कुछ बड़े और कुछ छोटे। कुछ झूमते हुए, कुछ मौन। सब मौन हैं, आनंदित हैं, खिले हैं। कहीं किसी को कोई शिकायत नहीं है। हमारी समस्या खुद हम हैं।

जीवन का प्रत्येक क्षण महत्त्वपूर्ण है और किसी भी क्षण का मूल्य किसी दूसरे क्षण से कम-ज्यादा नहीं होता है। आनंद पाने के लिए किसी अवसर की प्रतीक्षा नहीं की जा सकती, न ही किसी अवसर में आनंद का रस छिपा है। आनंद तो प्रत्येक क्षण को अपना बना लेने में है। एक छोटी कहानी—एक साधु के निर्वाण पर उसके शिष्यों से पूछा गया था कि दिवंगत सद्गुरु अपने जीवन में सबसे बड़ी महत्त्वपूर्ण बात कौन सी मानते थे? उन्होंने उत्तर दिया कि वही जिसमें किसी भी क्षण में वे संलग्न होते थे।

आनंद किसी चीज को पाना नहीं, बल्कि किसी भी चीज के साथ अपने को जोड़ लेना है। चूँकि हमारी मनोवृत्ति ऐसी है कि पहले हम पाना या अधिकार करना चाहते हैं, ताकि आनंद ले सकें। लेकिन आनंद का अर्थ है प्रेमपूर्वक देखना। इसमें न लेने की बात है और न ही देने की बात। जहाँ वासना है, वहाँ आनंद का अभाव है। हम प्राप्त करना चाहते हैं, प्राप्त कर उस पर एकाधिकार चाहते हैं। वासना जब हम पर हावी होगी तो आनंद की प्राप्ति वस्तु से जुड़ जाएगी और प्रेम में वस्तु भी जाग्रत् मनुष्य का रूप धारण कर लेगी।

आनंद के लिए एक क्षण काफी है। एक पल ही आनंद है। बाकी उसके साथ खुद को संयुक्त करने की क्रिया है। बारिश की बूँदों का उत्सव, सूरज की रोशनी से नहाया घर, एक स्वादिष्ट खाना और यात्रा पर निकलने का अवसर आदि। यह एक पल की घटना है। उसके साथ जुड़ गए तो आनंद, नहीं तो दुःख। हम जीवन भर आनंद इसलिए खोजते हैं, क्योंकि हम काम और काम के फल से जुड़े हुए हैं। सृष्टि में प्रतिपल उत्सव चल रहा है। जब हम ड्यूटी समझकर कुछ करेंगे तो आनंद नहीं मिलेगा। महाभारत इसका सबसे अच्छा उदाहरण है। श्रीकृष्ण अपने हरेक कर्म

को 'लीला' कहते हैं, इसलिए उनका पूरा जीवन उत्सव है। युद्ध के मैदान में 'गीता' का उपदेश और कलिया नाग के फन पर पैर रखकर बाँसुरी की धुन कोई लीलाधारी ही निकाल सकता है।

जब हम लोगों को देखते हैं कि वे जीवन को काम से भरते हैं, इसके बाद सफलता की इच्छा करते हैं। आनंद के पल की प्रतीक्षा करते हैं। एक सुख के बाद दूसरे की प्रतीक्षा। सदैव धन, सुख, काम की चिंता। क्या कोई ऐसा आदमी देखा है, जो जीवन को प्रकृति के संगीत से भरे, पंचभूतों के गीत और नृत्य से अपने को अभिभूत कर दे। आनंद हो या सुख, वह हमेशा क्षणिक होता है। जब एक पल में उसका रस मिल गया तो वह पल शाश्वत हो सकता है। सुख हो या दु:ख, अगर वह लंबा होगा तो उससे दु:ख ही मिलेगा। इसलिए जरूरी है कि हम अनुगृहीत हों। सुबह की धूप ठीक, लेकिन शाम का अँधेरा गलत। गरमी गलत, लेकिन बारिश सही। यह द्वैत नहीं चलेगा। सुबह सुंदर है तो साँझ में भी सौंदर्य देखना होगा। यह दृष्टि का दोष है। हम आदमी से हाथ मिला लेंगे। लेकिन वृक्ष को आलिंगन करने में हिचकिचाएँगे। हम पत्थर के टुकड़े को उतने प्यार से हाथ में नहीं लेंगे, जितना किसी फूल को। फूल में सौंदर्य दिखेगा, लेकिन पत्तों में नहीं। जबकि यह सब उसी अस्तित्व का प्रगटीकरण है। हम नदी और सागर किनारे जाएँगे तो कभी किनारे पर बैठकर बालू के कण को हाथ में लेने की जहमत नहीं उठाएँगे।

एक कहानी है। बचपन में सुनता था कि एक संन्यासी भिक्षाटन करते हुए भटक गया और शाम को एक गाँव में पहुँच गया। उस गाँव के लोग बहुत अजीब थे। संन्यासी गाँव में पहुँचा तो उसने एक घर को खटखटाया। रात का समय था। दरवाजा खुला, उस व्यक्ति ने कारण पूछा और दरवाजा बंद कर लिया। उसने कहा कि हे देव, तुम कहीं और जाओ। हम आपका स्वागत नहीं कर सकते। मेरा विचार तुम्हारे दर्शन से मेल नहीं खाता है। संन्यासी कई घरों में गया, लेकिन जवाब एक ही रहा। उसे कहीं भी रहने का ठौर नहीं मिला। अंतत: हारकर वह रात को गाँव के बाहर एक वृक्ष के नीचे सो गया। ठंड के कारण आधी रात को उस संन्यासी की नींद खुली तो देखा कि वृक्ष के समीप ही कल-कल नदी बह रही थी, दूसरी ओर पहाड़ और जंगल का मनोरम दृश्य था। ऊपर आकाश तारों से भरा था, वृक्ष फूलों से लदा था और उसकी सुगंधि चहुँओर वातावरण को मोहित कर रही थी। फिर देखते-देखते वह मौन और स्थितप्रज्ञता को प्राप्त हो गया। सुबह वह दौड़कर उसी गाँव में गया और एक दरवाजा खटखटाया। उस व्यक्ति

ने दरवाजा खोला तो संन्यासी ने कहा कि घबराओ नहीं। मैं रुकने नहीं आया हूँ, बल्कि तुम्हारा धन्यवाद करने आया हूँ। तुम्हारी कृपा से आज मैंने सच्चा आनंद जाना। नैसर्गिक फूलों की खुशबू को महसूस किया। अतएव परिस्थिति हम पर निर्भर नहीं करती है।

□

"एकांत मनुष्य के मन में होता है। व्यक्ति बीच बाजार होकर भी मन की पूरी शांति को बनाए रख सकता है। ऐसा व्यक्ति हमेशा एकांत में रहता है। दूसरा व्यक्ति जंगल में भी अपने मन को काबू में नहीं रख सकता। उसे एकांत में होना नहीं कहा जा सकता। एकांत मन का रुख है। जो व्यक्ति जीवन में वस्तुओं का मोह करता है, वह एकांत में नहीं हो सकता, फिर चाहे वह कहीं भी रहे।"

—महर्षि रमण

दिव्यता की अनुभूति का नाम है ईश्वर

मनुष्य आवाज की तेज गति से उड़ सकता है और इंटरनेट के माध्यम से वह दुनिया के दूसरे छोर पर बैठे व्यक्ति से बात कर सकता है। ऐसी स्थिति में एक सवाल सदैव मन में उठता है कि ईश्वर कहाँ है? कौन है? क्या है? कैसा दिखता है? ईश्वर हरेक चेतना के अंदर रहता है। जहाँ-जहाँ दिव्यता है, वहाँ ईश्वर है। डॉ. परसिंगार ने कनाडा की लॉरेशियन यूनिवर्सिटी में एक प्रयोगशाला स्थापित की, जिसमें उन्होंने टेंपोरल लोब पर सूक्ष्म प्रहार कर बताया कि व्यक्ति में ईश्वरीय अनुभव है। इसी प्रकार यूनिवर्सिटी ऑफ कैलिफोर्निया में वी.एस. रामचंद्रन ने सिद्ध कर दिखाया है कि मानव मस्तिष्क में गॉड स्पॉट है।

ईश्वर को हमने कण-कण में माना है। कंकड़-कंकड़ में शंकर का वास है। इसका क्या अर्थ है? क्या सूर्य को अर्घ्य देने से, प्रणाम करने से या प्रार्थना से वह हमें आशीर्वाद देगा। नहीं। वरन् ऐसा करने से खुद ही हृदय में आलोक का प्रवेश होगा। हम अंधकार को खत्म कर सकेंगे। तभी तो प्रार्थना है—तमसो मा ज्योतिर्गमय। प्रकाश को देखकर दिव्यता आई। वृक्ष को देखकर भाव जागे। एक दिव्यता हमारे

अतस् में संचरित हो। इसी कारण हिंदुओं ने पहाड़, नदियों, वृक्ष और जानवर आदि सभी चर-अचर सजीव और निर्जीव की प्रार्थना की, ताकि जीवन दिव्यता से भर जाए। इसलिए सारी सृष्टि को दिव्यता का अवयव माना गया और उससे तारतम्यता जोड़ने की कोशिश की गई।

पश्चिम में एक दार्शनिक हुए सुकरात। सुकरात समुद्र तट पर टहल रहे थे कि उनकी नजर एक रोते हुए बच्चे पर पड़ी। उन्होंने बच्चे से रोने का कारण पूछा तो उसने कहा, "यह जो मेरे हाथ में कटोरा है, मैं उसमें समुद्र भरना चाहता हूँ, लेकिन हो नहीं पा रहा है।" बच्चे की बात सुनकर सुकरात रोने लगे। अब बच्चे ने पूछा कि तुम क्यों रो रहे हो ? क्या आपका कटोरा भी कहीं है ? सुकरात ने कहा कि तुम छोटे कटोरे में समुद्र भरना चाहते हो और मैं इस छोटी बुद्धि में ईश्वर को, सारे संसार की जानकारी को भरना चाहता हूँ। आज तुमने सिखा दिया कि समुद्र को कटोरे में नहीं भरा जा सकता। इतना सुनने के बाद बच्चे ने कटोरे को समुद्र में फेंक दिया और बोला कि सागर, तू कटोरे में नहीं समा सकता, लेकिन कटोरा तो समुद्र में समा सकता है। इतना सुनने के पश्चात् सुकरात बच्चे के पैरों में गिर पड़े और बोले कि जीवन का सूत्र मेरे हाथ आ गया। जब व्यक्ति का 'मैं' मिटता है तो ईश्वर की कृपा मिलती है।

दिव्यता से भरा व्यक्ति भाग्यवान यानी भगवान् हो गया। ऐसे दिव्यता की परिपूर्णता से ही जीवन में ऐश्वर्य और आनंद की अनुभूति होती है। इसलिए कहा गया है कि ईश्वर का अर्थ सच्चिदानंद है। नदी, पेड़, पहाड़ और जीवों की पूजा की गई। जहाँ गति है, प्रगति है, उसको दिव्यता का पर्याय माना गया और यह आशा की गई कि मानव भी उन सारी दिव्यता से खुद को भर ले। ईश्वर का अर्थ दिव्यता से परिपूर्ण हो जाना है। जीवन को प्रगति से जोड़ना, दिव्यता को भरना और ऐश्वर्य का विस्तार करना तथा आनंद में रहना है। ऐसा करनेवाला ईश्वर है।

प्रत्येक मनुष्य कभी-न-कभी कुछ ही पलों या क्षणों के लिए ही सही, किसी-न-किसी रूप में ईश्वर होता है, ऐसा एक बार या यह कई बार हो सकता है। आखिर ईश्वर क्या है ? मनुष्य के श्रेष्ठतम का प्रकाश ही ईश्वर है। यह प्रकाश प्रत्येक व्यक्ति के भीतर होता है। लेकिन इसका प्रस्फुटन तभी होता है, जब कोई प्रेम, करुणा या संवेदना से भर जाता है। ईश्वरत्व का अंश कभी छोटा तो कभी बड़ा हो सकता है। भारतीय चिंतन परंपरा में प्रकृति को सदैव ही आदर दिया जाता रहा है। पहाड़, नदी, सूर्य और चंद्र से लेकर पेड़-पौधों के प्रति श्रद्धा हमारे दैनिक जीवन का हिस्सा रहा है। इस चिंतन परंपरा में ईश्वर कहीं मंदिर या देवालय में नहीं, बल्कि वह प्रकृति के

विभिन्न तत्त्वों मसलन—पृथ्वी, पानी, अग्नि, वायु और आकाश के रूप में हमारे समक्ष रहा है।

ईश्वर अनुभव है, प्रमाण नहीं। वह शब्दों में नहीं आता है, न ही तर्कों में बँधता है। कितने ही गीत गाओ, कुछ छूट ही जाता है। ओशो ने रवींद्रनाथ टैगोर के संबंध में लिखा है कि जीवन के अंतिम क्षणों में गुरुदेव की आँखों से आँसू निकल रहे थे तो उनके शिष्यों ने पूछा कि आपको संतुष्ट होना चाहिए। जीवन को एक मुकाम मिल गया, अब क्या चाहिए? टैगोर ने कहा कि अभी-अभी तो उस परमात्मा के गीत को थोड़ा महसूस करना शुरू किया था, उसके सौंदर्य की अनुभूति को देख पा रहा था कि जाने का वक्त आ गया। अगर आँख है, तभी परमात्मा है—हवाओं की तरंगों में, पक्षियों के कलरव में, सूरज की किरणों में, वृक्ष की पत्तियों में।

जीवन में जब घटनाएँ घट रही हैं तो सवाल क्यों उठते हैं। इसी तरह ईश्वर को जानकर कोई नहीं जान पाया। शरीर में खून गतिमान है, इसे आधुनिक विज्ञान तीन सौ साल पहले ही जान पाया। ईश्वर क्या है? यह वैसा ही सवाल है कि कोई मछली से पूछे कि सागर कहाँ है? समुद्र कहाँ है? उस मछली को हमारा जवाब होगा—चारों तरफ जो है, वह सागर है। इसी प्रकार इस ईश्वरीय जीवन सागर में खोना पड़ता है। बर्फ जैसे गरमी में पिघलने लगती है, वैसे ही जीवन में विभिन्न रूप और आकार में अगर हम खोने लगें, विलीन होने लगें तो ईश्वर की अनुभूति हो सकेगी। ईश्वर अलग-अलग रूप में सामने आते हैं, लेकिन हम ही उन्हें पहचान नहीं पाते। और रोज केवल आग्रह, प्रार्थना, पूजा-पाठ तथा तीर्थाटन और उपवास आदि कर्मकांड करते हैं। हमारे जो निकट होता है, वह हम देखते नहीं हैं। 'मैं क्या हूँ,' इसका तो स्मरण ही नहीं होता है। जो दूर है, वही दिखाई पड़ता है, बुलाता है और आकर्षित करता है। चाँद-तारे आकर्षित करते हैं, हिमालय बुलाता है। सागर की लहरें दिखाई पड़ती हैं। लेकिन आदमी के अंदर जो है, उसकी आवाज सुनाई नहीं पड़ती। जीवन की सच्चाई यह है कि हम ईश्वर में ही वास करते हैं, जन्म लेते हैं, मरते हैं। हरेक श्वास में ईश्वर है।

□

"सा यो ह वै तत् परमं ब्रह्म वेद ब्रह्मैव भवति। नास्याब्रह्मवित् कुले भवति। तरति शोकं तरति पाप्मानं गुहाग्रंथिभ्यो विमुक्तोऽमृतो भवति॥ अर्थात् जो उस परम ब्रह्म को जानता है, वह ब्रह्म ही हो जाता है। उसके कुल में ब्रह्म को न जाननेवाला पैदा नहीं होता। वह शोक से तर जाता है, पाप से तर जाता है और हृदय की ग्रंथियों से मुक्त होकर अमृत बन जाता है।"

—मुंडक उपनिषद्

आनेवाले कल का निर्धारण करती है हमारी दृष्टि

जीवन दृष्टि क्या है? इसका विकास से संबंध कैसे है? दृष्टि यानी देखना, चिंतन करना। अपने भविष्य या किसी विषय पर विचार करना। ऋग्वेद की ऋचाओं में कहा गया है कि प्रारंभ में सिर्फ इच्छा ही थी, जो कि मस्तिष्क का प्रथम बीज था। यह दृष्टि यानी देखने का नजरिया ही वह उत्प्रेरक तत्त्व है, जिसके कारण कुछ भी आकार लेता है। जीवन या विकास अपनी राह तय करता है। जीवन दृष्टि या मार्ग का चुनाव अकारण नहीं होता है। यह बिना किसी प्रेरणा के संभव नहीं। दृष्टि के लिए वजहें होती हैं, मर्जी की बात हो या विकल्प की। चुनाव के पीछे कारण होता है। और इसी पर निर्भर करता है, हमारा मार्ग कैसा होगा? जीवन भर विकल्प का चुनाव चलता रहता है। यदि किसी चौराहे या दोराहे पर खड़े हो गए तो चिंतन करेंगे और इसके परिणामस्वरूप एक रास्ते का चुनाव करेंगे। जो भी चुनाव करते हैं, उसमें हमारी मर्जी बहुत कम होती है। यह

वातावरण, व्यक्ति, परिवेश, प्रेरणा या प्रभाव ही हमारे चुनने की प्रक्रिया को प्रेरित करते हैं। ऐसे में दृष्टि का महत्त्व बढ़ जाता है।

जब एक दृष्टि बन जाती है तो उससे पूरा विकास प्रभावित होता है। सकारात्मक और सभी के कल्याण को ध्यान में रखकर ही देखने का नजरिया बनाना चाहिए। अब सृष्टि में संघर्ष है तो सहयोग भी दृष्टिगोचर होता है। संसार में एकता, विविधता के बीच परस्पर पूरकता की पहचान कर विकास करने से ही सबका भला होगा। हम में से हरेक सुख, शांति, प्रेम और विकास चाहता है। हमारी चाह सकारात्मक है। पर हम इस तक नकारात्मक रास्तों से पहुँचना चाहते हैं। हम शांति चाहते हैं, परंतु सत्ता व शक्ति के जरिए। सुख चाहते हैं, परंतु संपत्ति के जरिए। विकास चाहते हैं दूसरे के विध्वंस के मार्फत। अगर किसी अपने से कमजोर को दबाकर, भ्रष्टाचार से या प्रकृति को खत्म कर हम विकास चाहते हैं तो वह विध्वंस का ही मार्ग हुआ। जीवन में प्रेम चाहते हैं, लेकिन ईर्ष्या और आत्मसंकुचन के माध्यम से। जिस समाज तंत्र में हम आज जीवन व्यतीत कर रहे हैं, उसमें हमें ऐसा ही बना दिया गया है।

सकारात्मक सोच या समग्र जीवन दृष्टि हमारे जीवन की प्राथमिक या यूँ कहें, मौलिक शर्त है। इसका संबंध केवल आशापूर्ण जीवन से नहीं है। इसकी अभिव्यक्ति जीवन में रचनात्मकता के माध्यम से होती है। यह रचनात्मकता केवल सत्य के मार्ग से संभव है, जो महज तथ्यों की वास्तविकता भर नहीं होती। यथार्थ या वास्तविकता के मायने सत्य नहीं हो सकते। सत्य का संबंध अंतर्वस्तु से होता है। इसलिए भारतीय वाङ्मय में 'सत्य' एक विवादास्पद शब्द रहा है। उसकी बार-बार व्याख्या की गई। उपनिषद् ने उसे ब्रह्म कहा तो बुद्ध ने दुःख। आर्ष चिंतन में प्रकृति को सत्य माना गया तो मध्यकालीन संतों ने मानव को सत्य माना। उपभोक्तावाद के इस दौर में हम अपने लिए जिस भी आदर्श जीवन की कल्पना करते हैं—उसकी सारी कड़ियाँ उलझ-उलझकर सत्ता और संपत्ति से ही जाकर जुड़ती हैं। यहीं आज के जीवन की सारी उलझनों के सूत्र छिपे हैं। इन्हें नहीं समझ पाने का कारण है कि हमारी दृष्टि विखंडित या नकारात्मक सोच पर आधारित होती है। हम टुकड़ों में विचार करते हैं।

टुकड़ों में विचार करने से समस्या का समाधान संभव नहीं है। संपूर्ण जीवन का, संपूर्ण सृष्टि का संकलित विचार करना होगा। एकात्मवादी दृष्टिकोण अपनाने से ही समस्या का समाधान होगा। वर्तमान में सारी आधुनिक सामाजिक-राजनीतिक व आर्थिक विचारधाराएँ पश्चिमी जीवन-दृष्टि की उपज हैं, जिसका उद्गम मुख्यत:

दो अवधारणाओं से हुआ। पहली अवधारणा है—मनुष्य इस सारी सृष्टि से अलग है और उसे अपनी इच्छानुसार कार्य करने की शक्ति और अधिकार प्राप्त हैं। दूसरी अवरधारणा है—मनुष्य द्वंद्वरत है। मनुष्य के शरीर की सहजात प्रवृत्तियों का मन की असीम आकांक्षाओं में संघर्ष है। चूँकि व्यक्ति का मन भिन्न है, इसलिए हर मनुष्य, खुद मनुष्य से द्वंद्वरत है। इसके बाद कुछ विचार प्रतिपादित किए गए, जो भौगोलिक खोज, सामंतवाद के पतन और आधुनिक पूँजीवाद-साम्राज्यवाद के उदय के कारण बने। ये विचार थे—अस्तित्व के लिए संघर्ष, सर्वशक्तिमान का अस्तित्व, प्रकृति का शोषण और वैयक्तिक अधिकार तथा स्वतंत्रता। इन विचारों को प्रतिस्थापित करने के लिए सिद्धांतों की झड़ी लगा दी गई। चार्ल्स डार्विन से शुरू हुई इन विचारों को प्रतिस्थापित करने की परंपरा एडम स्मिथ के वेल्थ ऑफ नेशन होते हुए डेविड ईस्टन एवं अन्य राजनीतिक विचारकों तक गई। इन विचारकों ने कहा कि राजनीति का अंत हो गया। जब राजनीति का अंत हो गया तो बचा क्या? इसके बाद आए इतिहास के अंत, सभ्यता के अंत जैसे विचार। जब मानव व उसके जीवन को दिशा देने के सभी विचारों का अंत हो गया तो फिर मूल्य और विचारों का औचित्य कहाँ है? इसके बाद 20वीं सदी के अंत में खगोलीकरण और निजीकरण का विचार आया, जिसमें कुछ भी राज्य का नहीं रहा। समाज नेपथ्य में चला गया। बस व्यक्ति और उसका द्वंद्व साथ रहा। इस द्वंद्व ने हर उन मानदंडों एवं मानकों को अस्वीकार किया, जो मानव को श्रेष्ठता प्रदान करते हैं। हालाँकि इन विचारों के प्रतिस्थापन के दौर में विकल्प देने की कोशिश की गई। भौतिकवादी विचारों के विकल्प में पहली बार कार्ल मार्क्स ने दास कैपिटल के माध्यम से द्वंद्वात्मक भौतिकवाद का विश्लेषण प्रस्तुत किया।

दूसरी ओर भारत में अस्तित्व के लिए संघर्ष को नहीं माना गया। यहाँ परम तत्त्व संपूर्ण जगत् में व्याप्त है—'सर्वं खल्विदं ब्रह्म' और इसलिए सभी जगह सामंजस्य और सहयोग व्याप्त है। यह जो संघर्ष दिखता है, वह हमारे अज्ञान और माया के कारण है। इसी प्रकार के सर्वोत्तम के अस्तित्व के सिद्धांत भी गलत हैं, तब बच्चों, बूढ़ों और अबलाओं—गरीब समाज का क्या होगा? भारत में कहा गया—'सर्वे भवन्तु सुखिन:।' किसी भी संस्कृति का पैमाना इस बात में है कि वह अपने दुर्बल, अपंग एवं हाशिए पर रहनेवाले समाज की कितनी देखभाल करता है। मार्क्स का सिद्धांत 'प्रत्येक से उसकी क्षमता के अनुसार देना' और प्रत्येक को उसकी आवश्यकता के अनुसार देना साकार हुआ तो वह हिंदू परिवार में। सामाजिक नियम दुर्बल की रक्षा के लिए होने चाहिए। आज परिवार टूट रहे हैं।

संयुक्त परिवार से एकल परिवार का विचार आया, जिसमें माँ-बाप के अलावा भाई-बहन थे। बाद में इसमें भी क्षरण हुआ। अब पति-पत्नी का एकाकी परिवार हो गया। भौतिकवाद का विद्रूप देखिए—यह एकाकी परिवार भी विखंडित हो रहा है। पति अलग, पत्नी अलग।

भारतीय जीवन प्रकृति के शोषण का समर्थन नहीं करता। यह प्रकृति के दोहन में विश्वास करता है। प्रकृति से उतना ही लेने को कहा गया है, जितनी हमारी जरूरत है। यह प्रकृति के साथ अपनेपन का नाता है। हम कहते हैं—धरती माता, गौ माता, तुलसी माता, गंगा माता, वनदेवी, कुलदेवी। हम पीपल को पूजते हैं, साँपों को दूध पिलाते हैं, चिड़िया को पानी पिलाते हैं और चींटियों को चीनी। यह पूज्य भाव ही हमें शोषण करने से रोकता है। हम उसका शोषण नहीं करते हैं, जिसके प्रति आदर और प्यार है। जगदीश चंद्र बसु ने क्रेस्कोग्राफ के आविष्कार से यह दिखाया कि पौधों में भी सुख-दुःख बोधक संवेदनशील स्नायु-तंत्र और विविध रंगी भाव, अनुभूतिपूर्ण जीवन है। प्राणी जगत् की भाँति ही वृक्ष जगत् में भी प्रेम, घृणा, आनंद, भय, सुख, दुःख, संक्षोभ, मोह एवं अन्य असंख्य प्रकार की उत्तेजनाओं के प्रति प्रतिक्रिया स्वरूप संवेदनाएँ विद्यमान हैं। धातु, वृक्ष और प्राणी सभी एक ही सामान्य नियम के अधीन हैं। ये सभी मूलतः एक ही प्रकार से क्लांत और अवसाद का अनुभव करते हैं—आरोग्यलाभ या आनंद सिहरन अथवा मरण का भी एक प्रकार का स्थिर निःस्पंद भाव इनमें दिखाई देता है। वृक्षों में भी संवहन तंत्र है। प्राणियों की देह की रक्त संचार-क्रिया के समान ही वृक्षों में भी संवहन तंत्र रस संचार क्रिया होती है। यही नहीं, कैंची और मशीन आदि में प्रयुक्त इस्पात में भी थकान का अनुभव होता है और बीच-बीच में विश्राम पाने पर उनमें पुनः ताजगी और कार्यक्षमता बढ़ जाती है। जब तक विचार व कर्म में इस एकीकृत भाव व दर्शन का समावेश नहीं होगा, हम खंडित सिद्धांत देंगे। इससे समाज में अखंड जीवन की आशा फलीभूत नहीं हो सकेगी।

□

"ईमानदारी, परिश्रम तथा सबके भले में अपना भी भला समझना ही सत्य है। यही सबसे बड़ी तपस्या है। ऐसा करना या समझना सबके वश की बात नहीं है। जो मनुष्य ऐसा कर सकता है, वही सबसे बड़ा तपस्वी है।"

—चाणक्य

हमारी सार्थकता की पूर्णता में छिपा है जीवन का लक्ष्य

जीवन का अभिप्राय। इस जिंदगी का तर्जुमान क्या होगा? जीवन का अर्थ किस बात में छिपा है? जब हम बचपन से युवा होते हैं तो जीवन को सार्थक बनाने का भाव मन में आता है। यह सार्थकता कैसे पूर्णता को प्राप्त होती है? जीवन का अर्थ है—सुख, आनंद, सुख-दुःख का मिश्रण या कुछ और। जीवन यानी लाइफ एक चक्रव्यूह के समान है। हम इस जीवन में प्रवेश कर जाते हैं। इसके घुमावदार रास्ते से होकर गुजरते जाते हैं। यात्रा के दौरान सुख की खोज, शांति के पड़ाव और सम्मान के क्षण मिलते जाते हैं और अंत में इस यात्रा के किसी ठहराव पर विश्राम को पहुँच जाते हैं। सवाल फिर घूमकर आ जाता है। जीवन यानी जन्म से मृत्यु के बीच का अंतराल। यह बात ठीक है, लेकिन बस इतना ही। जीवन यानी सुख, शांति और सम्मान या दुःख, अभाव और भोग की अनंत चाहत है।

जीवन की परिभाषा संभव है। एक अंतराल, जो इस धरती पर जन्म लेने से लेकर मृत्यु के बीच का कालखंड होता है। लेकिन जीवन का अभिप्राय क्या है?

एक लंबी उम्र। अपनी चाहत को प्राप्त करना। आखिर खुशी प्राप्त करना जीवन है। उपनिषद् में लिखा है कि जो कुछ अनंत है, वही असली खुशी है। जो कुछ भी सीमित है, उसमें खुशी नहीं हो सकती। अनंत ही परम सुख है और हर व्यक्ति को इस परम सुख को समझने की कोशिश करनी चाहिए। खुशी और सुख भी कई प्रकार के होते हैं—भौतिक सुख, विलासितापूर्ण सुख, अहंकार आधारित सुख, घटना आधारित सुख, भविष्य आधारित सुख।

सुख या खुशी का संबंध मन से है और मन चंचल होता है, यानी चंचलता के दायरे में सुख आए या दुःख, उसे बस वह भोग लेता है। वह क्षण ही उस मन को सुखी या दुःखी करता है, बाकी कुछ नहीं। यानी जीवन का अभिप्राय सुख या दुःख में नहीं, वरन् उसे भोगने में छिपा है। हम क्या भोगते हैं? लगातार परेशानी के बाद आनंद। कई असफलताओं के बाद सफलता। भीषण गरमी के बीच वर्षा की फुहार। बच्चे की एक मुसकराहट, पत्नी का परेशानी के पल में छुअन या माँ के हाथ का खाना, ईश्वर के समीप बैठकर खुद को खोजना। ये कुछ घटनाएँ हैं। यह कुछ पलों की बात है। लेकिन संभव है कि जीवन को ऐसे ही छोटे पल अभिप्राय दे दें। कोई जरूरी नहीं कि इसके लिए अंतहीन सुख भोगा जाए। जिस सुख का कोई अंत नहीं, कदाचित् वह दुःख ही लगे। आखिर जो सदैव लजीज भोजन का अभ्यस्त हो, वह लजीज भोजन का अभिप्राय कैसे समझेगा! यह तो कोई भूखा व्यक्ति ही जान सकता है। जीवन का अर्थ अनंतता या अमरता में नहीं है। पीड़ादायी शरीर के साथ अमर रहनेवाला अश्वत्थामा होने से अच्छा है कि घटोत्कच की तरह धर्म के लिए अपनी अनंत शक्ति को समर्पित कर दे। अमरता में जीवन की सार्थकता है, तो वह अमरता हनुमान की होनी चाहिए। जो हर पल समाज के लिए खुद को प्रस्तुत करने को तत्पर रहे। संजीवनी बूटीवाले विशाल द्रोणाचल पहाड़ को हाथ पर उठाए रखनेवाले हनुमान भी यातना भोग रहे हैं, लेकिन लोकोपकार की खातिर। उनका द्रोणाचल जीवन को अर्थ देनेवाली औषधियों से भरा-पूरा है।

जैसे ही सवाल करते हैं कि हमारे जीवन में कुछ और है, इसके बाद क्या, अब कैसे, वैसे ही हम एक यांत्रिकता पर चल देते हैं। किसी एक मूल्य प्रणाली को स्वीकार कर लेना या चलना श्रेष्ठता का परिचायक नहीं। जीवन अगर श्रेष्ठ है तो यांत्रिक या अनंतता जरूरी नहीं। वही जीवन श्रेष्ठ है, जिसे जीना मानवीयता के तरंगित होने का मार्ग प्रशस्त करता हो। किसी को प्रेम दे। रास्ता दिखा जाए। श्रेष्ठ जीवन या जीवन का अर्थ किसी राजा या उच्चस्थ पद पर आसीन व्यक्ति को नहीं, वरन् किसी मीरा, सुकरात और भगत सिंह को मिलता है। जीवन का अर्थ हमारे

मानदंडों पर भी हो सकता है। लेकिन ऐसे अर्थ के कोई मायने नहीं, जो अनुकरणीय न हो। जिसे देख या जान सिर न झुके। इस असीम सृष्टि में बहुत-कुछ है, जिससे प्रेम किया जाए। बहुत सारी चीजें हैं, जिनसे एकात्म हुआ जाए। उसी में कुछ सार्थकता है। जीवन का सबसे बड़ा सत्य स्वयं जीवन है। पृथ्वी का सबसे बड़ा सत्य है जीवन। पर परम सत्य है शून्य का बोध, जो जीवन की जटिलताओं से जूझते हुए मिलता है। सबको जूझना पड़ता है। जटिलताओं से लड़ना और उस पर विजय पाना ही जीवन का लक्ष्य है। पूरा ब्रह्मांड गतिमान है। सौरमंडल, आकाशगंगाएँ, सूर्य और तारे सभी लगातार आगे बढ़ रहे हैं। लगातार बदलते और जटिल समय से जब हमारी पृथ्वी जूझ रही है, तब हमें भी इतना साहस करना चाहिए कि आगे बढ़ें। ईश्वर में विश्वास और अपनी आस्था के साथ जीवन की कठिनाइयों को जीत लेने की संकल्पशक्ति के साथ आगे बढ़नेवालों के लिए ही जीवन का अर्थ है। जीवन का अर्थ कहीं ठहराव में नहीं। यह जीवन गतिमान है तो अर्थ स्थिर कैसे हो सकता है? जीवन के हर पल को पूर्णता में जीना ही जीवन की सार्थकता है।

इस सृष्टि में जिसकी जो इच्छा होती है, उसको वह पाना चाहता है। लेकिन वह जीवन नहीं है। अपने मन के मुताबिक पाने की चाहत से सारी मानव-जाति परेशान है। इस विविधतापूर्ण जीवन में जितने लोग हैं, उतने अर्थ हैं और उतनी ही आकांक्षाएँ हैं। हर आदमी अपनी प्रवृत्ति की सीध में ऐसी नई दिशाएँ खोजना चाहता है कि जहाँ उसे जीवन का अर्थ दिखाई दे। जिंदगी रोज बदलती रहती है, बढ़ती रहती है, उसमें नए पन्ने जुड़ते जाते हैं। इस गुजरे समय के साथ एक अर्थ सदैव रहता है, जो वर्तमान के काम आए। बीते समय के पन्ने पर हमारे मन, चेतना और अस्तित्व की छाप छोड़ना ही जीवन का लक्ष्य है और जीवन का अर्थ भी। इसके सिवाय और क्या?

जीवन की सार्थकता और निरर्थकता के सवाल पर हर सभ्यताओं में चिंतन-मनन हुआ है। दुनिया के हर साहित्य में ऐसे पात्रों का वर्णन है, जो जीवन की यातना झेलते हैं। सुख की खोज करते हैं। ग्रीक साहित्य में ऐसे तीन पात्रों का वर्णन आता है, जिसका उल्लेख धर्मवीर भारती ने अपनी कविता 'प्रमथ्यु-गाथा' में किया था। इन पात्रों में किसी के जीवन की यातनाएँ उनकी खब्त के कारण होती हैं तो कोई लोकोपकार के लिए सहर्ष सजा भुगतता है। एटलस को देवराज जीयस यानी भारतीय इंद्र से द्रोह करने की सजा मिली और वह गगनमंडल को अपने कंधों पर उठाए अनंत काल से जीवन जी रहा है और यह चलता रहेगा। उसका एक भाई था प्रोमिथियस। उसने भी अपराध किया था, लेकिन जनहित के लिए। उसने मनुष्य

जाति को देवोपम शक्ति से समृद्ध किया, स्वर्ग से आग चुराकर मानवजाति को उपलब्ध कराई। इस दंड के लिए राजा प्लूटो ने सजा दी। उसे लौह शृंखला से बाँध दिया गया। एक गरुड़ दिन में रोज उसके उदर का मांस खाता, रात को घाव भर जाता तो पुनः दिन में गरुड़ मांस खाने के लिए उपस्थित हो जाता। प्रोमिथियस मनुष्य जाति को अग्नि उपलब्ध कराने की सजा तीस हजार सालों तक भुगतता रहा। तब उसे देवराज ने मुक्ति दी।

ग्रीक साहित्य में एक तीसरा पात्र है एओलस निवासी सिसिफस। उसके पिता को देवराज के वरदानस्वरूप वायु पर अधिकार था। इससे वह मन-मुताबिक धरती पर मौसम लाता। एक दिन उसकी भी मृत्यु हो गई। सिसिफस विचलित हो गया, सोचा कि सर्वाधिक शक्तिशाली तो मरण है। उसे लगा कि प्रोमिथियस के आग और जीवन में आनंद का क्या मतलब है? यदि मृत्यु आ गई तो! उसने संकल्प लिया कि मृत्यु को जीतेगा। ऐसी ही स्थिति महात्मा बृद्ध के जीवन में आई थी। उनका इस जीवन से महाभिनिष्क्रमण का कारण भी जीवन में दुःख और मरण था। लेकिन उन्होंने अपने जीवन को तप-साधना में लगाया। जीवन के अर्थ को जानने के लिए सात सालों तक इस प्रकार से साधनाभ्यास किया कि उनका संज्ञान-विवेक और करुणा-मैत्री चरमोत्कर्ष पर पहुँच गई। तब उन्हें संबोधि प्राप्त हुई। गौतम के रूप में साधनरत थे, बुद्ध बनकर दुनिया के समक्ष आए, एक ज्ञान के साथ। चार आर्य सत्यों का साक्षात्कार। दुःख का नहीं, मृत्यु का नहीं। मृत्यु भय को जीतकर दुःख निराकरण कर उन्होंने जीवन जीवने की राह खोजी। परंतु सिसिफस अगर ऐसा सोचता तो वह भी बुद्ध हो जाता। लेकिन उसने सोचा कि मृत्यु जब हमारे जीवन में छल करती है तो मृत्यु को भी छल से जीतना चाहिए। अतएव जब मृत्यु उसे लेने आई तो उसे बंदी बना लिया गया। परिणाम! व्यक्ति एक समय के बाद जरा-जीर्ण हुआ, चलना, खाना-पीना बंद, लेकिन मृत्यु नहीं आई। पेड़ सूखे नहीं, फूल झड़े नहीं! नए पेड़ और फूल तथा फल का आना बंद हो गया। प्रकृति में हाहाकार हो गया। लोगों ने अमरता की, अनंत जीवन की त्रासदी की अनुभूति कर ली थी। चहुँओर लोग हाथ उठाकर मृत्यु की माँग करने लगे। मृत्यु, मृत्यु! लोगों को अहसास हो गया मृत्यु की आवश्यकता और अनिवार्यता का, एक सार्थक और सफल जीवन के बाद विराम का, मृत्यु का और पुनः शक्ति से भरपूर नए जीवन की शुरुआत का। अनंत जीवन की यातना से अच्छी है जीवन की पूर्णता के बाद मृत्यु। देवराज जीयस की आज्ञा से एटीज ने पराक्रम दिखाया और सिसिफस को पराजित कर बंदीगृह में डाल दिया। राजा प्लूटो ने सजा दी। हेडीज घाटी के नीचे पड़े विशाल संगमरमर की चट्टान

को सिसिफस ठेलकर गिरिशृंग के शीर्ष पर ले जाएगा। इसके बाद वह चट्टान पुनः नीचे फेंक दी जाएगी और सिसिफस उसे शीर्ष पर लाने का क्रम करता रहेगा। ऐसा करते सिसिफस को बत्तीस हजार साल बीत गए। धरती पर अमरता लाने का अपराधी खुद अमर होने के बाद भी अर्थहीन दंड भोगने को अभिशप्त। यातना भोगते-भोगते पाषाण बन गया। कदाचित् अश्वत्थामा की तरह। प्राकृतिक व्यवस्था को पलटने की कोशिश में सिसिफस भी विफल रहा और अश्वत्थामा भी। और दोनों अभिशप्त जीवन भोगने को लाचार। सिसिफस की चट्टान तृणविहीन है तो मृत्यु भय को जीतनेवाले महात्मा बुद्ध की सीख से इस धरती के मानव का जीवन हरा-भरा हो रहा है।

अभिप्राय यह कि जीवन जीने की सर्वोत्तम कला है, सार्थक जीवन जिएँ। अपने साथ दूसरों के लिए जिएँ। जीवन की सार्थकता अमरता और अनंतता में नहीं है। जीवन है तो यातना है, दुःख है और उसे भोगना भी होगा। अब सवाल है कि उस दुःख को हम कैसे भोगें? आत्मचेतना को प्रेममय एवं करुणामय बनाकर दुःख को झेलें, कठिनाइयों का सामना करें। जीवन की शीतलता में प्रेम की उष्णता लाकर। इसमें ही जीवन की अर्थवत्ता है। इसलिए भारतीय चिंतन में कहा गया है—'मुहूर्तं ज्वलितं श्रेयः, न च धूमायितं चिरं।' लंबे समय तक धुआँते रहने से, क्षण भर की दीप्ति के साथ चमक-सुलग जाना बेहतर है। जीवन का सबसे बड़ा सत्य स्वयं जीवन है।

□

“न यथा यत्ने नित्यं यदभावयति तन्मयः। यादगिच्छेच्च भवितुं तादभवित नान्यथा॥ अर्थात् मनुष्य नित्य जैसा यत्न करता है, तन्मय होकर जैसी भावना करता है और जैसा होना चाहता है, वैसा ही हो जाता है, अन्यथा नहीं।”

—योगवासिष्ठ

आत्म-जागरण से शुरू होती है जीवन की अनंत यात्रा

ऋषि प्रार्थना करते हैं—‘ॐ असतो मा सद्गमय। तमसो मा ज्योतिर्गमय। मृत्योर्मामृतं गमय॥’ हे परमपिता, हम असत्य से सत्य की ओर, अंधकार से प्रकाश की ओर और मृत्यु से अमरता की ओर जाएँ। कैसे मिले हमें यह सत्य? कैसे हमारे जीवन में ज्ञान का आलोक फैले? और कैसे हम मृत्यु के भय से मुक्त हो जाएँ? वृहदारण्यकोपनिषद् में इन बातों की सुंदर एवं विशद व्याख्या की गई है। उपनिषद् के ऋचाकार कहते हैं कि यह दृष्टि पर निर्भर है। हमारी दृष्टि बदली तो सृष्टि को देखने का नजरिया बदल जाता है। उपनिषद् के ऋचाकार ने आत्मसाक्षात्कार के बाद लिखा कि जब आत्मतत्त्व ने शुरू में देखा तो उसे लगा कि यहाँ केवल मैं हूँ, और कोई नहीं है। इसलिए डर का कारण भी नहीं है। ऋषि संदेश देते हैं कि अपने अलावा किसी और की उपस्थिति को मान लेने से ही डर, अहंकार, क्रोध और घृणा की उत्पत्ति होती है। इतना ही नहीं, जब अपने अस्तित्व को भी जड़ता से स्वीकार करने पर अहं पैदा होता है, जो बंधन का कारण है, सृष्टि की उत्पत्ति के समय का वह आत्मतत्त्व बाद में ब्रह्मतत्त्व का पर्यायवाची

माना गया। और बाद में उस परमतत्त्व ने अपनी संकल्पशक्ति से सृष्टि में विभिन्न जीव एवं तत्त्वों की रचना की।

संकल्पशक्ति सबसे बड़ी चीज है। यह इस उपनिषद् का निचोड़ है। राजा जनक की राज्यसभा में सब ब्रह्मवेत्ताओं की बैठक बुलाई गई। उसमें यह निर्णय होना था कि सर्वश्रेष्ठ ब्रह्मज्ञ कौन है? उनको हजार गायें दी जानी तय हुईं। सभा में उपस्थित दार्शनिक याज्ञवल्क्य ने अपने शिष्य सौम्य सामश्रवा से कहा कि इन गौओं को हमारे आश्रम की ओर लेकर चलो। इसके बाद याज्ञवल्क्य और ब्रह्मसभा में उपस्थित समस्त दार्शनिकों के बीच शास्त्रार्थ शुरू हो गया। उस समय के श्रेष्ठ नौ दार्शनिकों की टोली को याज्ञवल्क्य ने अपने तर्क, दर्शन और आत्मज्ञान से पराजित किया। उपनिषद् में सबसे प्राचीन तथा आकार में सबसे बड़ा उपनिषद् वृहदारण्यक है। इस उपनिषद् के रचयिता दार्शनिक याज्ञवल्क्य हैं। यह उपनिषद् शुक्ल यजुर्वेद की शाखा है, जिसका तात्पर्य है—वृहत् यानी बड़ा और अरण्यक यानी वन। याज्ञवल्क्य ने राजा जनक के दरबार में तत्कालीन समस्त महान् दार्शनिकों से शास्त्रार्थ करके अपने ज्ञान की सर्वोच्चता सिद्ध की। गार्गी, मैत्रेयी और कात्यायनी जैसी विदुषी महिलाओं एवं राजा जनक, उद्दालक आरूणि, विदग्ध शाकल्य, जारत्कारव आर्तभग, उषस्त चाक्रायण, कोहल कोषीतकेय जैसे दार्शनिकों के साथ शास्त्रार्थ किया।

शास्त्रार्थ के पश्चात् उपनिषद् के रचनाकार ने कहा कि सृष्टि के प्रारंभ में कुछ नहीं था, सिर्फ आत्मतत्त्व को छोड़कर। उस आत्मतत्त्व ने अपने चारों ओर देखा तो उसे अपने अलावा कुछ दिखाई नहीं दिया। इससे उसके अंदर यह भाव जगा कि 'अहं अस्ति', यानी बस मैं हूँ। इस अहंकार के कारण ही सारी दुविधा, सारे संकट और भय उत्पन्न हुए। ऋषि इससे बचने के लिए प्रार्थना करते हैं कि हे प्रभु, मुझे असत् से सत्य की ओर ले चल। यह पुकार ही असाधारण है, क्योंकि आदमी तो प्राकृतिक रूप से नीचे गिरता ही है। हमारी इच्छा, हमारे कर्म और हमारी वासना सदैव हमें असत् की ओर ले जाती है। ये इच्छा, ये कर्म, हमारी वासना के कारण हम कुछ न भी करें तो नीचे जाएँगे, क्योंकि सुख और सहजता की खोज में प्राण थोड़ा सा नीचे उतरने को बाध्य कर देता है। नीचे की पुकार सदैव गुंजायमान है और प्रकृति उसमें अपने सारे उपकरणों के साथ सहयोग करती है। अगर वासना की चले, इच्छा ही सर्वोपरि हो तो आदमी पत्थर हो जाना पसंद करेगा। चेतना ही तो दुःख का कारण है। सुकरात के हाथ में विष का प्याला है। उनके सहकर्मी पूछते हैं कि तुम्हें मृत्यु से भय नहीं लगता? हमने योजना बनाई है आपको इस जेल से मुक्त कराने की।

सुकरात कहता है कि मैं तो पहले से ही मुक्त हूँ। कैसा भय ? कैसी जेल ? जो व्यक्ति आत्मतत्त्व को जानते हैं, वे दुःख से नहीं डरते। हम दुःख से डरते हैं। महारानी कुंती श्रीकृष्ण से प्रार्थना करती हैं कि 'विपदः सन्तु ताः शाश्वत्तत्र तत्र जगद्गुरो। भवतो दर्शनं यत्स्यादपुनर्भवदर्शनम्।' हमें दुःख दो। मुझे दुःख चाहिए, क्योंकि इसी बहाने आपको स्मरण तो करता रहूँ। मेरे मन में कोई सुख या अहं का उन्माद पैदा न हो। यह सुख की वासना, यह अहं का बोध ही तो हमें नीचे गिराता जाता है।

और जब आदमी असहाय अवस्था में पहुँच जाता है, तब याचना करता है कि हे प्रभु, मुझे सन्मार्ग की ओर, प्रकाश की ओर ले चल। यह प्रार्थना अपने प्राण, भीतर बैठी आत्मा को निवेदित की गई है। जब यह भाव धीरे से घनीभूत हो जाता है तो हमारी आकांक्षा हमारे कृत्य को दिशा-निर्देशित करने लगती है। एडिंग्टन एक नोबेल पुरस्कार प्राप्त महान् वैज्ञानिक थे। उन्होंने अपने संस्मरण में लिखा कि अब जीवन के अंतिम समय में यह सत्य प्रकट हो रहा है कि जगत् वस्तुओं का समूह नहीं है। यह 'यूनिवर्स रिजेंबलंस मोर ए थॉट दैन ए थिंग', यानी यह जो विश्व है, यह एक विचार की तरह अधिक है, बजाय एक वस्तु की तरह। इसी बात को महात्मा बुद्ध ने अपने धम्मपद के पहले प्रवचन में कहा कि तुम जो सोचोगे, वही हो जाओगे। इसलिए ईमानदारी एवं विचार कर ही कोई बात सोचना। हमारे अच्छे भाव या गलत भाव ही सघन होकर आचरण बनते हैं। प्रार्थना एक माध्यम है अपनी चेतना को उर्ध्वगामी दिशा में गमन कराने का। इसके माध्यम से व्यक्ति पूर्ण समर्पण करता है। जीवन में और कोई माध्यम नहीं, जहाँ समर्पण पूरा होता है। जब समर्पण पूरा होगा तभी तो सत् की यात्रा शुरू होगी। अन्यथा यह आत्मा सदैव वासना, सुख और अहं में व्यस्त रहेगी।

□

"हर साँस, हर कदम अथाह शांति, खुशी और पवित्रता से भरा हो सकता है। हमें केवल वर्तमान पल में जाग्रत्, जीवित रहने की जरूरत है।"

—थिक न्यत हान

शांत मस्तिष्क से ही संभव है निराशा पर विजय

एक बार प्रेस कॉन्फ्रेंस में दलाई लामा से सवाल किया गया कि आपको यह सोचकर तकलीफ नहीं होती कि चीनियों ने आपके और आपके लोगों के साथ क्या किया? बौद्ध धर्मगुरु का कहना था कि चीनियों ने हमसे सबकुछ ले लिया, लेकिन उनको अपनी मानसिक स्थिति को लेने नहीं दूँगा। जीवन में नाउम्मीदी की कितनी भी बड़ी परिस्थिति क्यों न हो, निराशा का भँवरजाल हो, लेकिन हमें मस्तिष्क को सदैव ही शांत और स्वस्थ रखना जरूरी है। यही वह चीज है, जो सबसे प्रभावशाली साधन है। इस पर अगर किसी का कब्जा हो गया तो कोई विकल्प नहीं बचता। अगर मस्तिष्क शांत है तो जीवन में विकल्प और संभावनाओं की कोई कमी नहीं है। महावीर के कानों में भी कीलें ठोंकनेवाले मिल गए। उनको पत्थर मारा गया। गाँव में प्रवचन के दौरान खदेड़ दिया जाता था, लेकिन महावीर सदैव कहते थे कि 'वैर मज्झ न केवई।' यानी मेरी किसी से कोई शत्रुता नहीं है। उनकी होगी तो वही जानें।

झेन कथा है कि बोकोजू अपने गुरु के पास गया। उसके गुरु ने बताया कि देखो बोकोजू, अब साधना का कठिन दौर आ रहा है। जब बुद्धत्व की स्थिति आए

तो डरना नहीं है। लगाव भी नहीं रखना है। राग और विराग दोनों से दूर रहना है। अगर कोई स्थिति आए तो उसे तलवार से काट देना। बोकोजू ने सवाल किया कि गुरुदेव! लेकिन साधना में तलवार कहाँ से लाऊँगा? तब गुरु ने कहा कि जहाँ से साधना में बुद्धत्व आएगा, वहीं से तलवार भी आ जाएगी। मन सभी प्रवृत्तियों का कारण है। यदि कोई दोषयुक्त मन से बोलता है, कर्म करता है, तो दु:ख उसका अनुसरण वैसे ही करता है, जैसे गाड़ी का चक्का खींचनेवाला बैल और उसका पैर। अवसाद से निकलना है, निराशा का अंत करना है तो मन का ध्यान करना होगा।

निराशा में मन:स्थिति को शांत रखना क्यों जरूरी है? इसका सीधा जवाब है कि कोई भी वृत्ति पहले मन में उठती है। हम रास्ते से गुजरते हैं। एक सुंदर भवन दिखता है। भवन को देखने में कोई वासना नहीं है और न ही यह गलत है। लेकिन तटस्थ भाव नहीं होता है कि देखा और निकल गए। जब उस भवन की छाया मन:स्थिति पर छा जाए, तब दिक्कत होती है। मन एक ध्वनि है। मन एक दृश्य बनाता है, अगर ध्वनि व्यवस्थित है तो ठीक है। अगर चित्र मन के कैमरे पर आता है और जाता है तो कोई गलत नहीं है। लेकिन मन अराजक हो जाए। उस ध्वनि को सुनने लगे, चित्र के पीछे भागने लगे तो समस्या आती है। इसलिए बौद्ध गुरु कहते हैं कि मनुष्य का सबकुछ छिन जाए तो कोई बात नहीं, लेकिन मन शांत और स्वस्थ रहना चाहिए।

जीवन अवसर के उपयोग पर निर्भर करता है। संभावनाओं को सृजन में बदलने पर ही सफलता मिलती है। बस आँख खुली रखें और छोटे-से-छोटे अवसर की तलाश में रहें। यह इसलिए भी जरूरी है कि जब भी संकट की स्थिति हमारे समक्ष आती है तो हमारे पास विकल्प नहीं बचते हैं। इसलिए हर वक्त किसी भी परिस्थिति के लिए तैयार रहना चाहिए। इस सभ्यता का विश्लेषण करते हुए स्टीवन पिंकर कहते हैं कि सदी-दर-सदी गुजरती दुनिया में हिंसा और हत्या की घटनाएँ लगातार कम हुई हैं, परंतु वास्तविकता ऐसी नहीं है। समाज और दुनिया में व्याप्त भय या अवसाद से निकलने के लिए हम ज्यादा कुछ नहीं कर सकते। हमारी निराशा, अवसाद और भय का एक कारण है—हमारी लालच की मनोवृत्ति। हमारी अपेक्षाएँ ज्यादा बढ़ती जा रही हैं। हम जिस दुनिया में जी रहे हैं, वहाँ सिखाया जाता है कि लोभ और अपेक्षा होने में गलत क्या है? हमें यह समझना होगा कि लालच दुनिया की गरीबी और भुखमरी की स्थिति में कोई सुधार नहीं लाया है।

हमारी निराशा का कारण है—ज्यादा सुख, ज्यादा लोभ, ज्यादा धन और ज्यादा की इच्छा। अगर हम चेतनशील हैं तो हमारा लक्ष्य होना चाहिए कि दुनिया

का हर प्राणी पीड़ा से मुक्त रहे, सबको खुशी और शांति मिले। क्या हमारा यह लक्ष्य नहीं होना चाहिए! वर्तमान पीढ़ी के लोग विचार से, तेजी से दूर होते जा रहे हैं और इसे क्रूरता के अँधेरे और हिंसा से प्रतिस्थापित किया जा रहा है। योग्य आदर्श के अभाव ने हमारे जीवन में गुस्से और अवसाद को भर दिया है। हम अपना उत्कृष्ट और अभिनव दिखाने के बदले नकल पर जोर दे रहे हैं। जीवन में हमें प्रभावशाली बनना है तो हमारे पास एक शांत और स्थिर मस्तिष्क का होना आवश्यक है। निराशा के कारण क्रोधित या हतोत्साहित होना हमारी प्राकृतिक अभिव्यक्ति हो सकती है, लेकिन अगर हम क्रोध का पोषण करें या गुस्से में ही फँसे रहें तो यह हमें साधारण बनाता है।

□

"सृष्टि की हर चीज आपके भीतर है। सारी चीजें खुद से माँगिए।"

—रूमी

नदी की तरह बहने में है जीवन की मिठास

नदी की सुनिए। कह रही है कि न तो चोटी से गिरने का डर है और न ही चट्टानों से टकराते प्रवाह की परवाह है। न उसके क्रंदन और किनारों के बंधन का भय है और न ही रुककर अपने परिवार बसाने का मोह। और हाँ! समंदर किसने देखा? गति है, लय है और साथ में यह लहराता-गाता अपना क्षण। बस यही जीवन है। नदी के रूप और कर्म में ही सृजन एवं जीवन के दर्शन की झलक है। जो व्यक्ति नदी के पानी के तरह बन गया, वह सफल हो गया। पानी की तरह तरल, सरल और सजल हो गया, उसके लिए बाधा भी एक अवसर बन जाती है। नदी यानी बूँद-बूँद पानी का असीम स्वरूप। एक यात्रा। सभ्यता की, परंपरा की, जीवन के उत्सव की, रचनात्मकता की।

बूँद के बनने से सागर की यात्रा। पर्वत-पहाड़ों के उद्गम से निकली कई जलधाराएँ मिलकर नदी बनती है। पहाड़ी रास्तों में उछलकूद के बाद मैदान में अपनी उर्वरता बिखेरती, अपने समान कई नदियों से मिलकर एक विशाल नदी का स्वरूप धारण करती। नदी की तरलता का अर्थ है विनम्र हो जाना। सरल हैं तो पानी की तरह बहते हुए गंतव्य तक पहुँच जाएँगे! नदी कहीं तनती नहीं, यही कारण है कि वह रुकती नहीं। ये नदियाँ नहीं होतीं तो हमारी महान् सिंधु-आर्य सभ्यता नहीं होती। इसकी अनवरत गति ही भारतीय सभ्यता की सनातन यात्रा की ऊर्जा और

ताकत रही। नदी के किनारे शहर बने, संगम पर तीर्थ, छोरों पर उर्वर एवं खेती योग्य भूमि तथा तल में अनगिनत जीवों के लिए आश्रय स्थल। सूर्य अगर जीवित देवता है तो नदियाँ अस्तित्व को जानने का माध्यम। इसने मानव के जीवन में खुशहाली देकर उत्सव का अवसर दिया। अपनी सजलता से आध्यात्मिकता का और सरलता से काव्य-रचना का आधार बनाया। नदी और मानव के जीवन में एक ही राग है। जिस प्रकार पहाड़ और जंगलों से निकलकर नदियाँ अनगिनत पत्थर, खेत, पेड़ और जीवन को छूते हुए सागर में मिल जाती हैं, उसी प्रकार मानव भी जीवन-यात्रा में अनगिनत भावना, दुःख, सीख एवं आनंद को समेट परम में विलीन कर लेता है। श्रीकृष्ण इसके उदाहरण हैं। एक नदी के किनारे जीवन शुरू किया और समुद्र के किनारे अपनी लीला समाप्त की। कदाचित् इसलिए आरसी प्रसाद सिंह की कविता कभी भूल ही नहीं पाता हूँ—

यह जीवन क्या है? निर्झर है, मस्ती ही इसका पानी है।
सुख-दुःख के दोनों तीरों पर चल रहा मनमानी है।

नदी से एक पाठ निरंतरता का सीखा जा सकता है। निरंतरता के अलावा नदी से सुनना सीखा जा सकता है। स्थिर हृदय से सुनना, एक प्रतीक्षा करनेवाली, उदार आत्मा के साथ, उद्वेग के बिना, कामना के बिना, बिना कोई फैसला सुनाए, बिना कोई राय जाहिर किए। नदी के बहुत सारे स्वर हैं। इसमें जीवन के स्वर हैं तो अस्तित्व के सतत होने के स्वर भी हैं। कई रूप हैं। पानी भाप बनता है, बारिश होती है, सोता, नाला और नदी का निर्माण। ठीक इसी तरह हमारे जीवनरूपी इस शरीर में भी एक जीवंत नदी सदैव बहती रहती है, जो मेरुदंड से होकर गुजरती है। स्पाइनल कॉर्ड में जो ऊर्जा का प्रवाह है, वह मस्तिष्क के सहस्त्रार से लेकर मूलाधार तक प्रवाहित होती रहती है। जिस प्रकार हमारे सामाजिक जीवन की नदियाँ प्रदूषित हो गई हैं, उसी प्रकार शरीर के अंदर की नदी का प्रवाह भी साफ नहीं रह गया है। भीतर की नदी को हमने अपने क्रोध, घृणा, भय, हिंसा एवं लोभरूपी कूड़े-कचरे से गँदला कर दिया है। इस भीतरी नदी की भी सफाई मानव के ऊर्ध्व आरोहण के लिए जरूरी है। इसके लिए ऊर्जा को नीचे से ऊपर की ओर ले जाना होगा।

नदी के कितने रहस्य हैं? उसका पानी लगातार बहता रहा है, बहता जाता है, इसके बावजूद भी वह हमेशा वहीं रहती है। तिस पर भी हर पल नई। यह नदी है, जो एक समय में सभी जगहों पर है। स्रोत और मुहाने पर, झरने और घाट पर, धारा में, सागर में और पहाड़ों पर। हर जगह और वर्तमान का अस्तित्व सिर्फ उसी के लिए है। न तो अतीत की छाया के लिए, न भविष्य की छाया के लिए? जीवन

में भी न तो अतीत आता है और न कुछ भविष्य होता है। कोई भी ऐसा तत्त्व नहीं, जो सदैव अपने मूल रूप में रहेगा, लेकिन हर वस्तु में वास्तविकता होती है। कौन इसको समझ सकता है? नदी सुनना सिखाती है। यह सिखाती है कि जीवन में गहराई में जाना जीवन को खोजना है। नदी को सबकुछ स्वीकार्य है। उसे तो होना भर है। यही है प्रेम। हम सबके पास सदा एक सरल और निर्मल मन होता है, नदी की तरह। वह कभी बूढ़ा नहीं होता, सदैव नवनीत रहता है। पहाड़ की नदी में कभी गंदगी नहीं होती। वह पिछले पलों के सभी कचरों को बहा ले जाती है। फिर शीशे की तरह साफ मन। स्मृति का धूल कण भी नहीं बचता उसके मन में और न ही भविष्य का भय होता है।

नदी का दर्द अनूठा है। यह संदेश देता है कि जब हम प्राकृतिक प्रेम में होते हैं, तभी ही मनुष्य के साथ प्रेम कर सकते हैं। नदी की तरह मन हो जाए, तभी वह मन सुनता है, प्रतीक्षा करता है···मस्त रहकर। नदी का प्रेम चिरयुवा है। उसका जादू अजीब है। वह हमारे समाज को प्रेम देता है, भक्ति का भाव भरता है, लेकिन बदले में हम क्या देते हैं? पर इन नदियों को कोई पीड़ित नहीं कर सकता। वे बह रही हैं। सदा-सर्वदा के लिए।

□

"मौन महान् शिक्षक है और इसका सबक सीखने के लिए आपको इसकी ओर ध्यान देना चाहिए। सृजनात्मक प्रेरणा, ज्ञान और स्थिरता का कोई विकल्प नहीं है, जो यह जानने से मिलता है कि आंतरिक मौन के मूल स्रोत से कैसे संपर्क किया जाए।"

—दीपक चोपड़ा

व्यक्ति का विकास नहीं हुआ तो समाज का विकास नहीं होगा

व्यक्ति और समाज दोनों एक-दूसरे पर आधारित हैं। व्यक्ति समाज का ही अंश है। अगर समाज का हित व्यक्ति नहीं सोचेगा तो व्यक्ति का भी उससे हित नहीं होगा। अगर व्यक्ति का विकास नहीं हुआ तो समाज का विकास नहीं होगा। व्यक्ति से ही समाज बनता है। दोनों का ताना-बाना एक-दूसरे में अंतर्निहित है। समाज को धारण करनेवाली संस्थाओं में परिवार (गाँव या शहर) की केंद्रीय भूमिका है। चूँकि परिवार के केंद्र में व्यक्ति है। अतएव समाज परिवर्तन की प्रक्रिया व्यक्ति और परिवार में आनेवाले परिवर्तन के साथ चलती है। समाज के निर्माण में व्यक्ति का स्थान अहम होता है। किंतु समाज यदि परिवर्तन खोज रहा है या हो रहा है तो इसकी शुरुआत व्यक्ति के स्तर पर ही होती है। परिवार का इकाई व्यक्ति है। अतएव परिवार को आधार बनाकर व्यक्ति या समाज का निर्माण या परिवर्तन किया जा सकता है। व्यक्ति बदलेगा तो परिवार बदल जाएगा। परिवार बदला तो समाज यानी गाँव और शहर बदल जाएँगे। यह भारतीय अस्मिता की पहचान एवं आधार रही है।

जिस एक बात ने भारत को सदियों तक एक सूत्र में बाँधे रखा, वह था उसका सशक्त सामाजिक ढाँचा। भारतीय जीवन में समाज की भूमिका सदैव ही सशक्त रही है। उस दौर में भी जब समूचा भारतवर्ष एक सूत्र में बँधा था। व्यक्ति से अधिक समाज और परिवार को महत्त्व दिया गया। एकात्म तथा केंद्रीकृत शासन व्यवस्था में भी समाज को मजबूत और दिशा देनेवाली संस्था गाँव एक स्वतंत्र इकाई के रूप में कार्य करती थी। हालाँकि इसमें जाति, धर्म और अर्थ की भी भूमिका होती थी। लेकिन समाज सदैव जाग्रत् था, यही कारण है कि राजतंत्र हो या लोकतंत्र, वह कभी समाज पर हावी नहीं हो सका। इसी समाज ने संकट की घड़ी में राजव्यवस्था को दिशा प्रदान की। राजतंत्र सदैव से समाज आधारित रहा। कदाचित् इस कारण भी राजतंत्र उतना सशक्त नहीं रहा, जितना होना चाहिए। भारतीय इतिहास में विश्व के अन्य देशों की भाँति निरंकुश एवं अधिनायकवादी शासन का अभाव रहा। भारतीय समाज ने कभी भी राजतंत्र को इतना सशक्त नहीं होने दिया। यही कारण है कि राजनीतिक सत्ता भी 20वीं सदी में आम जनजीवन से दूर रही। हालाँकि हमने संविधान के माध्यम से समाज कल्याण की पुरजोर बात रखी। समाज का दबाव था कि स्वतंत्रता के बाद भारत में लोकतंत्र को अपनाया गया। भारत का बहुलवादी समाज अपनी सरकार को अधिनायकवादी नहीं बनने दे सकता था, जैसेकि तीसरी दुनिया के देशों में हुआ। कदाचित् इसी कारण 60 के दशक में गुन्नार मिर्डल जैसे अर्थशास्त्री ने भारत को कमजोर राज्य कहा था। उन्हें भारतीय समाज की ताकत का अंदाजा नहीं था। जवाहरलाल नेहरू को भारतीय समाज की ताकत का पता था। उन्होंने अपनी विख्यात पुस्तक 'डिस्कवरी ऑफ इंडिया' में भारतीय समाज को तीन शब्दों में परिभाषित किया था—गाँव, जाति और परिवार। भारतीय समाज में पाँच लाख से अधिक स्वायत्त, आत्मनिर्भर गाँव हैं। दो हजार से अधिक जातियाँ और लाखों परिवार। ये परिवार संयुक्त हुआ करते थे, जो अब टूट रहे हैं।

भारतीय मानस का विचार यह है कि व्यक्ति से अधिक समाज महत्त्वपूर्ण है। अगर समाज महत्त्वपूर्ण है तो स्वाभाविक रूप से परिवार और गाँव का स्थान सर्वोपरि है। समाज का निर्माण भी मूलत: इनसे ही होता है। लेकिन अब भारतीय समाज तेजी से बदल रहा है। सत्ता का हस्तांतरण परंपरागत समाज से नागरिक समुदाय की ओर हो रहा है। भूमि पर गाँव या कुलों का अधिकार नहीं रहा। इस पर राज्य अपना अधिकार घोषित करता है। भारतीय जीवन में राजा या शासक की शक्तियाँ, नियम एवं कानूनों का निर्धारण समाज करता था, लेकिन अब यह स्थिति नहीं रही। एक सफल एवं सशक्त राष्ट्र के लिए प्रभावी राजव्यवस्था एवं मजबूत

एवं जाग्रत् सामाजिक ढाँचों का होना जरूरी है। कमजोर राजतंत्र में न्यायप्रिय शासन का अभाव होता है और ऐसे शासक से भ्रष्टाचार, व्यभिचार तथा अन्याय पर रोक संभव नहीं होती। आज भारत एक बाजार आधारित भविष्य की ओर बढ़ रहा है। यहाँ राजतंत्र की भूमिका सीमित है। ऐसे में समाज की भूमिका बहुत बढ़ जाती है। विकास के लिए जब सरकार परियोजनाएँ शुरू करती है, मसलन सिंचाई, बिजली, सड़क या कोई कारखाना आधारित, तब उसे समाज का प्रतिरोध झेलना होता है। कई बार बल प्रयोग भी करना होता है, लेकिन एकाध अपवाद को छोड़कर सरकार को पीछे हटना पड़ता है। किसी भी विकास योजनाओं की पूर्णता तक सरकार को कई प्रकार के प्रतिरोधों का सामना करना होता है। भारत में सरकारों की विकास योजनाओं में निर्णय क्षमता पंगु हो जाती है, वहीं अन्य देशों में परियोजनाएँ शुरू होती हैं तो खत्म भी होती हैं। भारत में परियोजनाओं की विफलता में नियमों की पारदर्शिता एवं सशक्त क्रियान्वयन सिस्टम का अभाव एक कारण है। समाज का विरोध भी मुख्य कारण होता है।

अब सवाल यह है कि जब सरकार की अपेक्षा समाज की शक्ति ज्यादा है तो समाज को विकास के प्रति एक समग्र सोच को विकसित करना होगा। विकास की दिशा एवं क्रियान्वयन के माध्यम भी समाज को तय करना होगा। यह कैसे संभव है? स्वाभाविक एवं निश्चित रूप से गाँव एवं परिवार को सशक्त बनाकर। एक व्यक्ति अगर इकाई के रूप में विकसित हो जाए, वैचारिक रूप से खंडित नहीं रहे एवं राष्ट्र के प्रति समर्पित रहे तो यह संभव है। इसके लिए परिवार को सशक्त बनाना होगा। परिवार सशक्त होगा तो राष्ट्र भी सफल होगा।

सम्यक् ज्ञान के स्तर पर समाज परिवर्तन का अर्थ है—मनुष्य का सांस्कृतिक उन्नयन। एक सांस्कृतिक मनुष्य ही समाज परिवर्तन का स्वप्न देखता है और अपनी आदर्श प्रेरणाओं के अनुरूप नए समाज का रूप गढ़ता है। यह एक श्रेष्ठता का स्तर है। लेकिन समाज परिवर्तन अगर भौतिकवाद को बढ़ाने के लिए एवं भोगवाद की बलिवेदी पर मानव को चढ़ाने के लिए हो तो भी परिवार और व्यक्ति को ही लक्ष्य बनाया जाता है। अतएव व्यक्ति और समाज को सशक्त बनाकर ही राष्ट्र को जाग्रत् किया जा सकता है और उसे अशक्त बनाकर भोगवादी संस्कृति का पहरुआ बनाया जा सकता है।

□

"अपने अस्तित्व के केंद्र में रहें, क्योंकि आप केंद्र से जितना दूर होते हैं, उतना ही कम सीखते हैं। अपने दिल को टटोलें—कार्य करने का तरीका ही आपका अस्तित्व बन जाता है।"

—लाओत्सु

व्यक्ति के अधिकार का पैमाना हो उसकी चेतना का विकास

भारतीय चिंतन में सहयोग व क्रमिक विकास पर जोर दिया गया। इस संबंध में विचारकों ने कहा कि व्यक्ति और प्रकृति सब पूरक हैं। बीज, अंकुर, पेड़ का तना, शाखा, पत्ते, फूल और फल यद्यपि देखने में भिन्न हैं, फिर भी वे क्रमिक विकास में दृश्यमान होते हैं। क्रमिक विकास की जो भिन्न-भिन्न अवस्थाएँ हैं, उनका यह दृश्य स्वरूप हमें अलग-अलग रूपों में दिखाई पड़ता है। यह मानना भूल होगी कि बीज और अंकुर के बीच झगड़ा है, तने और शाखा के मध्य संघर्ष है। किसी का अधिकार क्षेत्र बड़ा है। यह क्रमिक विकास है। इसी पद्धति से व्यक्ति से लेकर संपूर्ण ब्रह्मांड तक जो विभिन्न घटक हैं, उनकी भी विकास की भिन्न-भिन्न अवस्थाएँ हैं और प्रत्येक व्यक्ति की चेतना का यह विकास जिस प्रकार एवं जितनी मात्रा में हुआ हो, उसी मात्रा में उसका अधिकार मानना चाहिए।

व्यक्ति की चेतना, उसके एकात्म-बोध का जितना विकास हुआ हो, उतना उसका अधिकार होगा। आधुनिक समय में यही अधिकार का पैमाना होना चाहिए। व्यक्ति स्वयं से एकात्म होने के साथ-साथ ऐसी ही एकात्मता अन्य सभी व्यक्ति,

परिवार, समाज, राष्ट्र, मानवता, समग्र सृष्टि तथा ब्रह्मांड से भी रख सकता है। किसी उच्चतर या निम्नतर घटक से एकात्मता के बाद अन्य घटकों से एकात्मता खत्म या कम नहीं हो जाती। योगानंदजी कहते हैं कि आंतरिक संतुष्टि के बिना पृथ्वी का स्वर्ग भी नरक बन सकता है, भौतिक वस्तु को रखने-सहेजने में ही व्यस्त रखना जीवन का लक्ष्य तो नहीं। अपने जीवन को नियंत्रित करो। उसे जितना सादा बना सकते हो, उतना बनाओ। हम अगर अधिकांश लोगों में सुख या सफलता का अभाव देखते हैं तो इसका मतलब यह नहीं है कि जीवन की यही नियति है। आपने अपने अंतर में जो प्राप्त किया है, वही आपकी सफलता निर्धारित करता है। यदि आपके अंतर में कुछ भी नहीं है तो आपको कोई सुख नहीं मिल सकता।

आज जो भौतिक सुख की चाहत मृग-मरीचिका या भस्मासुर की भाँति बढ़ती जा रही है, उसके पीछे मुख्य कारण ग्लोबलाइजेशन है। इसकी अच्छी बातों को दुनिया अंगीकार नहीं कर रही है, लेकिन जिन बातों से पृथ्वी और पारिस्थितिक तंत्र का संतुलन बिगड़ जाए, उसकी ओर हम तेजी से बढ़ रहे हैं। इस ग्लोबलाइजेशन की सबसे बड़ी चुनौती है—उपभोक्तावाद की अबाधित बाढ़, भूख और ललक। ऐसे ही हर एक व्यक्ति को काम और सम्मान तभी होगा, जब दोनों में संतुलन कायम रखा जाए। आज हो यह रहा है कि जो जितना आर्थिक रूप से संपन्न है या राजनीतिक रूप से शीर्ष पर है, उसे ज्यादा प्रतिष्ठा मिलती है। इससे असंतोष और असमानता बढ़ती है। वर्तमान में जीवन मूल्य ही भौतिक हैं और हर एक व्यक्ति भौतिक संपन्नता, भौतिक लाभ और भौतिक सुविधा के लिए परेशान व लालायित है, मानो यह सम्मान व प्रतिष्ठा का परिचायक है। भारतीय चिंतन में सामाजिक सम्मान और भौतिक सुविधाएँ एक साथ नहीं चलती थीं। यहाँ कहा गया कि सामाजिक प्रतिष्ठा का क्षेत्र या कद बढ़ेगा तो भौतिक सुख कम होगा और अगर भौतिक सुख चाहिए तो सामाजिक प्रतिष्ठा कम मिलेगी।

इस युग में हम एक घर में रहते हैं और जिस घर में हम रहते हैं, उसमें कई दीवारें हैं। हमें ऐसे घर बनाने होंगे, जहाँ दीवारें न हों। शायद इसलिए ही कबीर ने कहा था—अवधू! गगनमंडल घर कीजै। हमारे भीतर के घर को अनंत एवं विराट् आकाश का दर्शन कराना होगा। तभी कोई विकल्प निकल सकेगा। जीवन को जीना है तो पहले मन को ही व्यवस्थित करना होता है। सुकून की तलाश और सुख की खोज बाहर से भीतर की ओर नहीं, वरन् भीतर से बाहर की ओर ही संभव है। मन के आँगन में कुछ बिखरा है, खुशी के क्षण हैं तो उन्हें समेटना होगा। अपनी परिस्थितियों और लोगों को, जैसे वे हैं, उसी रूप में स्वीकार कीजिए। क्योंकि दूसरों को बदलने

की कोशिश में आप अपनी ऊर्जा स्वयं ही नष्ट कर देते हैं। पहले खुद बदलें, बाकी सब अपने आप ही बदल जाएगा। यदि आपको ऐसा महसूस होता है कि किसी से आपको दु:ख मिल रहा है तो ऐसे व्यक्ति को खूब दुआएँ दीजिए। इससे आपके भीतर रुकी ऊर्जा का प्रवाह खुल जाएगा, चेतना शुद्ध होगी।

वर्तमान परिवेश में कोई व्यवस्था तभी कोई विकल्प दे सकती है, जब उसमें सार्वभौमिकता का सार निहित हो तथा सभी जड़, चेतन व प्राणी की प्रकृति व उसकी महत्ता का यथोचित सम्मान हो। इस सार्वभौम मानववाद की पहली शर्त प्रबुद्ध मानव अर्थात् इनलाइटेन पर्सन का निर्माण होगा। एक आध्यात्मिक राज्य का पहला दायित्व होगा—व्यक्ति का आत्मिक जागरण करे। मनुष्य खुद इस जगत् में अपनी सार्थकता को पहचाने। वह जाने कि हम मूलत: आध्यात्मिक प्राणी हैं, जो कभी-कभी मानवीय अनुभवों से होकर गुजरते हैं। ऐसे में न केवल हमें अपनी श्रेष्ठता व आध्यात्मिकता की पहचान करनी होगी, बल्कि खुद के अंदर स्थिर उस शाश्वत चेतना को जाग्रत् करना होगा। वह जाग्रत् होना चाहती है, ताकि व्यक्ति शरीर, मन और बुद्धि से अलग एक समष्टि के रूप में सोचे। मानव शरीर एक व्यक्ति है और उसका प्रत्येक सूक्ष्म भाग, जिसे 'कोष' कहते हैं, एक-एक अंश है। उसी प्रकार सारे व्यक्तियों की समष्टि ईश्वर है, यद्यपि वह स्वयं भी एक व्यक्ति है। समष्टि ही ईश्वर है। व्यष्टि यानी अंश जीव है। ईश्वर कोई दूर बैठा जीव नहीं, बल्कि हर एक प्राणी का समुच्चय है। इसलिए व्यक्ति का जागरण ही ईश्वर का जागरण है। इसके बाद आध्यात्मिक राज्य का दूसरा काम है—व्यक्ति की असाधारण योग्यता की पहचान करना। प्रत्येक व्यक्ति असाधारण योग्यता से परिपूर्ण है। यह गुण और शक्ति और किसी भी प्राणी में नहीं। जब व्यक्ति खुद को अभिव्यक्त करने की ठान लेता है, तब वह कुछ भी कर सकता है और कुछ भी हो सकता है। इस आत्मिक जागरण के पश्चात् व्यक्ति जब अपनी असाधारण योग्यता को खोजता है, तब वह अपनी मूल प्रकृति के कारण मानववाद से परिपूर्ण हो जाता है, यानी विश्व व्यापकता का अनुभव करता है।

□

“हमारे भीतर एक संसार है—विचार का, भावना का, शक्ति का, प्रकाश का, सौंदर्य का। अदृश्य होने के बावजूद इस संसार की शक्तियाँ सर्वाधिक प्रबल हैं।”

—चार्ल्स हानेल

सुबह सौंदर्य की शुरुआत तो शाम उसका चरमोत्कर्ष है

सौंदर्य क्या है ? सूरदास जन्म से अंधे थे, लेकिन उनकी रचनाओं में सौंदर्य का दर्शन होता है। श्रीकृष्ण के बालरूप से लेकर यौवन तथा अन्य रूपों में शृंगार का जैसा उल्लेख उन्होंने किया है, वैसा कोई आँखवाला कवि भी आज तक नहीं कर सका है। अतएव यह मानना होगा कि हमारे शरीर में एक तीसरी आँख है, जो सौंदर्य को देख, समझ और अपने भावों में प्रकट करती है। साँझ का सौंदर्य क्यों ? सुबह का सौंदर्य कच्चा होता है, चाहे वह फूल का हो, किसी आदमी का। साँझ को सौंदर्य पक जाता है। उसमें लालिमा आ जाती है। वैसे भी हर सृजन अंधकार से पैदा होता है। गर्भ के अंधकार से ही तमाम सौंदर्य का नाता है। इस कारण साँझ का सौंदर्य अपने शिखर को छूता है।

किसी ने ओशो से पूछा कि महात्मा बुद्ध के सौंदर्य का रहस्य क्या है ? उनका जवाब था कि वे सुंदर हैं, क्योंकि वे अपने होने या नहीं होने में सच्चे हैं। उनका ध्यान और प्रेम उनके स्वरूप से परिलक्षित होता है। सौंदर्य तो स्वयं ही प्रकृति पर खिला फूल है। महात्मा बुद्ध का सौंदर्य उनके ध्यान, साधना और सत्य के साक्षात्कार का परिणाम है। एक जेन कहानी है। एक जेन साधिका रियोनेन का

जन्म 1797 में जापान में हुआ था। वह प्रसिद्ध जापानी योद्धा शिंगेन की पोती थी। उसका सौंदर्य अनुपम था। इस कारण वह सम्राज्ञी की सेविका बन गई। एक दिन सम्राज्ञी चल बसी। तब रियोनेन जेन ने साधिका बनने की ठानी, लेकिन परिवार ने अनुमति नहीं दी। विवाह और तीन बच्चों के जन्म की शर्त के साथ साधिका बनने की अनुमति मिली। उसने शर्त पूरी की और सिर मुँड़वाया तथा निकल पड़ी यात्रा पर। वह ईडो शहर पहुँची तथा जेन गुरु तेत्सुग्या से शिष्या बनाने की अनुमति माँगी। कुछ क्षण देखने के बाद गुरु ने अनुमति नहीं दी, क्योंकि उसका सौंदर्य अनुपम था। तब वह जेन गुरु हाकुओ के पास पहुँची। वहाँ भी शिष्य बनाने की विनती को अस्वीकार कर दिया गया। इसके बाद रियोनेन ने एक इस्त्री को गरम कर अपने चेहरे पर रख दिया। विद्रूप हो जाने पर जेन गुरु हाकुओ ने उसे शिष्य बनाना स्वीकार कर लिया। उसने एक कविता लिखी—'जब सम्राज्ञी की सेवा में थी, मैं जलाती थी लोबान। सुगंधित करने को अपने सुंदर वस्त्र। एक अनिकेत संन्यासिन के रूप में अब जलाती हूँ अपना चेहरा। ताकि दाखिल हो सकूँ, एक जेन आश्रम में!'

सौंदर्य कभी भी शरीर का नहीं होता। वह किसी वस्तु से लिप्त नहीं होता। महात्मा बुद्ध कहते हैं कि सौंदर्य तो सिर्फ चेतना का होता है। जिसमें चेतना का विस्तार हुआ, उसमें ही सौंदर्य पूर्णता में प्रकट होता है। यह शरीर केवल वासना का स्थल है। यह मल-मूत्र का घर है। तथागत 32 प्रकार की कुरूपता का वर्णन करते हैं। इसमें केश, रोम, नख, दाँत से लेकर पसीना और चर्बी से लेकर लार तक का वर्णन किया गया है। ठीक भी है। शरीर से दुर्गंध आती है, वस्तु सड़ती है। लेकिन चेतना में दुर्गंध नहीं आती है। शरीर कुरूप होता है। वस्तु बेढंगी हो सकती है, लेकिन चेतना कभी कुम्हलाती नहीं है। इसलिए शरीर के अंदर जो परम सुंदर है, वह सदैव साँझ में ही आता है। जीवन-पथ पर ध्यान की यात्रा के पश्चात् ही शाश्वत सौंदर्य की झलक मिलती है। उसमें सुगंध टिकाऊ होती है। उसके पूर्व का कोई भी सौंदर्य क्षणिक होता है। जब हम उस शक्ति के प्रति सजग हो जाते हैं, जो इस संसार की समस्त रचनाओं को अपनी ओर आकर्षित करती है और उसको स्थायित्व प्रदान करती है, तब समस्त वस्तुओं और जगहों में सौंदर्य ही दिखता है।

अगर आँख में सौंदर्य बस जाए, क्षण में सुख लेने की क्षमता आ जाए तो बचपन से ज्यादा सौंदर्य बुढ़ापे का है। साँझ का सौंदर्य गाढ़ा होता है। अगर हम दिन भर फूल की सुगंध से अपने को भर लें, प्रकृति की स्वरलहरी में अपने को डुबो दें तो चमत्कार हो जाए। जब फूल मुरझा जाएँ या सांध्य को प्रकृति शांत हो जाए तो

भी हमारी चेतना पर सुगंध एवं स्वर का इतना भार होगा कि साँझ सुंदर प्रतीत होगी। साँझ की एक अलग गरिमा है। जब फूल शाम को मुरझाता है, पत्तियाँ झड़ती हैं और पक्षी अपने घर को लौटते हैं तो उनको एक संतोष होता है। साँझ तो आएगी, लेकिन उससे पूर्व प्रकृति के उत्सव का आलिंगन नहीं किया तो हम चूक जाएँगे। साँझ को सब मुरझा जाएँगे। सुबह सौंदर्य की शुरुआत है तो शाम उस सौंदर्य का चरमोत्कर्ष है। कच्चा व्यक्ति हो या वस्तु हो, उसमें पात्रता कम होती है। सहने की क्षमता भी भरपूर नहीं होती। जब पकते हैं, तभी वर्षा के जल को भी ग्रहण करने योग्य बन पाते हैं, अन्यथा कच्चे रहने पर तो पानी के संग गलने का डर होता है। चिरस्थायी सौंदर्य कहीं नहीं है। फूल सुंदर है, लेकिन धूप के साथ कुम्हला जाएगा, पँखुड़ियाँ गिर जाएँगी। पौधा छोटा है तो उसमें सुबह का सौंदर्य होता है। साँझ का निर्माण पल-पल को जोड़कर होता है। साँझ में चेतना का विस्तार है। उसमें अस्तित्व के अनेक रंग हैं। जीवन के बहुत से आयाम हैं। उसमें एक अनुग्रह है। जिंदगी भर का जोड़ है। एक ऐसी लालसा है, जो कभी मुरझाती नहीं है। जैसेकि बूँद-बूँद से सरोवर बन जाता है।

आदमी जीवन भर दुःख से गुजरता है, सुख की खोज करता है। इसलिए उसके लिए साँझ आती है तो वह कुरूप लगता है, बोझ लगता है। बस ढोता है, क्योंकि कोई उपाय नहीं है। हमारे जीवन भर का जो जोड़ है, वही बोझ के रूप में सामने आता है। रवींद्रनाथ टैगोर ने सुंदर बातें कही हैं कि जैसे पर्वत के शिखरों पर शुद्ध बर्फ जम जाती है, हिमालय पर हिमशिखर जम जाते हैं, ऐसे ही जब कोई व्यक्ति सच में ही जीवन के सारे आनंदों को आत्मसात् करके बूढ़ा होता है तो उसके शुभ्र बालों में भी जीवन भर का सौंदर्य हिमशिखर की भाँति दिखाई देता है।

आदमी बूढ़ा होता है, जानवर भी बूढ़े होते हैं, पर वे कुरूप नहीं होते। उनके बुढ़ापे में वही सौंदर्य होता है, जो एक बूढ़े पेड़ में होता है। बूढ़ा वृक्ष हजार साल पुराना हो जाए, तब भी उसके सौंदर्य में कोई कमी नहीं आती है। उसका सौंदर्य बढ़ जाता है। लोग उसकी छाया में बैठते हैं। बूढ़ा वृक्ष हो या बूढ़ा व्यक्ति, गाँवों में बैठकखाने का केंद्र बन जाता है। वहाँ बैठने का मजा ही कुछ और है। जवान वृक्ष के पास कोई अनुभव नहीं मिलता है। कोई वृक्ष पुराना हो जाए तो उसमें सादगी आ जाती हैं। कितनी वर्षा, कितनी सर्दी और गरमी को सहने के बाद कोई विशाल बनता है। सालों चाँद से मिलन हुआ, मिठास का सौदा हुआ। सूर्य के साथ गरमी का अहसास बना। जीवन की धूप में कर्मपथ पर चलने की अनुभूति हुई। ओशो कहते हैं कि बूढ़े वृक्ष के पास बैठना, मानो इतिहास के पास बैठना है। बड़ी गहरी परंपरा

उसमें से बहती है। बूढ़े वृक्ष सुंदर होते हैं, क्योंकि वे सघन और विशाल होते हैं। बूढ़े आदमी में भी सौंदर्य होता है। उसमें जवानी की अधीरता नहीं होती है। वे अब जल्दबाजी नहीं करते हैं।

साँझ का सौंदर्य शाश्वत होता है। जिस वृक्ष के नीचे महात्मा बुद्ध को ज्ञान प्राप्त हुआ, उसको बचाने का प्रयास सदा चलता है। यही नहीं, उस वृक्ष की टहनी से कई देशों में बोधिवृक्ष को बनाया गया है। उस परम घटना की अनुभूति, उस महोत्सव का साक्षी भाव और उस परम स्पंदन के अहसास के लिए वृक्ष की साँझ का संरक्षण जरूरी है। अगर हम बोधिवृक्ष के पास शांत होकर बैठ जाएँ तो एक अनिर्वचनीय आनंद की अनुभूति होती है। उस वृक्ष के नीचे एक अपार शांति मिलती है। वह अपने अनुभव में हमें भागीदार बनाती है।

सौंदर्य पर एक सुंदर कहानी है। चांग चिंग एक बड़ा कवि था। सौंदर्य का पारखी था। कहते हैं कि चीन में उससे बड़ा सौंदर्य का कोई दार्शनिक नहीं हुआ। उसने सौंदर्य पर अद्भुत और बहुमूल्य किताबें लिखी थीं। बीस सालों तक वह किताब लिखने में डूबा रहा। सौंदर्य क्या है, इसकी तलाश करता रहा। एक दिन आधी रात किताबों से सिर उठाया तो द्वार के पार दूर आकाश दिखा, चाँद दिखा। लंबे दरख्त दिखे, मानो वे ध्यानस्थ हों। हलकी हवा बह रही थी। उन हवाओं के संग फूलों की गंध नाक तक आई। उसी समय कहीं नजदीक ही किसी पक्षी की आवाज गूँजी। चांग चिंग अपने से पूछने लगा कि हाउ मिस्टेकन आई वाज! रेज दी स्क्रीन एंड सी द वर्ल्ड। बीस साल किताबों से उसे सौंदर्य का पता नहीं चला। परदा हटाया और सौंदर्य सामने खड़ा था। साक्षात्। बोध का माध्यम इंद्रियाँ हैं। शरीर उसका द्वार है। हमारे आँख, कान, नाक और मुख केवल खिड़कियाँ हैं। वह जो देखने में समर्थ हो जाता है, सब चीजों में सौंदर्य देखता है, महसूस करता है।

□

"जब मैं सौर तंत्र को देखता हूँ तो मैं देखता हूँ कि गरमी और प्रकाश की उचित मात्रा को पाने के लिए पृथ्वी सूर्य से सही दूरी पर है। यह संयोग नहीं हो सकता।"

—आइजक न्यूटन

सरलता में सिमटी दिव्यता

महर्षि रमण के अंतिम क्षण में उनके शिष्यों ने पूछा कि अब देह छूट रही है। आप कहाँ जाएँगे? महर्षि ने कहा कि कहाँ जाऊँगा! जाने को कहीं कोई जगह नहीं है। जो हूँ, वही रहूँगा और जहाँ हूँ, वहीं रहूँगा। एक ही अस्तित्व है और दूसरा कोई अस्तित्व नहीं है। दिक्कत है कि हम होश में नहीं हैं, हम जटिल बने हुए हैं। बात है सरलता की। यदि सरल हैं तो पक्षियों की चहचहाहट को सुनना ध्यान हो सकता है। अपनी भीतर की आवाजों में लीन होना समाधि बन सकता है। हम सोए हुए हैं और जीवन में नृत्य चल रहा है। हम बस खोजते रहते हैं, हमें पता नहीं है। जबकि मन, भाव और शरीर इसी प्रकृति का अंग है, जो एक ही प्रवाह की लहर से प्रवाहित हो रही है। सरल बने रहना बहुत मुश्किल है। सरलता और जटिलता के दोलक के बीच मनुष्य झूलता रहता है।

जीवन में जो भी व्यक्ति अपने मन को दर्पण की भाँति निर्मल बना लेता है तो उसमें परमात्मा का रूप प्रतिबिंबित होने लगता है। सरल व्यक्ति अगर एक वृक्ष के पास भी खड़ा होगा तो उसमें परमात्मा के सौंदर्य को अनुभव करेगा। वह पक्षी के गीतों में उस निराकार के स्वर का रसास्वादन करेगा। खिलते फूल में परमात्मा के सुवास का बोध करेगा। अपने को झील की तरह निर्मल और शांत बनाकर ही चाँद की सुंदरता का दर्शन संभव है। यह कैसे होगा? एकमात्र सूत्र है सरलता। मनुष्य

की सभ्यता जितनी विकसित हुई, वह उतना ही जटिल, कठोर एवं और सख्त होता गया है। सरलता तो हमारी दिनचर्या से ही गायब हो गई है।

हमारी जिंदगी का सारा इंतजाम बाहर है, जबकि जिंदगी हमारे अंदर है। अंदर रचे-बसे जीवन की हमें फ्रिक नहीं है। सच्चाई यह है कि हमारा जीवन केवल आजीविका की व्यवस्था है। जीवन की व्यवस्था हम बाहर करते हैं। रोटी बाहर है; खानेवाला अंदर है। बिछावन बाहर है; सोनेवाला अंदर है। माता-पिता, पत्नी, बच्चे, मित्र सभी बाहर हैं; प्रेम, करुणा, मैत्री, संबंध बनानेवाला बाहर है। जीवन की सहजता, सरलता और विनम्रता ही हमें जीवन के अंदर ले जा सकेंगे। गंभीरता, कठोरता और जटिलता का जीवन में कोई काम नहीं है। फूल कठोर नहीं है, वृक्ष कठोर नहीं है। हवा जटिल नहीं है। पानी सरल है, तरल है। सारी दुनिया में आदमी खुद को भारी बनाए हुए है। जगत् नृत्य में व्यस्त है, अस्तित्व मधुर संगीत में लीन है और संसार आनंद में डूबा है। चहुँओर एक रस है। आदमी को छोड़कर। 19वीं सदी के यूरोपीय संत जॉन रस्किन अपनी किताब 'कूक एंड वेडरबर्न' (मॉडर्न पेंटर, भाग-5, 1860) में लिखते हैं कि जहाँ कहीं भी घूमने जाता हूँ, वहाँ आदमी को ही देखता हूँ। वह आदमी जहाँ जाता है, प्रकृति के सारे सौंदर्य को बरबाद कर देता है।

जीवन में दो तरह के लोग हैं—एक जटिल और दूसरे सरल। जटिल हैं, जो लक्ष्य का पीछा कर रहे हैं। ऐसा लक्ष्य, जो हरेक सुबह थोड़ा दूर बढ़ता जाता है या मृग-मरीचिका की तरह समान दूरी पर सदैव दिखता है। दूसरा है सरल जीवन, जिसमें कोई लक्ष्य नहीं होता है। हरेक क्षण का उत्सव होता है। कर्म होता है। अस्तित्व के प्रति विनम्रता होती है, क्योंकि उत्सव मनाने के इस सृष्टि में अनंत कारण हैं। फूल खिले हैं। आकाश में सूर्य, चंद्र और तारे दिखते हैं। पक्षी गा रहे हैं। नदियाँ बह रही हैं। हम जीवित हैं। साँस ले रहे हैं। हमारी चेतना इन सभी तत्त्वों से एकाकार हो रही है।

कभी सोचा है कि बचपन क्यों आनंदित होता है? क्यों जीवन बार-बार बालपन को पाना चाहता है? बचपन के दिन सरलता के दिन होते हैं। हृदय सरल होता है। बचपन को अबोध माना जाता है, इसलिए चहुँओर आनंद दिखता है। जैसे-जैसे उम्र बढ़ती है तो हृदय कठोर बनता जाता है। तब आनंद भी खत्म होता जाता है। जीवन में दु:ख आएँ, कष्ट हो, समय का बीतना कठिन हो जाए तो समझना चाहिए कि हमारा मार्ग जटिलता का है। इस विराट् में हमारा अस्तित्व एक चींटी के बराबर मूल्य का नहीं है। मेरे होने का कोई अर्थ नहीं है। ऐसे में स्वयं को जटिल और कठिन बनाने का कोई मतलब नहीं है।

जब तक आदमी अपने बाहर और भीतर सहज न हो जाए, तब तक उसके जीवन में दिव्यता का अनुभव संभव नहीं होगा। सहजता में ही आनंद उपलब्ध होगा। जहाँ जटिलता होगी, वहाँ दुःख होगा। आदमी ही जटिल है। इस सृष्टि में आदमी को छोड़कर सब सहज है। वृक्ष लगातार बढ़ते हैं, नदियाँ बहती जाती हैं। चाँद-तारे अपने धुरी पर घूम रहे हैं। इस विराट् आयोजन में कहीं जटिलता नहीं है। सब सहज हो रहा है। कहीं कोई धमा-चौकड़ी नहीं है। लाओत्सो मानते हैं कि मनुष्यता हो या सरलता, वह पानी के स्वभाव का होता है। वे कहते हैं कि पानी से अधिक कोमल और समर्पित कुछ नहीं, फिर भी ऐसा कुछ नहीं जो कड़ी-से-कड़ी चीजों पर हमला बोलने में इसकी बराबरी करे। समर्पण कठोरता पर छा जाता है और कोमल कठोर पर काबू पा लेता है, लेकिन कोई इस रहस्य को लागू नहीं करना चाहता।

श्रीकृष्ण को सिरदर्द हुआ तो उन्होंने अपने भक्तों से चरणरज माँगी। लेकिन किसी ने नहीं दी। लोगों को लगा कि भगवान् को अपने पैर की धूलि दें! पाप लगेगा! हम जीवन भर दिमाग से काम करते हैं। ज्ञान की बात सोचते हैं। यहीं पर सरलता खत्म हो जाती है। भक्त और भगवान्, हम क्षुद्र और वह विराट्। यह विचार चलने लगता है। ऐसा करके पाप, नरक और अहं के भँवरजाल में फँस जाते हैं और एक अवसर खो देते हैं। गोपियों के लिए सब एक हैं। गोपी और कृष्ण में अंतर कहाँ? धूल भी तो कृष्ण ही है! ऐसे में क्या उसको दें और क्या नहीं दें! ज्ञानी जब परम ज्ञान को उपलब्ध हो जाता है तो वह मौन हो जाता है, वह सरल बन जाता है। ऐसा सरल, जैसे कि मैं कुछ भी नहीं जानता। गोपियों की भाँति सरल और विनम्र।

ध्यान अगर अज्ञान पर रहे तो आदमी सदैव विनम्र और सरल बना रहता है। गोपियों के पास दिमाग के ज्ञान की कमी है। इस कारण उनमें अकड़ कम है। सरल बनने के लिए बुद्ध ने छह वर्ष तपश्चर्या की, उसके बाद ही शिक्षा और उससे प्राप्त ज्ञान को भुला पाए। बारह साल के सतत मौन और ध्यान के पश्चात् सरल हो पाए। निःशब्द हो पाए। शब्द से शब्दातीत की यात्रा की। चेतना विराट् हो सके, इसलिए भारहीन हो सके। यह सब हो पाया उनकी सरलता के कारण। महावीर को भी सिद्धांत के जंगल काटने में वर्षों लग गए, सालों भीतर के चित्त को मुखर करने में लगे रहे। तब जाकर सत्य का साक्षात्कार हुआ।

जब व्यक्ति जीवन धूप में पकता है, तब ही वह सरल हो पाता है। जैसे-जैसे जीवन में चेतना का विस्तार होगा। हमारे अंदर एक नाद की ध्वनि प्रकट होगी। स्वर

में सौंदर्य का ठहराव आएगा। वह ज्यादा मीठा तथा सरल हो जाएगा। कच्चे में स्वर नहीं होता और न ही उसमें ठहराव होता है। जब मिट्टी को पकाया जाता है, तभी वर्षाजल को भी ग्रहण करने योग्य घड़ा बना पाते हैं, अन्यथा कच्चा रहने पर तो पानी के संग गलने का डर होता है। जिस दिन निर्माण की पूर्णता प्राप्त हो जाएगी, उस दिन व्यक्ति सरल हो जाएगा। एक अनुग्रह का भाव छा जाएगा। एक सौंदर्य, एक अहोभाव और एक सरलता का आविर्भाव होगा। और तब भीतर एक आनंद की स्रोतवाहिनी बहने लगेगी।

□

"पत्थरों को छूने का मतलब ही है—शाश्वत के एक टुकड़े को छू लेना। एक तरह से प्रार्थना करना कि कम-से-कम इस शाम का प्रेम इस अँधेरी घड़ी की चाहना बीतेगी नहीं। आनेवाले वर्षों में इन खँडहरों के बीच जीवित रहेगी।"

—निर्मल वर्मा

दो साँसों के बीच है जीवन

जीवन दो साँसों के बीच है। इस जीवन में सबकुछ बदलता रहता है और बदलेगा। आशा को अचल मान लेना हमारा भ्रम है। कोई किसी के लिए नहीं है। जीव आता है, जाता है। मृत्यु जीवन का सच है। इस ध्रुव सत्य को सभी ने स्वीकार किया है। एक कहावत है—'जब दिखता है तो मन स्वीकार करता है।' अभी तक किताबों एवं ग्रंथों में पढ़ा करता था। मृत्यु पर चिंतन करता था। लेकिन माँ का जब निधन हुआ तो इस कटु सत्य से अवगत होना पड़ा कि जीवन है तो मृत्यु भी है। मन स्वीकारे या न स्वीकारे। इससे कोई फर्क नहीं पड़ता। दूसरा, इसकी व्याख्या बस मौन है।

अभी एक किताब पढ़ी। दिनकर जोशी ने लिखी है—'द्वारिका का सूर्यास्त'। श्रीकृष्ण की अंतिम वेला के क्षण। संसार अगर सृष्टि के विधि-विधान से भटकता है तो काल अपनी नियति तय करती है। यह श्रीकृष्ण का अंतिम उपदेश है। बहेलिए के बाण से भगवान् घायल हैं, बहेलिया चिंतित है। प्रभु से क्षमा-याचना करता है। श्रीकृष्ण कहते हैं—भौतिक चीज की सीमा है। देह की भी कालसीमा है। हर संबंध का एक अनिवार्य अंत है। कृष्ण का तो दर्शन ही था कि जीवन के हर यथार्थ को, अंत को सहज भाव से मान लें तो दुःख नहीं होता।

मृत्यु जीवन का पटाक्षेप है। अनंत यात्रा का एक विराम है। साहित्य की भाषा में कहें तो जीवन नाटक का चरमोत्कर्ष है। अंतिम संवाद, अभिनय है। मृत्यु ही जीवन को सर्वाधिक एवं निर्णायक रूप से परिभाषित एवं उद्भासित करती है। मैं व्याकुल था, प्रलाप कर रहा था तो महाभारत मेरे मानसपटल पर छा गया। इसमें यक्ष और युधिष्ठिर का संवाद है। यह संवाद विख्यात है। इसमें एक सवाल है कि सबसे बड़ा आश्चर्य क्या है ? युधिष्ठिर कहते हैं—मृत्यु। इस मृत्यु के आलोक में ही पूरा महाभारत खुद को प्रकट करता है। विनाश यानी महामृत्यु की आंतरिक बुनावट से बनी है—महाभारत की कथा। मृत्यु एक त्रासदी बनकर आँखों के समक्ष आती है। मृत्यु एक संदेश देती है। एक दर्शन को सामने लाती है।

कृष्ण की मृत्यु, भीष्म की मृत्यु, कर्ण की मृत्यु, पांडवों की मृत्यु आदि-आदि। हर एक मृत्यु एक कथा देती है। वह कथा, जो दुनिया के लिए अधूरी है या अस्वीकार्य। लेकिन खुद जिसकी कथा है, उसके लिए है पूर्ण। यही कारण है कि महाभारत महादारुण विषाद की कथा बनकर रह जाता है। सोचता हूँ कि जीवन भी तो महाभारत की तरह है। और सबकी कथा उसके लिए पूर्ण है और दूसरे के लिए अपूर्ण। कदाचित् इस कारण मैं भी मान रहा हूँ कि माँ का जीवन अपूर्ण रहा, लेकिन नहीं, वह पूर्ण था। हमारी दृष्टि ही है, जिसे पूर्ण दिखता नहीं।

महाभारत में मृत्यु का निराला संसार है। तरह-तरह की मृत्यु और विनाश। जीवन है, लेकिन वह भी अभिशापित। अश्वत्थामा की अभिशापित अमरता है तो जरासंध, कीचक, दु:शासन और धृष्टद्युम्न की बीभत्स मौत। कृष्ण का महाविराट् विराग है तो दुर्योधन, अभिमन्यु और कर्ण की करुण मृत्यु है। कुंती, गांधारी और धृतराष्ट्र का जंगल की आग में जलना भी विधि की विडंबना है तो विदुर का देहत्याग है। हमारा भी जीवन मृत्यु के विविध रूपों को भोगता है, या यूँ कहें एक साथ अभिशप्तता, विरागता एवं करुणाग्रस्त मोह को। लेकिन वह सीख लेना नहीं चाहता।

'महाभारत' में दो पात्र हैं, जो किसी के लिए आँसू नहीं बहा सके। एक भीष्म और दूसरा श्रीकृष्ण। विनाश के बाद भी स्थितप्रज्ञ-सा व्यक्तित्व है। दोनों अपने वंश के विनाश के साक्षी हैं। उस विनाश को रोक सकते हैं, लेकिन ऐसा नहीं करते। नीत्से ने ठीक ही कहा है कि कुछ लोग मृत्यु के बाद जन्म लेते हैं। कदाचित् सही है। मृत्यु के बाद ही व्यक्ति के जीवन का आलोक सामने आता है, उसके पूर्व नहीं। उसके पूर्व हम जीवन के साथ न्याय नहीं करते। इसलिए उपनिषद् एवं दर्शन के भाष्यों में हमारे ऋषि-मुनि कहते हैं कि जीवन का प्रारंभ हमें मृत्यु से देखना चाहिए। मृत्यु के

आलोक में जीवन का दर्शन समझें। इस दर्शन को समझने के लिए सबसे अच्छी हरिवंश राय बच्चन की कविता है—

दृग देख जहाँ तक पाता हूँ, तम का सागर लहराता है।
उस पार प्रिय खड़ा कोई, हम सब को खींच बुलाता है।
हम आज चलें, कल-परसों तुम, मझधार न जाने क्या होगा?
इस पार प्रिये तुम हो, हम हैं, उस पार न जाने क्या होगा?

हम राम की तरह नहीं हैं, जो मर्यादा एवं व्यवस्था में अपने गम को भूल जाएँ। हम तो बुद्ध की तरह भी नहीं हैं, जो मृत्यु में भी चेतना की बात करें, जिससे सभी जुड़े हैं। भीष्म और कृष्ण की तरह भी हम नहीं हैं। हम आँसू बहाते हैं, ताकि अतीत को भूल जाएँ, अपने को भूल जाएँ और अपनी ही गति से चलें। जबकि हम यह नहीं जानते कि समय की अपनी गति है और उसकी गति वर्तुलाकार है। इस कारण जीवन की सारी गति वर्तुलाकार यानी शंखीय रूप में चक्रीय है। भारतीय जीवन को इसलिए जीवन-चक्र कहा गया। समय की सूक्ष्मतम इकाई परमाणु से लेकर दिन, रात, ऋतुएँ, आकाशीय तारामंडल, ग्रह, नक्षत्र, यहाँ तक कि ब्रह्मांड भी चक्रीय गति का अनुसरण करते हैं। इसी प्रकार जीवन भी चक्रीय गति से चलता है। जन्म, विकास, बचपन, युवा, प्रौढ़, बुढ़ापा, मृत्यु और पुनः जन्म। चक्रीय गति। लेकिन व्यक्ति क्या देखता है? मानव को, उसकी गति को। उसको गतिमान करनेवाले काल को नहीं। इसके कारण ही उसे सबकुछ रैखीय विकासमान प्रतीत होता है, जबकि यह समय की गति नहीं, मानव की गतिशीलता है। मानव की गतिशीलता में व्यक्ति का मृत्यु को प्राप्त होना एक खंडन बिंदु या पड़ाव स्थल हो सकता है। एक नए विकास के लिए, लेकिन काल के लिए यह सतत यात्रा है।

□

"जिसके हृदय के अंदर उसका प्रियतम बस जाता है तो वह आपा भूलकर प्रियतम-ही-प्रियतम पुकार उठता है। जब रोम-रोम में प्रिय की ध्वनि गूँजने लगे, तब फिर किसी बाहरी राग अथवा ताल की चाह ही नहीं रह जाती और वह अनयास मिलन सुख में डूबकर नाचने लगता है।"

—बुल्लेशाह

जीवन में सुख की खोज, खुद जीवन की खोज है

इस भौतिक संसार में सुख क्या है ? परिवार का सुख, पत्नी, बच्चे, भाई व बंधु तथा माँ और पिता का सुख! दुनिया में रहने का सुख, उसको भोगने का सुख! आदमी क्या नहीं करता जीवन भर। जीवन भर भागदौड़, मारकाट, उधेड़बुन और तब ज्ञान आता है। लेकिन उसके कोई मायने नहीं रह जाते। यह मेरी बात नहीं, यह अधिकतर दुनिया की कहानी है। इस जीवन में सुख की खोज, खुद जीवन की खोज है। महाभारत में लिखा है कि सुख हो दुःख हो, प्रिय हो अप्रिय हो, जब जो मिले, उसे ऐसे ग्रहण करें, जैसे प्रसाद हो। मन में कभी हार न मानें। सुख और दुःख, हार और जीत—ये द्वंद्व हैं जीवन के। और दोनों कहीं-न-कहीं तोड़ते हैं, सुख तोड़ता है अभिमान से, दुःख तोड़ता है हीनता से।

जीवन का सबसे बड़ा सत्य स्वयं जीवन है। इस धरा पर इस परम सत्य का साक्षात्कार सबको करना होता है—संघर्ष के माध्यम से, प्रेम के माध्यम से, कर्म और भक्ति के पथ पर। स्वयं की खोज एवं परम सुख की चाह में जीवन भर सत्य

का अन्वेषण होता रहता है। यह जीवन की गति ही संघर्ष है। चाहे या न चाहे, हम गतिमान हैं। अब हम पर निर्भर करता है कि इस गति को प्रकृति के सापेक्ष बनाएँ। अपने जीवन को लक्ष्य यानी मूल केंद्र की ओर ले जाएँ। सारी सृष्टि में गति है। पूरा ब्रह्मांड गतिमान है। पृथ्वी के सापेक्ष चंद्रमा तो सूर्य को लक्ष्य बना पृथ्वी गतिमान है। इस क्रम में पृथ्वी को कितना संघर्ष झेलना पड़ता है—ग्रहण, दग्ध, ताप, सूखा, उल्कापिंड का गिरना, भूकंप, ज्वालामुखी। लेकिन पृथ्वी साहस नहीं छोड़ती। साहित्यकार निर्मल वर्मा अपने उपन्यास 'अंतिम अरण्य' में लिखते हैं कि जब यह महान् ज्ञान हमारे दिमाग एवं दिल में आता है, तब तक बहुत देर हो चुकी होती है··· तब आदमी उसके काबिल नहीं रहता! वह अपने चिमटे से सुख नहीं, उसकी राख उठाने आता है···।

देश और काल की विराटता में मनुष्य तुच्छ और नगण्य है। यह मुझसे ज्यादा मेरी माँ समझती थीं। इसलिए हर अहम और गौण कार्य से पूर्व उस विराट् सत्ता के समक्ष नतमस्तक होने की सीख दे गईं। जब लक्ष्य बड़ा हो तो खुद को समर्पित कर दो। उस विराटता के समक्ष। जीवन में आगे बढ़ने में समर्पण एक अहम सूत्र है, जिसके माध्यम से व्यक्ति लक्ष्य को आसान बना लेता है। यानी एक ही सच है गति। न कोई ठहराव और न ही विश्राम। यही प्रकृति का संदेश है। गति यानी यात्रा। जीवन-यात्रा। प्रकृति के सभी जीवों की जीवन-यात्रा होती है। माई का जीवन भी यात्रा थी। 17 मई, 2012 को शब्द ठहर गए तो उनका जीवन भी रुक गया। समय चलता गया तो साथ में वह भी महायात्रा पर निकल गईं। जीवन की लंबी यात्रा के बाद शब्द जब मौन हो गए तो जीवन ही विद्रूप बन गया। इस यात्रा में क्या पाया और क्या गँवाया? यह मन में भाव उठने लगा। ईसाक असिमोव के शब्द याद आने लगे। उसने कहा है कि जीवन सुखद है और मृत्यु शांत। इसके बीच जो संक्रमण है, वही दारुण है। ठीक है। जब तक माँ थीं, जीवन सुखद था। अब एकदम शांत। शब्द के कोई मायने नहीं, क्योंकि शब्द की भी पहचान होती है, उसकी मिठास व्यक्ति और उस पल से जुड़ी होती है। अगर वह मिठास नहीं तो पहचान नहीं। तो शब्द बेमाने हैं।

माँ और उसके ममत्व से बढ़कर और कुछ नहीं हो सकता, यह सार्वभौम सत्य है। कैसे हम उसका ऋण चुका सकते हैं, जिसने हमें नौ माह तक गर्भ में रखकर खून और करुण रस से सिंचित किया, अपनी बाँहों में सालों तक रखे रही और जीवनपर्यंत अपने दिल के करीब लगाए रही। जिस दिन उनकी मृत्यु हुईं, अपने से ज्यादा बेटे की चिंता। मृत्यु की सेज पर। पिछले दिनों एक किताब पढ़ी

थी—'कौन रोएगा, तुम्हारी मृत्यु पर'। रोना केवल इसलिए नहीं कि कोई अपना था। रोना इसलिए कि कोई जीवन का दर्शन समझा गया, अपनी सरल और सहज भाषा में। एक जीवन का सत्य बता गया, जिसे समझने के लिए आदमी भागा-भागा चलता है।

एक स्पर्श जब अनगिनत शब्दों पर भारी पड़ जाए। एक गोद जब अपरिमित सुख से बड़ी हो जाए। एक भाव, जो असीमित उलझनों को मिटा दे और एक चेहरा, जो असंख्य सवालों का जवाब दे दे। वह केवल माँ होती है। जब दुर्दिन में था, नौकरी की खोज में दर-दर भटक रहा था, वह माँ थीं, जिन्होंने पापा से पैसे उधार लेकर पन्ने की अँगूठी पहनाई थी। वह माँ ही थीं, जो मेरी बेटियों के जन्म पर मुझसे ज्यादा चिंताकुल, बेचैन रहती थीं। माँ के अलावा और दूसरा कोई नहीं रहा, जो तबीयत खराब होने के कारण उठने में असमर्थ हो और मेरे ऑफिस जाने से पहले खाने की मेज पर थाली रख दे। और वह भी माँ का प्यार था, जो मृत्यु तक मेरे बाहर जाने के समय या घर से निकलने पर, हाथ पर, पापा से बचाए कुछ पैसे तथा मुँह में मिठाई रख देती थीं। मैं कहता भी—"अब इस सब का कर तारू तू।" वह मुझे जवाब देकर चुप कर देती—"लऽ रख ल। कम पऽरी, त कामे आई।" 20 साल से नौकरी कर रहा हूँ, लेकिन सदैव कमी ही रहती है। परिवार का यह सुख होता है।

एक अरबी कहावत है कि ईश्वर हर जगह नहीं होते, इसलिए उन्होंने माँ की रचना की। जब पैगंबर से आदमी ने पूछा, "सबसे अधिक आदरणीय कौन है?" जवाब मिला, "माँ...।" "और उसके बाद?" पैगंबर ने फिर कहा, "माँ...।" और उसके बाद? जवाब फिर भी वही था, "माँ...।" मैं देखता हूँ कि अपनी खुशी में कहाँ हम खुशी और आनंद मना पाते हैं? जब खुशी बाँटनेवाले अपने नहीं हों तो जीवन का आनंद कहाँ? कौन बखान करेगा इन खुशियों के पल को? वाल्टर बेंजामिन ने प्रूस्त पर लिखते हुए कहा है कि हममें से किसी के पास समय नहीं था कि हम अपने जीवन के असली नाटकों को जी सकें, जो हमारी नियति में लिखे थे। यही चीज हमें बूढ़ा बनाती है—सिर्फ यह और कोई नहीं। हमारे चेहरों की झुर्रियाँ और सलवटें उन विराट् उन्मादों, व्यसनों और अंतदृष्टियों की ओर संकेत करती हैं, जो हमसे मिलने आए थे और हम अपने घर पर नहीं थे।

□

"संसार की सबसे अच्छी और सबसे सुंदर चीजें देखी नहीं जा सकतीं, उन्हें छुआ भी नहीं जा सकता, उन्हें तो हृदय से महसूस करना होता है।"

—हेलन केलर

सर्वात्मवाद से साकार होगा सर्वमंगलम्

सृष्टि के साथ एकात्म होने, आत्मजागरण (चेतना विकास) व परस्पर सहयोग ही व्यक्ति, समाज और राज्य के गतिमान होने का परिचायक होता है। प्राणी के जीवन का आधार—प्राण यानी ऑक्सीजन—वनस्पतियों से मिलता है तथा वनस्पतियों को उनका प्राण यानी कार्बन डाईऑक्साइड प्राणी जगत् से प्राप्त होता है। इस परस्पर पूरकता के कारण ही संसार चल रहा है और इस विचार-दर्शन पर ही राज्य का विकास संभव है और मनुष्य आगे बढ़ सकेगा। मानववाद का रास्ता अब सर्वात्मवाद यानी सबके कल्याण से होकर जाएगा। इस सृष्टि की सभी प्राणवान सत्ता में वही चेतना है, अगर हम उससे सहयोग व प्रेम के साथ त्याग व सेवा के धर्म का विकास कर सकें तो ही कल्याण होगा। सर्वात्मवाद में हर एक व्यक्ति अपने साथ-साथ और सभी व्यक्तियों की चिंता करेगा, सभी प्राणवान सत्ता एक-दूसरे से जुड़ती हुई आगे जाएँगी।

सर्वात्मवाद क्या है? इसका शाब्दिक अर्थ है कि सबके अंतर में एक ही आत्मा का निवास है। जब आत्मा के आधार पर इस चराचर जगत् के जीवों में कोई विरोध या असमानता नहीं है तो भोग एवं लाभ में भी यह भाव नहीं होना चाहिए। यानी जो चीज मैं चाहता हूँ, वह सबको मिलनी चाहिए। मेरे अंतर में बसनेवाला स्वामी जिस प्रकार प्रसन्न रहता है, उस अनुभव को लेकर सबके अंतर में बसनेवाले

स्वामी की प्रसन्नता के लिए भी हमें तत्पर रहना होगा। क्योंकि यह मौलिक रूप से कोई विभाजन नहीं है। हमें रोटी, कपड़ा, मकान और आरोग्य या अंतर की शांति चाहिए। यह सभी का बराबर का हक होना चाहिए, क्योंकि सबके अंतर में उसी परमात्मा का वास है। 'सकल संसार मा एक तू श्री हरि', ऐसे भाव से समाज में छीना-झपटी नहीं चलेगी। हम अपना सुख देखें और दूसरों का सुख छीनकर अपने सुख में वृद्धि करते जाएँ, यह देहवाद उस समाज का लक्षण है, जिसमें अलगाव, श्रेष्ठता और भेदबुद्धि की प्रधानता है। लेकिन आदर्श में बदलाव के कारण आज समूचे समाज का लक्ष्य भोग और वह भी स्वयं के लिए ही सीमित होकर रह गया है। चाहे कोई क्षेत्र हो, समाज व व्यक्ति-निर्माण की बात या कार्य, न्यून स्तर पर पहुँच गया है।

ऐसे में व्यवस्था या नीति कहाँ से कोई परिणाम दे पाएगी ? यह इसलिए भी हो रहा है कि व्यक्ति और व्यक्ति में अंतर की कसौटी भौतिक कारकों धन, बल एवं बौद्धिकता को बनाया जाता है और उसी आधार पर अपने को श्रेष्ठ तथा इस कारण अधिक भोग एवं लाभ पर अपना अधिकार जताया जाता है। इसलिए यह स्वाभाविक है कि जिस समाज में सर्वात्मवाद की निष्ठा है, उसमें व्यक्ति उन सुविधाओं को स्वयं छोड़ देगा, जो सबको उपलब्ध न हो सकें। भूखों के बीच लजीज व्यंजनों का भोग और झोंपड़ियों में आलीशान मकान बनाकर रहना कहीं से भी न्यायोचित नहीं कहा जा सकता। सद्विचार का जब अनुशासन फैलता है, तब समता और समरसता धर्म-भावना न रहकर हमारे दिल की आवाज बन जाती हैं और जीने का ढंग बदल देती हैं।

भारतीय जीवन में बताया गया है कि मनुष्य चार स्तर पर जीवन जीता है— शरीर, मन, बुद्धि और आत्मा। जब मनुष्य शरीर के स्तर पर जीवन जीता है, यानी वह भोग और भौतिक पदार्थ के प्रति ही सदैव चिंतित रहता है, ऐसे मनुष्य को पशुत्व से अलग नहीं किया जा सकता। शरीर के स्तर पर जीवन जीने से ही प्रतियोगिता एवं दूसरों से आगे निकलने की होड़ में व्यक्ति सिमट गया है। इस स्थिति में हरेक व्यक्ति का अपना सुख है और अपना दु:ख। जो दूसरे से भिन्न है। पहले एक व्यक्ति का सुख पूरे घर का सुख होता था और दु:ख भी पूरे घर में मिलकर बाँटते थे। अपने भाव को भी सहज रूप से समष्टिगत करते थे। अब व्यक्ति का अपना लक्ष्य है, जो उसे परिवार व समाज से दूर करता है। अपनी प्राथमिकता है, जो संबंध से असहज बनाता है। और इसके परे हरेक व्यक्ति का अहं। अब हमारा घर ही स्थूल और जड़ भावनाओं एवं पदार्थों का ढाँचा भर बनकर रह गया है।

मेरा सुख मेरे भीतर है। शांति की खोज मेरे अंदर है। इच्छाओं और आकांक्षाओं का कोई अंत नहीं है तो इसके पीछे भागने का अर्थ तो मृग-मरीचिका की खोज ही साबित होना है। भौतिक वस्तुएँ और सुख-साधन की चाहत बुरी नहीं है। एक अनिवार्य जरूरत तक इससे भागना भी बुरा नहीं, बशर्ते परिवार, समाज और खुद से संवाद एवं संबंध न बिगड़ें। मनुष्य के विश्व-प्रकृति के साथ सात्त्विक सह जीवन के संबंध से ही समाज का भला होगा। इस भोगवादी समय में सबकुछ भोग के लिए है और मनुष्य को उसके भोग के लिए बनाया गया है। वर्तमान व्यवस्था और चिंतन में मनुष्य का अपनी प्रकृति और वैश्विक व्यवस्था के साथ कोई सह-जीवन का संबंध नहीं रह गया है। इस दुनिया में सबकुछ मनुष्य के भोग के लिए नहीं है। यह बात समझनी होगी। अगर मनुष्य के लिए प्रकृति के सारे अवयव भोग के लिए हैं तो मनुष्य का भी कोई भोग करेगा ? यह स्वीकार करना होगा। यह भोग खुद प्रकृति करेगी अपने विकराल विध्वंस के माध्यम से। यानी बाढ़, सूखा, भूकंप, सुनामी, ज्वालामुखी के माध्यम से। प्रकृति पर अपने से कमजोर पर प्रभुत्व स्थापित करना श्रेष्ठता का लक्षण नहीं है।

श्रेष्ठता एवं महत्तर विकास का लक्षण है कि हम सभी चर-अचर जीवों के साथ तारतम्य स्थापित कर सह-जीवन का संबंध बनाकर चलें। वैश्विक प्रकृति से जो वरदान मानव को मिला है, महज वनस्पति, जल, खनिज संपदा और आकाश नहीं हैं। वैश्विक प्रकृति के साथ मनुष्य का संबंध आत्मिक है। मूल चेतनामय सह-संबंध है। तभी तो कहा गया है कि जो आत्मा में है, वही परमात्मा में है। इसलिए इस प्रकृति के सभी उपादानों को प्रसाद के रूप में ग्रहण करना चाहिए। अन्न, जल, प्रकाश, वायु, हरियाली, शीतलता आदि सबकुछ एक अकिंचन की भाँति प्राप्त करना चाहिए। साथ ही इस चर-अचर प्रकृति का अपनी आत्मा के साथ संबंध बनाना ही मनुष्य की प्रधान विशेषता है। यह सहज कर्म है और इसी से विकास यात्रा अविचल जारी रह सकती है।

इसलिए अपने जीवन को केवल खुद तक सीमित नहीं रखना चाहिए। इसे अपने परिवार, समाज, गाँव, देश और विश्व के साथ जोड़ना होता है। अपने जीवन को अपने चहुँओर एक बड़े जीवन के साथ जोड़ना, साथ ही सहजीवन की एकसूत्रता का अनुभव करना ही मनुष्य का स्वभाव होना चाहिए। इस स्वभाव के साथ मनुष्य को खुद से बाहर के विश्व या प्रकृति के साथ शुभ संयोग बनाना चाहिए, ताकि मनुष्य खुद में वृहत्तर एवं असीम का अनुभव कर सके। यह भोग से नहीं होगा। अगर ऐसा होता तो बुद्ध को खोज के लिए घर से नहीं निकलना पड़ता।

इसका न तो सुख-संपदा से संबंध है, न ही अभाव से। बस सम्यक् बोध होना चाहिए। इसके लिए भौतिक स्तर से आगे बढ़ना होगा। जब विश्व-प्रकृति के साथ सह-संबंध हो जाए या खुद के साथ साक्षात्कार हो जाए, तब तथागत और कबीर में कोई अंतर नहीं रह जाता।

□

"अपने आप को जानने के बाद ही व्यक्ति अपने पूरे ज्ञान और सोच के साथ सही काम कर पाता है। वह अपने चारों ओर ऐक्य का अनुभव करता है। इसके बाद वह जो कुछ करता है, श्रेष्ठतम होता है और उसके परिणाम भी असीमित होते हैं। उसकी इच्छा और लक्ष्य दोनों ही ईश्वरीय प्रयोजन में सम्मिलित होते हैं।"

—महर्षि अरविंद

आध्यात्मिकता का अर्थ है संतुलन का जीवन

आध्यात्मिकता का क्या अर्थ है? संतुलित जीवन। समग्रता में जीवन गति। सफल जिंदगी। इन सबको एक वाक्य में समेटा जाए तो अर्थ होगा कि यदि हम जीवन में सर्वात्मा को सर्वोपरि स्थान देते हैं तो हम आध्यात्मिक हैं। यह सर्वात्मा क्या है? चर-अचर जीव से एकात्म यह जगत्। जीवन की घटनाओं के नियंत्रण पर हमारा अधिकार नहीं होता। पर ऐसी घटनाओं पर हमारा एक रुख तो हो सकता है। हम प्रत्येक घटनाओं और चीजों को इस रूप में देखें कि हमें वह ईश्वर या पूर्णता के समीप ले जाती है या नहीं? ऐसे कर्म के कारण हमारा संवेदनात्मक जुड़ाव प्रकृति के सभी अवयवों से होता है या नहीं? अगर होता है तो हम आध्यात्मिक हैं, अन्यथा नहीं।

आध्यात्मिकता की खोज के पीछे हमारे जीवन में गहनता के लिए निरंतर अपेक्षा हुआ करती है। चिंतन, ध्यान, प्रार्थना, व्यायाम, मनोरंजन और ईश्वर की भक्ति का बोध आदि साधनाओं में वह शक्ति होती है कि मानव मन की गहराइयों में

छिपी जीवन–शक्ति को प्रकाशित कर देती है। हम आध्यात्मिक हैं तो समस्त जीवन का सम्मान करेंगे। कोई भेदभाव नहीं। सभी का सम्मान। जीवन का। सृजन का। जहाँ से जीवन उठता है, जहाँ से जीवन पनपता है और फैलता है। चाहे पौधों में, चाहे पक्षियों में या मनुष्य में। यह एक सकारात्मक सोच है। समूची सृष्टि को केवल शरीर या बुद्धि से विचार करने पर ही हम कष्ट झेलते हैं। दूसरों को परेशानी देते हैं। हमें अपने विचार को सदैव अस्तित्व के तीसरे तल यानी हृदय से देखने की प्रवृत्ति बढ़ानी होगी। हृदय से सुनो और निर्णय करो। तुम्हारे पड़ोसी का हृदय भी धधक रहा है। यह समझना होगा कि वृक्ष जो खेत में है, उसमें भी जीवनधारा बह रही है। यह पृथ्वी जो है, वह भी साँस ले रही है। इस धरा में छोटा कीड़ा–मकोड़ा हो या बड़े पशु–पक्षी, सभी में वही जीवन प्रकट हो रहा है। तो इसका सम्मान हम हृदय से क्यों नहीं करते? अस्तित्व हर पल है। पर हमने भौतिक सुख की ओट में अपने को खड़ा कर लिया है। यह आध्यात्मिकता नहीं है।

हम तब अ–आध्यात्मिक हो जाते हैं, जब खुद को प्रकृति से अलग कर लेते हैं। तब हमें फूल खिलने में कोई रस नहीं दिखता। एक गरीब की सेवा में कोई भाव नहीं मिलता। दूसरों की प्रशंसा के समय हृदय द्वार बंद कर लेते हैं। लेकिन परनिंदा में, हिंसा में हमें बहुत आनंद आता है। ओशो ने इस मनोवृत्ति को बहुत ही सुंदर ढंग से प्रस्तुत किया है—आप अपने पर ध्यान करना। जब आप किसी के दुःख में दुःख प्रकट कर रहे हों, एक क्षण आँख बंद करके भीतर देखना कि रस तो नहीं आ रहा है। आपको अच्छा तो नहीं लग रहा है, मजा तो नहीं ले रहे हैं सहानुभूति में। अगर मजा ले रहे हैं तो इस मजे को समझना कि रोग है। और जब कोई सुखी दिखाई पड़े तो क्या आपको ईर्ष्या पकड़ती है? क्या यह होता है कि दूसरा आदमी सुखी है तो आपको कष्ट होता है? अगर कष्ट होता है तो आपके मन में जीवन का सम्मान नहीं है। जीवन कहीं भी खिलता हो और खुशी होती हो तो हमें खुश होना चाहिए।

इस जगत् में सभी असंतुलित स्थितियाँ हमें खुद से दूर ले जाती हैं। खुद से दूर जाना, यानी अ–आध्यात्मिक हो जाना। शरीर से शुरू करें तो अति भोजन हो या अल्प भोजन। दोनों स्थितियाँ हमको खुद से दूर ले जाती हैं, जहाँ स्वास्थ्य नहीं, बीमारी है। लोग कहते हैं कि ईश्वर की खोज ही मूल आध्यात्मिकता है। अगर यह मान भी लें तो यह खोज केवल अपने स्वार्थ के लिए कैसे हो सकती है?

जब हम पूर्ण होंगे, तभी आध्यात्मिक भी होंगे। इसके लिए चेतना का विस्तार करना होगा। चेतना का विकास–विस्तार कैसे हो? इसके लिए पहला काम है कि हम हर निम्न बात को अस्वीकार कर दें। हर उस चीज को अभिव्यक्त करने से

इनकार कर दें, जो हमें नीचे की ओर ले जाती है। यह अस्वीकार की अभिव्यक्ति केवल क्रिया के स्तर पर नहीं होनी चाहिए, बल्कि विचारों एवं भावनाओं के स्तर पर भी होनी चाहिए। ऐसी आदत बन जाए तो प्रिय चीज के प्रति आंतरिक अभीप्सा घटती जाती है और चेतना अधोगामी स्थिति में नहीं जाती। इसके बाद सवाल उठता है कि चेतना को विशाल कैसे बनाएँ? सबसे आसान तरीका तो यह है कि हम खुद को विशाल या अनंत के साथ जोड़ें। जैसे—सागर की गहराई या आकाश का सीमाहीन विस्तार। जब हम ऐसे अनंत एवं असीम की सीमा में खुद को उतार देते हैं तो चेतना भी असीम से एकाकार हो जाती है। अगर व्यक्ति की चेतना उच्चतर स्तर से जुड़ेगी तो व्यक्तित्व भी विशाल होगा। एक उदाहरण—टैगोर की 'गीतांजलि' पढ़ने के बाद कई मित्रों की प्रतिक्रिया थी। समझ में नहीं आई। स्पष्ट नहीं है। मैंने उनको जवाब दिया था कि 'गीतांजलि' को कविता मानने की भूल न करें। वह कविता नहीं गीत है। अस्तित्व के साथ तादात्म्य होकर लिखी गई कविता। जिसमें उस असीम की प्रार्थना है। जब व्यक्ति इतना विशाल हो जाए या खुद को विशाल बना ले, तभी इस भौतिक जगत् का कल्याण होगा।

आध्यात्मिकता के मार्ग में कई दिक्कतें हैं। पहला है—इसको समग्रता में नहीं अपनाना। हम टुकड़ों में इसे स्वीकारते हैं या अपनाते हैं। स्वास्थ्य लाभ के क्षेत्र में आध्यात्मिकता की भूमिका पर अनुसंधान इन दिनों बढ़ते जा रहे हैं। द हार्वर्ड मेडिकल स्कूल ऑफ कंटीन्यूइंग एजुकेशन ने 'स्पिरिचुअलिटी एंड हीलिंग इन मेडिसिन' के नाम से एक पाठ्यक्रम प्रस्तुत किया है। यह पाठ्यक्रम ने दुनिया भर के धर्मशास्त्रियों और चिकित्सकों को एक मंच पर ला दिया है, जहाँ वे बीमारी और दर्द के इलाज में आध्यात्मिकता की भूमिका पर विचार-विमर्श करते हैं। रोगोपचार के लिए आध्यात्मिकता के उपयोग के संबंध में यह अनुसंधान भले ही नया हो, लेकिन यह नई अवधारणा नहीं है। प्राचीनकालीन भारतीय जीवन के हरेक क्षेत्र में आध्यात्मिकता को अपनाया गया था।

किसी भी चीज का टुकड़ों में विचार सीमाएँ बाँधती हैं। इससे तनाव बढ़ता है। जबकि दूसरी ओर पूर्णता प्रत्येक चीज को स्वीकार करती है। किसी भी चीज का परित्याग नहीं करती, बल्कि प्रत्येक चीज को उसके ठीक स्थान पर रखती है। जीवन को पूर्ण बनाने का यानी आध्यात्मिक बनाने का तरीका है कि हम चीजों को संपूर्ण समग्रता में देख सकें। इसके लिए जरूरी है कि जीवन को, जीवन की घटनाओं को, घटनेवाली हर बातों या चीजों को काफी ऊँचाई पर से देखना, ताकि उसकी समग्रता का अहसास हो सके। जो कुछ पहले था, जो कुछ अब है

और जो कुछ आगे होगा। इन सभी चीजों को एक साथ देखना या अनुभव करना होगा। तभी शाश्वत रूप में जीते हुए देखने या जानने में हमें असीम आनंद की अनुभूति होगी।

पूर्णता की खोज क्या है? एक पारंपरिक कहानी है। एक शिल्पी ने अनिच्छापूर्वक अपनी हथौड़ी और छेनी रख दी और यह देखने के लिए गया कि इतनी रात गए स्टूडियो में मुझसे मिलने के लिए कौन आया है। दरवाजा खोलने पर उसने देखा कि पूर्णिमा की चाँदनी में उसका एक परिचित खड़ा उसकी प्रतीक्षा कर रहा है। शिल्पी ने चुपचाप उसका अभिभावदन किया और अपने कार्यस्थल की ओर लौट पड़ा। उसका मित्र भी उसके पीछे-पीछे चला। उसने कहा, "कई दिनों से हम लोगों ने तुम्हें देखा नहीं। तुम अब तक उस मूर्ति के निर्माण में ही तो नहीं लगे हुए हो?" उसके प्रश्न का कोई जवाब न देकर शिल्पी अपने मित्र को उस उत्कृष्ट कलाकृति के पास ले गया, जिसके निर्माण के लिए उसने महीनों परिश्रम किया था। उस कलाकृति को देखकर उसका मित्र चुप हो गया। अंत में उसने धीरे से कहा, "मानवीय भावना की इतनी भव्य अभिव्यक्ति तुमने इससे पहले कभी तराशी नहीं थी। तुम्हारी अब तक की कृतियों में से यह सर्वोत्तम कृति है।" शिल्पी ने कहा कि मेरे विचार से जब यह पूरी हो जाएगी, तब वैसी ही होगी, जैसी कि तुम सोच रहे हो। लेकिन इस पर अभी मुझे बहुत काम करना है। इसका परिधान ठीक नहीं लगता— इस मांसपेशी को कुछ और उभारना होगा तथा मुखाकृति को कुछ और मृदुलता प्रदान करनी होगी। किंतु ये सब तो छोटी-छोटी बातें हैं! मित्र ने कहा। अपने मित्र की ओर मुखातिब होकर शिल्पकार ने कहा, "ये छोटी-छोटी बातें ही तो पूर्णता प्रदान करती हैं और पूर्णता कोई छोटी बात नहीं होती।"

आध्यात्मिकता एवं स्वतंत्रता के बीच परस्पर संबंध है। जीवन के संपूर्ण विकास के लिए स्वतंत्रता एक प्रकार से व्यक्ति की नैसर्गिक माँग है। अपने मूल रूप में यह उच्चतम चेतना की पूर्ण रूप से प्राप्ति है। एकत्व और भगवान् के साथ संयोग की अभिव्यक्ति है। इसकी पूर्ण कड़ी को प्रेम से अभिव्यक्त कर सकते हैं। प्रेम की स्थिति में व्यक्ति सेवा एवं आत्मदान से व्याप्त हो जाता है। परमसत्ता से पूर्ण एक हो जाने पर ही पूर्ण स्वतंत्रता प्राप्त होती है, क्योंकि समस्त अज्ञान, अचेतनता बंधन है। यह व्यक्ति को शक्तिहीन, सीमित और असमर्थ बना देता है। अपने अंदर अज्ञान का छोटा अंश भी व्यक्ति में सीमितता का भाव लाता है। फिर व्यक्ति स्वतंत्र नहीं रह पाता। जब तक सत्ता में अचेतनता का भाव है, यह एक बंधन है। केवल परम सत्ता के साथ ही पूर्ण एकता पा लेने पर ही पूर्ण स्वतंत्रता रह सकती है।

एक आध्यात्मिक व्यक्ति ही सभी बंधनों से मुक्त हो सकता है या एक स्वतंत्र व्यक्ति ही आध्यात्मिक हो सकता है। ऐसे व्यक्ति पर कोई बाहरी प्रभाव नहीं होता और वह खुद ही अपने कर्म और उसके फल को निर्धारित करता है। वहीं दूसरी ओर स्वतंत्र व्यक्ति भी जब स्व के अधीन होता है तो वह आध्यात्मिक हो जाता है। इन दोनों ही स्थिति में व्यक्ति को अपने निरंतर उद्वेलित होनेवाले आवेगों और संवेगों को देखने एवं जानने की जरूरत होती है। अपनी अंतस् की गहराइयों में जाने पर ही जीवन का प्रकटीकरण होता है। भारतीय जीवन में महात्मा बुद्ध ने स्व की आजादी के माध्यम से जीवन को आध्यात्मिक बनाया था। दूसरी ओर महात्मा गांधी ने आध्यात्मिकता के आधार पर सार्वजनिक जीवन में स्वतंत्रता को आम लोग तक पहुँचाया। विचार कीजिए—दोनों काल में परिस्थितियाँ बिल्कुल विपरीत थीं। एक ने सांसरिक जीवन को त्यागकर खुद को स्वतंत्र किया, तब व्यवहार में आध्यात्मिक चिंतन की बात की। दूसरे ने सांसारिक जीवन में रहते हुए अध्यात्म के माध्यम से सार्वजनिक जीवन में स्वतंत्रता का उद्घोष किया। चाहे बुद्ध हों या गांधी। इन लोगों का जीवन भर आध्यात्मिकता एवं स्वतंत्रता का वैज्ञानिक प्रयोग चलता रहा। भारतीय चिंतन में ये दो मनीषी कालजयी हैं, जो अपने कर्म के आधार पर समस्त बंधनों से मुक्त हुए और सफल हुए। इनकी विशिष्टता यह भी थी कि इन्होंने अपनी सफलता के लिए कहीं दूसरे से प्रेरणा या शक्ति नहीं प्राप्त की। दोनों ने स्थापित मान्यताओं को नकारा और अपनी उच्चतम बुद्धि, ज्ञान और अंतर्प्रज्ञा के माध्यम से चेतना का विस्तार किया। परंपराओं एवं जड़बद्ध सिद्धांतों से अलग उन्होंने विचार किया और चिंतन एवं कर्म का मार्ग प्रशस्त किया।

अध्यात्म दरअसल इस बहुआयामी मानव जीवन की संपूर्ण अनुभूति और अभिव्यक्ति है। इसके लिए हरेक युग में सहज और सरल तथा संवेदनशील आचरण एवं व्यवहार की पद्धतियों की खोज की जाती है। इसके लिए वैज्ञानिक दृष्टि से खोज की जाती है। महात्मा बुद्ध ने जीवन की आध्यात्मिकता के लिए एक आष्टांगिक मार्ग की वैज्ञानिक दृष्टि दी, तो महात्मा गांधी ने सत्य और अहिंसा की। लक्ष्य की प्राप्ति के लिए साधना की पवित्रता की। जो जगत् से अतिक्रमण कर जाता है, वही जीवन को समग्र रूप से स्वीकार कर पाता है। जो इस जगत् में दिखाई पड़ता है, उसके पार अस्तित्व को सुनता और स्वीकार करता है, वही सफल होता है। यह बात महात्मा गांधी और महात्मा बुद्ध पर पूर्णतः सही है। दोनों महापुरुषों ने जगत् से अतिक्रमण किया। इस सदी में महर्षि अरविंद, महर्षि रमण, रामकृष्ण परमहंस, टैगोर, जगदीशचंद्र बसु आदि कुछेक ने जगत् से अतिक्रमण

कर इस जगत् को और संवेदनशील बनाने का प्रयास किया।

वर्तमान युग आध्यात्मिकता को स्वीकार करता है, लेकिन साथ ही इसमें वैज्ञानिक शब्द जोड़ता है—वैज्ञानिक अध्यात्म। आध्यात्मिकता स्वयं में वैज्ञानिक होती है। वैज्ञानिक जीवनदृष्टि का तात्पर्य यदि पूर्वग्रहों, मूढ़ताओं एवं गलत मान्यताओं को नकारना और औचित्यपूर्ण, सत्यान्वेषी एवं उद्देश्यपूर्ण अन्वेषण को बढ़ावा देना है तो महात्मा बुद्ध हों या गांधी, दोनों ने वैज्ञानिक दृष्टि से चिंतन किया। दोनों ने विवेक एवं चेतना को महत्त्व देकर सार्वजनिक जीवन को संवेदनशील बनाया। भारत में ही अध्यात्म पर गंभीर साधनात्मक वैज्ञानिक प्रयोग किए गए, वहीं पश्चिम में आध्यात्मिक जिज्ञासाएँ दार्शनिक विचारशीलता तक सीमित रही हैं। तैत्तिरीय उपनिषद् में कहा गया है कि विज्ञान ही यज्ञों और कर्मों की वृद्धि करता है। संपूर्ण देवगण विज्ञान की श्रेष्ठ ब्रह्मरूप में उपासना करते हैं। जो विज्ञान को ब्रह्मस्वरूप में जानते हैं, उसी प्रकार के चिंतन में रत रहते हैं, वे इसी शरीर से पापों से मुक्त होकर संपूर्ण कामनाओं की सिद्धि प्राप्त करते हैं।

प्रख्यात मनोवैज्ञानिक कार्ल जुंग वैज्ञानिक अध्यात्मवाद पर महर्षि रमण से तब चर्चा की, जब उनका सिग्मंड फ्रायड से व्यामोह खत्म हो गया। कार्ल जुंग यह बात मानते थे कि चेतन व्यवहार के पीछे अदृश्य अचेतन का हाथ है, लेकिन फ्रायड द्वारा कामवासना और उसके दमन को ही सबकुछ मान लेने के कारण जुंग भारतीय मनीषी के संपर्क में आए। बाद में उन्होंने 'श्री रमण एंड हिज मैसेज टु मॉडर्न मैन' के प्राक्कथन में अपनी ओर से लिखा कि श्री रमन अध्यात्म की वैज्ञानिक अभिव्यक्ति के प्रकाश स्तंभ हैं। महर्षि रमण ने वैज्ञानिक अध्यात्म पर विवेचन करते हुए कहा कि इसके मूलतत्त्व पाँच होते हैं—पहला जिज्ञासा, जिसे शोध समस्या कहते हैं। दूसरा, प्रकृति एवं स्थिति के अनुरूप सही साधन विधि का चयन यानी अनुसंधान विधि। तीसरा, शरीर मन की विकारहीन प्रयोगशाला में किया जानेवाला त्रुटिहीन साधना प्रयोग। वैज्ञानिक भाषा में कहें तो नियंत्रित स्थिति में की जानेवाली वह क्रिया प्रयोग है, जिसमें सतत सर्वेक्षण किया जाता है। चौथा, किए जा रहे प्रयोग का निश्चित क्रम से परीक्षण एवं सतत आकलन। अंतिम, इन सबके परिणाम यानी सम्यक् निष्कर्ष।

अध्यात्म पर गंभीर साधनात्मक प्रयोग के बाद ही आष्टांगिक मार्ग और सत्य तथा अहिंसा जैसे मौलिक विचार समाज में आए। प्राचीन वैदिक काल में नारी ऋषि विश्ववारा ने कर्म सिद्धांत का विचार दिया। देवी अनुसूया की प्रेरणा से कर्म सिद्धांत के अनुशीलन पश्चात् उन्होंने कहा कि क्रिया के प्रभाव तात्कालिक होते हैं, जबकि

कर्म के प्रभाव जन्म-जन्मांतर तक। क्रिया में किसी भी प्रकार की इच्छा एवं संकल्प का संयोग नहीं होता। ये तात्कालिक प्रभाव देकर खत्म हो जाते हैं। इस क्रिया से मनुष्य योनि प्रभावित नहीं होती। इसमें कीड़े-मकोड़ों से लेकर पशु-पक्षी आते हैं। मनुष्य जीवन में कर्म सिद्धांत चलते हैं। कर्म वे ही नहीं होते, जो हम करते हैं, बल्कि यह विचार, इच्छा और भावना के रूप में जड़ और चेतन दोनों तलों पर एक साथ संपन्न होते हैं। महर्षि याज्ञवल्क्य एवं महर्षि विश्वामित्र के यज्ञ सिद्धांत और गायत्री महामंत्र के प्रयोग की चर्चा भारतीय चिंतन में खूब हुई, लेकिन विश्ववारा एवं वैदिक नारी ऋषि सूर्या-सावित्री के स्त्री-पुरुष के गठबंधन पर आधारित विवाह नियम की कम चर्चा हुई। महावीर का स्यादवाद, पाणिनी का योगसूत्र, आधुनिक काल में स्वामी विवेकानंद का नव्य वेदांत, रवींद्रनाथ टैगोर का प्रकृतिवाद, महर्षि अरविंद का अति मानस का निर्माण आदि के माध्यम से अध्यात्म पर वैज्ञानिक खोज लगातार जारी है।

□

संदर्भ ग्रंथ

1. अखंड ज्योति, 'कार्ल जुंग ने महर्षि रमण के सान्निध्य में पाया बोध', जुलाई 2009, पृ. 14।
2. श्री माँ, 'सूर्यालोकित पथ', प्रकाशक श्री अरविंद सोसाइटी, पांडिचेरी, 1993, पृ. 208।
3. ओशो, 'ईशोपनिषद्', हिंद पॉकेट बुक्स, नई दिल्ली।
4. 'तैत्तिरीय उपनिषद्', ब्रह्मानंद वल्ली-5/1।
5. डॉ. दीपक चोपड़ा, 'सफलता के सात आध्यात्मिक नियम', फुल सर्किल, 2003, पृ. 32।
6. बद्रीसाह टुलधारिया, 'दैशिक शास्त्र', दीनदयाल उपाध्याय प्रकाशन, प्रथम संस्करण, 2002, पृ. 03।
7. हरिवंश, 'बढ़िया परिवार, बेहतर राष्ट्र', प्रभात खबर, रविवार, 18 जनवरी, 2009, पृ. 08।
8. राजलक्ष्मी सहाय, 'सामाजिक सरोकार की क्रब पर उगते आतंकी कुकुरमुत्ते', प्रभात खबर, 19 नवंबर, 2008, पृ. 02।
9. ओ.आर. कृष्णास्वामी, 'दी विजडम ऑफ तिरुवल्लुवर, एक गाइड टू लिविंग कमेंटरी', भारतीय विद्या भवन, 2004 की भूमिका।
10. स्वामी रंगनाथानंद, 'व्यावहारिक वेदांत के आलोक में लोकतांत्रिक प्रशासन', रामकृष्ण मठ, नागपुर, 2001, पृ. 70।
11. दत्तोपंत ठेंगड़ी, 'चिंतन पाथेय', जागृति प्रकाशन, नोएडा, 1990, पृ. 33 व 34।
12. अज्ञेय, 'खुले में खड़ा पेड़', वाग्देवी प्रकाशन, 1999, पृ. 165।
13. ओशो, 'भारत एक सनातन यात्रा', डायमंड पॉकेट बुक्स।

14. स्वामी रंगनाथानंद, 'व्यावहारिक वेदांत के आलोक में लोकतांत्रिक प्रशासन', रामकृष्ण मठ, नागपुर, 2001, पृ. 70।
15. परमहंस योगानंद, 'मानव की शाश्वत खोज', योगदा सत्संग सोसाइटी।
16. स्वामी रंगनाथानंद, 'उपनिषदों का संदेश', प्रकाशक स्वामी ब्रह्मस्थानंद, संस्करण 2005।
17. परमहंस योगानंद, 'मानव की निरंतर खोज', जायको प्रकाशन, 2010।
18. थिक न्यत हान, 'जहं जहं चरन परे गौतम के', हिंद पॉकेट बुक्स, 1998।
19. ओशो, 'एक ओंकार सतनाम', डायमंड पॉकेट बुक्स, संस्करण 1998।

□□□